O VERDADEIRO SUCESSO

Uma Nova Compreensão de Excelência e Eficácia

Tom Morris, Ph.D.

O VERDADEIRO SUCESSO

Uma Nova Compreensão de Excelência e Eficácia

Tradução
RODOLPHO EDUARDO KRESTAN

EDITORA CULTRIX
São Paulo

Título do original:
True Success
A New Philosophy of Excellence

Copyright © 1994 by Thomas V. Morris.
Publicado mediante acordo com a Putnam Publishing Group,
uma divisão da Putnam Berkley Group, Inc.

Edição		Ano
1-2-3-4-5-6-7-8-9		96-97-98-99

Direitos de tradução para o Brasil
adquiridos com exclusividade pela
EDITORA CULTRIX LTDA.
Rua Dr. Mário Vicente, 374 - 04270-000 - São Paulo, SP - Fone: 272-1399
que se reserva a propriedade literária desta tradução.

Impresso em nossas oficinas gráficas.

*Aos meus filhos, Sara Noël Morris
e Matthew Thomas Morris.
Que em cada aspecto de suas vidas
eles possam gozar do verdadeiro sucesso.*

Sumário

Prefácio 9

Introdução: Nossa idéia de sucesso 14

1. O conceito do que queremos 25
2. A confiança para chegar lá 57
3. A concentração no que é necessário 87
4. A coerência no que fazemos 117
5. O compromisso emocional 147
6. Um caráter de alta qualidade 180
7. A capacidade de usufruir 206

Epílogo: O verdadeiro sucesso e o significado da vida 233

Em primeiro lugar, precisamos procurar saber qual é a nossa meta; depois, o caminho pelo qual poderemos atingi-la mais rapidamente, e, durante a jornada, desde que estejamos no caminho certo, devemos descobrir qual a distância que podemos vencer a cada dia e também qual a distância que ainda resta percorrer para alcançar a meta para a qual somos impelidos por um desejo natural. Mas, enquanto caminharmos sem rumo, sem nenhum tipo de orientação, seguindo apenas o ruído e os chamados discordantes dos que nos atraem para diferentes direções, passaremos a vida cometendo erros – uma vida que é curta, mesmo quando nos esforçamos dia e noite para obter a sabedoria. Vamos, portanto, decidir tanto a meta como o caminho, e também procurar um guia experiente que já tenha explorado a região para onde estamos avançando; pois as condições dessa jornada são diferentes da maioria das outras jornadas. Em quase todas as jornadas, uma estrada bem conhecida e perguntas feitas aos habitantes da região impedem que você se perca; mas nesta, os caminhos mais percorridos e mais freqüentados também são os mais enganadores. Nada, portanto, precisa ser mais enfatizado do que o aviso de que não devemos, como carneiros, seguir a liderança dos que estão na nossa frente, percorrendo o caminho que todos percorrem e não o caminho que deveríamos percorrer.

Sêneca, "Sobre a Vida Feliz"

(c. 58 d.C.)

Prefácio

Eram altas horas da noite e lá estava eu, um professor da Universidade Notre Dame, parado diante de duas dúzias e meia dos maiores e mais robustos jogadores universitários de futebol americano do país. Um grupo que conseguiria encontrar seu caminho para o campeonato nacional do ano seguinte. Com um pouco mais de um metro e oitenta de altura, e pesando quase cem quilos, eu mesmo estava na minha melhor forma física. Mas, para enfrentar aquela situação, tive de contar com minhas capacidades mentais. Minha função era a de transformá-los em filósofos. Um desafio considerável. Pelas primeiras indicações, era uma verdadeira Missão Impossível. Eu os tinha convocado para esta reunião noturna especial, porque quase todos estavam se debatendo na extremidade inferior de uma classe de trezentos alunos, e a cada dia que passava se enfiavam num buraco cada vez mais profundo. Todos eram atletas de grande sucesso, mas estavam apanhando consideravelmente das Grandes Questões.

Algum cínico poderia dizer que eu estava apenas enfrentando a versão mais comum do problema da mente e do corpo: quanto mais se tem de um, menos se tem do outro. Quanto melhor um, pior o outro. Bobagem. O maior filósofo da história humana, Platão, também era um grande lutador de ombros largos. Enquanto pensava nos problemas dos meus estudantes-atletas naquela noite, tive uma intuição, um palpite, uma suspeita instintiva

9

de que algumas das mesmas qualidades e dos mesmos hábitos que lhes garantiam um sucesso tão espetacular na quadra esportiva também poderiam levá-los ao domínio do desafio que enfrentavam na sala de aulas. Eu precisava descobrir estas relações e ajudá-los a enxergá-las. Talvez algumas das condições fundamentais para o sucesso fossem as mesmas, tanto no campo da filosofia como no do futebol americano. Se estivesse certo, deveria ser capaz de ajudá-los a transferir algumas das forças que já possuíam para a arena acadêmica.

Eu estava certo. E, sem revelar muito da história que contarei mais adiante neste livro, a equipe de futebol da Notre Dame conseguiu um dos seus melhores trabalhos de recuperação no curso de filosofia. Naquela noite, fui capaz de identificar várias das condições fundamentais para o sucesso, que se aplicam tanto ao setor atlético como ao acadêmico; fui capaz de apresentar essas condições dentro de um panorama simples, que aqueles estudantes com dificuldades foram capazes de assimilar, e eles foram capazes de colocá-las em prática durante o restante do semestre letivo com um grau espantoso de sucesso.

Assim que comecei a identificar essas condições básicas de sucesso em campos tão diferentes como o futebol e a filosofia, percebi que são também exatamente os ingredientes para a excelência em empreendimentos de negócios, para enfrentar eficientemente desafios pessoais de todos os tipos e para construir relacionamentos bem-sucedidos de todos os gêneros. Mais tarde, quando voltei minha atenção para estes outros setores da vida cotidiana, comecei a descobrir mais condições fundamentais para o sucesso. Meu panorama se desenvolveu. E comecei a apresentar os resultados das minhas reflexões a públicos de todos os tipos: grupos comunitários, reuniões religiosas, empresariais, convenções e em associações profissionais. Inicialmente, fiz palestras locais, depois regionais e, finalmente, nacionais. Em movimentados debates realizados no país inteiro, testei e aperfeiçoei esse panorama fascinante em desenvolvimento, e pude apreciar a sua eficácia. Também passei a reconhecer a importância atual de se pensar claramente a respeito do que é o sucesso e de como podemos conquistar suas formas mais satisfatórias e duradouras em nossa vida. Passei a reconhecer que todos temos uma grande necessidade de filosofar a respeito do sucesso.

Todos nós precisamos de ajuda. Necessitamos de orientação na nossa viagem pela vida. Até mesmo os mais bem-sucedidos dentre nós precisam de lembretes e de novas formulações das verdades, das quais têm apenas vagas idéias e que, de uma forma ou de outra, os levaram ao sucesso que conseguiram obter. Precisamos repensar as coisas. Precisamos abordá-las de modo diferente. Como poderemos atingir os lugares que ainda precisamos alcançar? E qual a melhor forma de transmitir aos outros o que é necessário para chegarmos lá juntos? O que é obter sucesso? Em qualquer atividade? Na vida? Como podemos conseguir a excelência, sendo, ao mesmo tempo, seres humanos felizes e realizados? Este livro apresenta o que passei a considerar o único arcabouço ou esquema de condições realmente universais para o sucesso genuíno, as condições fundamentais para um sucesso possível de ser conservado e satisfatório em tudo o que fazemos, bem como na própria vida.

Um dos males mais comuns dos nossos tempos é um equívoco sobre o conceito de sucesso. Num recente catálogo de novos lançamentos que recebi de uma rede nacional de livrarias, descobri um título que pretende ajudar crianças em idade escolar a montar e administrar empresas lucrativas. Na página seguinte, havia um livro a respeito do *stress* infantil. Lembro-me de ter achado que os dois volumes deveriam ser vendidos num único pacote. Estamos sempre extremamente interessados em conseguir vantagens, tanto para nós mesmos como para os nossos filhos. Os japoneses têm até mesmo cursos especiais para preparar as crianças para o ingresso nas escolas primárias. Levamos nossos pimpolhos para cursos, treinos, jogos, recitais e programas de enriquecimento cultural, pretendendo encaminhá-los para uma vida de sucesso. No entanto, apesar de todos os nossos esforços, da nossa pressão e de nosso posicionamento, não pensamos o suficiente a respeito do que o sucesso realmente é, do que ele realmente exige de nós e do que nos oferece em troca. Neste livro, quero expor as verdades mais simples referentes ao sucesso, mostrando o que ele realmente é e como consegui-lo.

A busca do sucesso deveria ser uma aventura excitante, que nos fornecesse muita satisfação. Um desejo de sucesso em qualquer atividade deveria ser aperfeiçoado através de uma perspectiva mais ampla do que é necessário para que se tenha sucesso na vida. Só então poderemos obter o tipo de harmonia e de equilíbrio necessários para se conseguir a verdadeira felicidade e o verdadeiro sucesso.

O paradigmático filósofo Sócrates, mestre de Platão e um dos sábios mais originais, adotou o hábito de surpreender todos os homens que encontrava em Atenas dizendo: "Meu bom senhor, você é um ateniense, um cidadão da maior de todas as cidades com uma grande reputação em termos de sabedoria e de poder; você não se envergonha dos seus esforços para possuir tanta riqueza, tanta reputação e tantas honrarias quanto lhe for possível, ao mesmo tempo que não se preocupa com a sabedoria nem com a verdade ou com o melhor estado possível de sua alma?" Como Platão nos conta na sua famosa *Apologia*, Sócrates estava convencido de que quase todos nós abordamos a vida de trás para a frente. Damos o máximo da nossa atenção às coisas menos importantes e o mínimo de atenção às coisas mais importantes. Ele acreditava firmemente que "a riqueza não traz a excelência, mas que é a excelência que traz a riqueza e outras vantagens públicas e privadas para as pessoas". O estado de nossas almas era o que mais importava para Sócrates. A vida interior de cada pessoa. A grandeza de espírito. A sabedoria. A excelência interior. Quando damos precedência ao interior, tanto o interior como o exterior entram em harmonia. Mas quando seguimos o rumo inverso, nada nos fornece o que realmente necessitamos. E o resultado só poderá ser o vazio.

> Faça da sabedoria a provisão para a viagem da juventude à idade avançada, pois ela é um apoio mais garantido do que todas as outras posses.
>
> *Bias de Priene*
> *(do modo como relata Diógenes Laércio)*

As condições de sucesso que apresento e analiso neste livro, o esquema ou arcabouço universal de condições para as verdadeiras conquistas, sempre começam com alguma coisa na vida interior dos pensamentos, dos sentimentos, da imaginação e dos julgamentos, permitindo que registremos uma forma de sucesso no mundo exterior capaz de estar em uníssono com as nossas necessidades e com os nossos valores mais íntimos. Não existe, acredito, nenhuma indicação de manipulação maquiavélica nem quaisquer atos predatórios de poder a serem encontrados no que é necessário. E isto é bom. "E o que um homem lucraria se ganhasse o mundo inteiro e perdesse sua própria alma?", nos pergunta o Evangelho segundo São Mateus. Temos aqui um esquema de sucesso provando que não precisamos aceitar compromissos para podermos avançar. Trata-se de um esquema que permite o melhor estado possível de nossas almas. E ele funciona.

Um conselho preliminar. Um conhecido meu contou-me recentemente a respeito de um amigo seu, viciado em livros sobre sucesso. Ele compra todos os que encontra, devora-os com grande entusiasmo, aprende muita coisa, sublinha as passagens que julga particularmente interessantes e repassa todos os grandes conselhos aos seus amigos. O problema é que ele nunca reserva o tempo que seria necessário para pôr em prática esses grandes conselhos na sua própria vida. Ele está sempre ocupado demais, lendo. Na verdade, seus relacionamentos pessoais e seu trabalho profissional sofrem com isto. A única coisa na qual ele realmente tem sucesso é em terminar a leitura desses livros, encontrar outros novos e memorizar os aforismos mais bem formulados que encontra.

Obviamente, há certa dose de maldade nisto. Se você já leu um ou dois livros sobre sucesso, do tipo empresarial ou do tipo mais genérico de auto-ajuda, por favor, continue a ler este livro. Ele é diferente. Mas, depois, não vá ler outro enquanto não tiver modificado alguma coisa que você normalmente faz. Faça com que este livro represente uma diferença em sua vida. Isto é possível, desde que você queira. Se este for o primeiro livro sobre sucesso que você lê, espero que você se beneficie com ele, e que o esquema que aprender o ajude a interpretar e avaliar todas as demais coisas que você ler ou ouvir no futuro a respeito desta preocupação central para nossas vidas. Mas, principalmente, espero que ele lhe dê, e ajude a dar a outros, uma dose maior desse sucesso possível de ser conservado e gratificante do qual todos necessitamos.

No dia do julgamento, não nos perguntarão o que lemos, mas o que fizemos.
Thomas à Kempis

Introdução:
Nossa idéia de sucesso

Eu me lembro claramente do dia, há alguns anos, em que fui convidado pela primeira vez para fazer uma palestra sobre o sucesso. Eu me encontrava na minha sala de trabalho na Universidade Notre Dame fazendo o que os filósofos costumam fazer – ou seja, pensando – quando o telefone tocou. Do outro lado da linha estava o representante de um grande grupo empresarial, formado por pessoas de muito sucesso, e eles queriam vir conversar comigo a respeito do que realmente é o sucesso. Obviamente, fiquei lisonjeado pelo convite e aceitei entusiasmado. Alguns minutos mais tarde nessa mesma manhã, por uma dessas estranhas coincidências cósmicas, recebi outro telefonema totalmente independente do primeiro. Era de um editor perguntando se eu estaria disposto a pensar na possibilidade de escrever um livro sobre sucesso.

Fiquei me sentindo muito bem por causa disso tudo e mal conseguia esperar pelo momento de ir para casa e contar tudo à minha mulher. Mas quando cheguei e lhe contei, muito excitado, a respeito dos dois telefonemas, ela se limitou a perguntar com uma expressão intrigada no rosto: "Você não acha que é preciso *ser* um sucesso antes de escrever ou fazer palestras sobre o sucesso?" Lá em casa, ambos fazemos muita questão de conservar o outro humilde.

Lembro-me de que respondi, bastante magoado: "O que você está querendo dizer com isso?" Afinal de contas, pensei, sou um Ph.D. formado em

Yale; meus alunos em Notre Dame gostam das minhas aulas (pelo menos, acho que quase todos gostam); já escrevi muitos livros e artigos (se bem que, até agora, nenhum deles tenha sido um grande sucesso de vendas; por outro lado, foram trabalhos pioneiros, destinados ao mercado da profundidade, não para uma fatia do grande bolo comercial); sou agente imobiliário devidamente licenciado no meu Estado natal, a Carolina do Norte (apesar de ter de admitir que nunca cheguei a efetuar uma venda); sou fundador de uma gravadora (tudo bem, é uma gravadora pequena, cuja produção total se resume a apenas uma única fita cassete – muito bem comercializada, quero acrescentar); tive pelo menos algum sucesso como guitarrista de *rock* (numa escala modesta e, admito, com um único contrato de gravação com uma gravadora muito pequena, cuja produção total se resumiu a uma única fita cassete); mas sou um pai muito bom e tenho um excelente e bem-sucedido casamento (ou, pelo menos, acreditava tê-lo até aquele momento)...

Talvez acompanhando o meu rosário mental de credenciais, minha mulher rapidamente respondeu: "Não estou querendo dizer que você não seja um sucesso *à sua maneira*" – a ênfase é importante aqui porque, é claro, entendi isso como que a significar *à sua própria maneira modesta, insignificante e monumentalmente trivial* – "mas", continuou ela, "você precisa admitir que não é um Lee Iacocca nem um Lou Holtz. Quero dizer, sua fotografia nunca foi capa da revista *Time,* da *Newsweek,* da *Fortune* ou sequer da *Sports Illustrated*" – pelo tom de voz dela era claro que essa lista poderia continuar pelo tempo que fosse necessário para se mencionar todas as publicações do país –; "o seu nome não está na boca de todos os norte-americanos."

"Bem, *ainda não está*", reconheci com humildade e confiança. Pela minha resposta, ela pôde ver que eu, pelo menos, estava com a atitude correta. Que mais eu poderia dizer? Ela estava com a razão. Na nossa sociedade atual, quase todos os que falam e escrevem sobre o sucesso são conhecidos dirigentes de grandes empresas, "consultores" de primeira linha, políticos de destaque, antigos líderes militares, ex-heróis esportivos ou treinadores de futebol que comandam equipes muito bem-sucedidas. O que é que um filósofo teria a dizer?

Muita coisa.

O PONTO DE VISTA DE UM FILÓSOFO

Minha função é a de encontrar um sentido para as coisas. De descobrir como são as coisas. De lançar novas luzes sobre velhos problemas. E velhas luzes sobre novos problemas. É justamente isso o que faço. Desenvolvo arcabouços e esquemas para a compreensão das coisas mais importantes na vida. E para as coisas menos importantes também. E disponho de muitos recursos para esse meu trabalho.

Como filósofo, estudo as obras de todos os maiores pensadores da história humana, de pessoas desde Platão até os tempos atuais, que nos deram as grandes idéias que estão por trás das formas dominantes de governo na história mundial, as idéias que moldaram a cultura da qual todos compartilhamos, com seus sistemas políticos, estruturas empresariais e times de futebol. Minhas amplas leituras e minha considerável experiência pessoal me deram uma perspectiva especial de sucesso que eu quero compartilhar com vocês, um ponto de vista em direção ao qual muitas pessoas estão tentando se movimentar. Como filósofo, acredito que posso ajudar a indicar o caminho.

Vivemos numa época de grande confusão – tanto política, como econômica, cultural e pessoal. Muitas estruturas antigas que costumavam ser muito confiáveis estão entrando em colapso ou mostrando o desgaste da idade. A única constante no nosso mundo parece ser a mudança.

Vivemos numa época de grandes oportunidades. As pessoas estão suficientemente confusas para começarem a formular perguntas que ignoraram por muito tempo, para saírem em busca de respostas que estão se tornando cada vez mais necessárias. E quando homens e mulheres percebem que estão perdidos no meio da floresta, sem disporem de um mapa ou de uma bússola, os filósofos, que sempre foram os cartógrafos do espírito, os fabricantes de mapas para as jornadas humanas, podem entrar em cena e oferecer certa ajuda, por mais rudimentar que seja, para se encontrar o caminho para a frente. E é exatamente isso o que pretendo fazer com este pequeno livro. Não é um tratado volumoso, um tomo cuja interpretação será matéria de debates para várias gerações. Para compreender este volume, você não precisa ter um curso de pós-graduação. Este livro é apenas um pequeno mapa com algumas coordenadas básicas para nos ajudar a encontrar o rumo quando pensamos em como fazer para viver uma vida rica em sucessos. Se ele puder ajudar alguém a encontrar a direção correta ou se puder ajudar e encorajar qualquer pessoa que já esteja no caminho, então ele terá tido o único verdadeiro sucesso do qual um livro como este é capaz. Ele contém idéias eficazes. E a minha esperança é que elas tenham sobre a sua vida o mesmo efeito benéfico que tiveram sobre a minha.

16

O PRIMEIRO EXEMPLO DE NOTÍCIAS MUITO BOAS

Há sete condições para o sucesso. Sete componentes de uma maneira de pensar bem-sucedida. Sete meios para se chegar a uma vida de sucesso. Obviamente, há centenas de livros, de fitas e de artigos tratando do sucesso, muitos milhares de máximas, de conselhos e de dicas de sucesso, mas há apenas sete simples condições básicas que precisamos satisfazer para nos lançar numa vida de sucesso verdadeiro. Lendo a grande literatura mundial da excelência humana e do sucesso pessoal desde os antigos pensadores gregos aos atuais *best-sellers* que servem de estímulo, observando e conversando com pessoas extremamente bem-sucedidas, e analisando minha própria experiência em usar todas as capacidades que desenvolvi no decorrer de anos e mais anos como filósofo, passei a compreender que as condições fundamentais do sucesso são simples e fáceis tanto para especificar como para compreender e dominar.

Essas sete condições, no entanto, não são apenas Coisas Que Devem Ser Feitas Na Segunda-feira Para Que Se Tenha Sucesso Na Terça-feira. São condições que precisamos incorporar na nossa vida de todos os dias. Ou, pelo menos, de quase todos os dias. Não são coisas excessivamente árduas, exigentes ou difíceis. Mas elas implicam certa dose de trabalho. Uma aplicação regular. Esforços contínuos. No entanto, assim que compreendermos essas condições e reconhecermos sua eficiência, ficaremos altamente motivados para aplicá-las na nossa vida diária. E sua simplicidade aumenta consideravelmente a facilidade da sua aplicação.

Freqüentemente, refiro-me a elas como sendo "os Sete Cs do Sucesso", porque, por coincidência, o termo principal de cada condição começa com a letra C. Aliteração. Uma seqüência de palavras que começam sempre com a mesma letra ou com o mesmo som. Um auxílio mnemônico garantido. Uma grande ajuda à memória. Como professor experiente, gosto muito disso. Preciso admitir, no entanto, que fui informado há muitos anos que um programa de redação na minha própria universidade estabelecera rígidas regras contra o que os puristas consideravam como sendo meros truques retóricos artificiais. Mas eles se depararam com uma grande dificuldade. Eles queriam que os estudantes se lembrassem da regra relevante neste caso, de maneira que aconselharam com firmeza: *"Always avoid alliteration"* [Evite sempre a aliteração], uma regra da qual me lembro até hoje. É por isso que digo: *"Forget phony formulas"* [Esqueça fórmulas artificiais] e vou em frente a todo o vapor. Se uma aliteração nos foi dada, essa aliteração será usada por nós.

Os sete capítulos seguintes mostram cada um dos Sete Cs do Sucesso na sua forma mais genérica. A cada tópico, espero que você se pergunte: "Como é que isto se aplica a mim?" Pense a respeito de como cada condição pode se relacionar com o que você enfrenta no trabalho ou nas suas situações familiares, nas amizades ou em quaisquer desafios pessoais que surgirem. Eu garanto que pelo menos uma ou duas dessas condições parecerão saltar da página como sendo relevantes para a sua vida *já e agora*. Talvez algumas das outras passem a ser vitalmente importantes para você em um mês. O esquema completo das sete condições irá lhe fornecer um conjunto completo e eficaz de instrumentos e de ferramentas para criar momentos mais satisfatórios na sua vida de todos os pontos de vista. Certa vez Aristóteles disse que é vantajoso para todos conhecer os princípios mais universais, porque isso nos coloca na melhor posição possível para aplicações específicas em todos os lugares. Os princípios mais universais do sucesso nos colocarão na melhor posição para aproveitar ao máximo todas as oportunidades e para superarmos qualquer dificuldade com a qual nos depararmos.

O poder das idéias está em nos ajudar a modificar para melhor tanto a nossa vida como o mundo no qual vivemos. E, na minha qualidade de professor, sei que, quando se quer fornecer a alguém um arcabouço de idéias que o motivem e que o ajudem a realizar mudanças que são necessárias, é preciso fornecê-las dentro de um esquema que seja simples, evidente, memorizável e eficiente. Estou convencido de que os Sete Cs do Sucesso são tudo do que necessitamos para que nossas vidas tenham importância, para dar a todos o sucesso mais satisfatório do qual somos capazes. Tenho absoluta certeza de que temos aqui um arcabouço que funcionará para você, desde que você simplesmente aja com ele.

NOSSA IDÉIA DE SUCESSO

O que é que procuramos? O que é exatamente – ou até aproximadamente – o sucesso? Acredito que milhões de pessoas trabalhem e se esforcem nos termos de idéias falsas de sucesso. Por esse motivo, elas vivem à caça de ilusões e sofrem frustrações desnecessárias. Antes de nos dedicarmos ao estudo das sete condições do verdadeiro sucesso, precisamos nos lembrar de algumas importantes distinções, e fazendo isso, abordaremos melhor a nossa atenção.

Atualmente, várias idéias importantes estão associadas com o conceito de sucesso, sendo freqüentemente confundidas com ele. A idéia da riqueza, por exemplo. Muitas pessoas parecem pensar que sucesso é a mesma coisa que riqueza material, que ser rico nesse sentido é exatamente a mesma coisa que ser bem-sucedido. Mas essas coisas não devem ser confundidas. Certamente, é possível ser uma pessoa rica sem ser uma pessoa bem-sucedida. Um sujeito que ganha o grande prêmio da loteria normalmente não é considerado como alguém que tenha vivido uma vida particularmente bem-sucedida. Para ele, temos uma outra definição: é um sujeito de sorte. E a pessoa que herda riquezas, sem necessariamente fazer nenhuma coisa para merecê-las ou para usá-las bem? Um rematado tolo pode ser rico por herança. Ou vice-versa. E talvez *principalmente* vice-versa. Uma pessoa rica por herança pode ser facilmente levada a uma vida repleta de indulgências, totalmente vazia de qualquer tipo de verdadeiro sucesso pessoal. Você pode possuir gordas quantias depositadas no banco sem ter nenhum sucesso verdadeiro no seu crédito. Certamente, é possível conseguir um sem ter o outro.

> As riquezas recebem seu valor da mente de quem as possui; elas são bênçãos para os que sabem usá-las, maldições para os que não o sabem. *Terêncio (163 a.C.)*

E é claramente possível ter sucesso sem ser rico. Madre Teresa de Calcutá é um bom exemplo disso. Como minha mulher, por motivos um pouco diferentes. Minha mulher é uma jardineira muito bem-sucedida e é uma ajudante voluntária em duas escolas primárias. Ninguém lhe paga um centavo sequer por esse trabalho. Uma pessoa que tenha sucesso na organização de atividades comunitárias não ficará necessariamente nadando em dinheiro. Mas se é possível ter sucesso sem ser rico e ser rico sem ter sucesso, então sucesso e riqueza são coisas diferentes. Nossa idéia de sucesso nunca deve ser confundida com nossa idéia de riqueza.

Outra coisa que freqüentemente está sendo confundida com o sucesso é a fama. Ser bem-sucedido é ser famoso. Ser conhecido é ser um sucesso. Pelo menos, é isso o que muitas pessoas parecem pensar.

Realmente, não chega a ser uma surpresa que essas duas primeiras idéias muitas vezes sejam confundidas com a idéia de sucesso. Quando peço numa sala repleta que me dêem exemplos de homens e mulheres bem-sucedidos, tipicamente ouço os nomes dos ricos e dos famosos. Mas evidentemente, tal como com a riqueza, a fama não é garantia de sucesso de qualquer forma significativa. Não resta a menor dúvida de que existem pessoas conhecidas pelo seu enorme sucesso. Mas, atualmente, algumas pessoas parecem ser famosas apenas pelo fato de serem muito conhecidas. E, obviamente, é possível ser um desastrado famoso. Um perdedor notório. Fama não é a mesma coisa que sucesso.

> É preciso compreender que a fama não é uma prova cabal do mérito, mas apenas a probabilidade disso; trata-se de um acidente, não de uma propriedade da pessoa.
>
> *Thomas Carlyle*

E o sucesso não é o mesmo que a fama. Vamos supor que você tenha escolhido como meta de sua vida ser o mais generoso filantropo anônimo do país. Por definição, o sucesso nessa meta não poderá tornar você uma pessoa famosa. Qualquer renome acabará com sua meta de anonimato. Mas não precisamos de um exemplo tão radical para provar o que queremos. Muitos indivíduos conseguem sucesso atingindo metas privadas, superando desafios pessoais e realizando tarefas dignas de aplausos e conhecidas por apenas um pequeno grupo de outras pessoas. Existem muitas pessoas extraordinariamente criativas e realizadas que nunca atingem nenhum nível de reconhecimento público que se aproxime da fama. E existiram grandes inventores, grandes pensadores e, principalmente, grandes artistas que só ficaram famosos depois que morreram. Mas isso não significa que eles tenham chegado ao sucesso nas suas respectivas tarefas só depois da morte. Sucesso é uma coisa; fama é outra.

E o poder também é algo completamente diferente. No entanto, freqüentemente, ele é confundido com o sucesso. E o sucesso nem sempre acompanha o poder. São duas coisas diferentes.

E existe outra coisa muitas vezes confundida com o sucesso: a meta muito valorizada de um elevado *status* social. Muitas pessoas que acreditam estar procurando o sucesso, na verdade estão apenas querendo um *status* na comunidade, no local de trabalho, entre amigos e conhecidos ou nas suas profissões. O *status* de uma pessoa é mais ou menos o lugar que ela ocupa numa comunidade ou numa profissão ou em algum outro grupo de pessoas, onde essa posição é considerada – ou determinada – em conexão com uma espécie de hierarquia ou de escala ascendente, de respeitabilidade, de honra ou de importância. O *status* é uma posição social exterior, tal como é percebida pelos outros.

Na sociedade norte-americana, há uma forte tendência para se considerar a riqueza, a fama e o poder como elementos que podem fornecer um elevado *status* social. Com relação a isso, passamos a falar de "símbolos de *status*" e a nos referir às pessoas que procuram acumular esses símbolos, bem como as posições que eles simbolizam, como sendo "gente em busca de *status*". No fundo, a procura do *status* é uma busca de aprovação, de deferência e de privilégios. À medida que a riqueza, a fama e o poder são compreendidos

20

como coisas que trazem consigo aprovação, respeito e privilégios, uma busca do *status* pode ficar totalmente limitada a uma busca por esses elementos exteriores. Mas há certo desejo mais sutil de *status* que não precisa envolver uma corrida pelo dinheiro, nem o jogo da fama nem qualquer tipo de "viagem" óbvia de poder. Numa estrutura institucional, como uma grande empresa moderna, uma organização de voluntários, uma universidade ou uma igreja, uma *posição oficial* é capaz de conferir certo nível de *status* positivo que, até certo ponto, é diferente de quaisquer considerações específicas de dinheiro, de fama ou de poder. Uma tal posição pode ser totalmente ou parcialmente honorária e não precisa necessariamente envolver nenhuma compensação financeira adicional, nenhum aumento de visibilidade nem mesmo nenhuma habilidade em fazer as coisas, se bem que essas coisas geralmente acompanhem essas posições. Mas se uma posição oficial, um cargo ou um título for totalmente destituído dessas coisas, além de não ter nenhuma ligação com a aprovação, a deferência ou os privilégios, ele passa a ser totalmente vazio.

Obviamente, existem muitas pessoas que aspiram a posições oficiais em organizações que elas vêem como sendo algo capaz de lhes dar *status*. Muitas vezes elas também aspiram a determinadas posições porque esses papéis trazem consigo doses adicionais de dinheiro, de reconhecimento e de poder. Mas as pessoas nas quais estou pensando são as que procuram o *status* apenas pelo próprio *status*. Elas acham que precisam da honra, da aprovação, da deferência e dos privilégios, por vezes muito sutis, que esse *status* traz consigo.

Há grandes quantidades de administradores de nível médio no atual setor empresarial norte-americano que sempre aspiraram a uma vice-presidência, mas há relativamente poucas dessas posições de *status* à disposição. Muitos desses administradores estão começando a compreender que o último sentido da sua trajetória profissional foi, no melhor dos casos, horizontal, e que suas chances de conquistar o *status* que sempre procuraram estão diminuindo. Mas uma vice-presidência sempre foi o padrão deles de sucesso profissional e, infelizmente, de sucesso pessoal também. E assim, eles se vêem confrontados por duas possibilidades. Eles podem passar a se considerar como prováveis fracassos, ou podem repensar seus padrões de sucesso. Recomendo a segunda opção. O sucesso e o *status* não são a mesma coisa. Ter alcançado um *status*, há muito e intensamente cobiçado, não irá garantir que uma pessoa automaticamente tenha vivido uma vida de sucesso, no sentido mais amplo e mais profundo de "sucesso". Algumas pessoas sensatas de *status* elevado compreendem isso. Mas para muitas pessoas é difícil apreciar essa verdade. É por isso que freqüentemente se torna necessária uma grande dose de coragem para abandonar uma promissora trajetória profissional dentro dos limites de uma hierarquia empresarial onde algum *status* significativo é automático e quase garantido, para se lançar por conta própria e seguir um sonho pessoal, pouco importando para onde este possa nos conduzir. Atualmente, essa é uma das principais dificuldades para se trabalhar em casa. Muitas vezes, somente pessoas especiais são capazes de fazer isso. E a vida de algumas dessas pessoas demonstram que a natural busca humana de sucesso nem sempre é o desejo de obter *status*. O sucesso e o *status* são aspirações diferentes, se bem que freqüentemente interligadas. Não devemos confundir uma coisa com a outra.

É fácil ser cativado pelas imagens das pessoas famosas, das pessoas ricas e poderosas. Elas muitas vezes são pessoas de *status* social elevado nos Estados Unidos e também no restante do mundo. A riqueza provoca a admiração quando é usada para fazer o bem. Ela chama a atenção quando é gozada numa escala grandiosa. A fama pode ser embriagadora. O poder pode ser fascinante. O *status* pode ser muito atraente. A riqueza, a fama, o poder e o *status* social elevado muitas vezes acompanham o sucesso numa ampla escala. Por vezes, são resultantes do sucesso. Mas não são parte integrante do sucesso. E, não conseguindo compreender isso, muitas pessoas partem em busca das coisas erradas.

Não quero que me compreendam de maneira errada. Não estou dizendo que exista algo de ruim no dinheiro ou em se querer ter muito dele à disposição. Há muito tempo, diz-se que o dinheiro não compra a felicidade. E isso é verdade. Mas, dispondo dele, você pode ser infeliz em ambientes muito mais confortáveis. E, obviamente, o dinheiro pode ser usado para fazer coisas boas. Nesse sentido, quanto mais, melhor. Do mesmo modo, não há nada de errado em querer ser reconhecido pelas demais pessoas. Mas já se observou que muitas das pessoas que gastaram suas vidas procurando a fama acabaram usando óculos escuros para não serem reconhecidas nas ruas. E o poder também não é ruim. Ele pode tender para a corrupção; mas uma falta de poder também pode causar isso. Uma busca do poder, porém, sempre leva a uma questão: poder *com qual finalidade*? Com o *status*, a situação também é a mesma. Certamente não existe nada de errado nele ou em se desejar tê-lo, mas, inevitavelmente, surge a questão dos motivos pelos quais ele haveria de ser desejado.

EXCELÊNCIA, REALIZAÇÃO E FELICIDADE

É possível procurar a riqueza, a fama, o poder e o *status*. As pessoas fazem isso o tempo todo. E é possível buscar essas metas com sucesso. Mas a riqueza, a fama, o poder e o *status* não acontecem freqüentemente a uma pessoa através dos seus próprios esforços caso essas sejam suas únicas metas. É bem mais comum que isso ocorra como conseqüência da conquista bem-sucedida de outras metas. Um jogador de futebol fica rico por correr bem. Uma mulher de negócios fica famosa por ser uma excelente empresária. Um dançarino torna-se membro poderoso do mundo artístico porque é um artista completo e extraordinariamente criativo. Uma mulher que trabalha como voluntária conquista um elevado *status* social na comunidade por causa de todas as coisas boas que fez para aliviar a pobreza ou para cuidar dos desabrigados. A riqueza, o poder, a fama e o *status* por vezes são os resultados sociais do sucesso. E também podem contribuir para ampliar esse sucesso, elevando-o a um nível superior, ou dando-lhe um maior impacto. Mas essas coisas nunca estão no âmago do sucesso. Este é um dos motivos pelos quais a procura primária e principal dessas coisas é uma procura das coisas erradas.

> Por que não procuro algo realmente bom – algo que eu possa sentir; e não algo que eu possa mostrar? *Sêneca*

Nossa idéia de sucesso deveria se relacionar de um modo mais íntimo com as nossas idéias de excelência e de realização. E também com nossa idéia de felicidade. Se examinarmos o mundo cuidadosamente, veremos algo que é muito interessante nesse sentido. As pessoas mais felizes do mundo são as que amam o que fazem, independentemente das vantagens de riqueza, fama, poder ou *status* social que podem ou não ser decorrentes dessas atividades. As pessoas mais realizadas são indivíduos que sentem prazer no trabalho, pouco importando qual ele possa ser, e que se esforçam para fazê-lo bem. São pessoas que encontram recompensas no prazer inerente ao fato de contribuírem com a vida, aconteça o que acontecer. E são pessoas que gostam do desafio de procurarem a excelência em suas atividades e também nelas mesmas. As pessoas que obtêm o verdadeiro sucesso em suas vidas são aquelas que conseguem boas doses de realização e de felicidade quando se impõem metas que valem a pena.

O tipo de sucesso pelo qual estou mais interessado é o tipo disponível a qualquer ser humano que esteja vivendo, respirando, pensando e fazendo coisas neste mundo. Não é algo que exige riqueza, fama, poder ou um elevado *status* social. Ele não precisa envolver a aspiração de qualquer uma dessas coisas. Mas ele exige que se aproveite ao máximo o que somos, tanto para o benefício dos outros como para o nosso próprio bem. Significa representar uma diferença e vivenciar a profunda satisfação que isso traz consigo. Significa usar os *seus* talentos e seguir o *seu* coração. É algo que envolve ser verdadeiro consigo mesmo e bom em relação a todos os outros.

Para ser um sucesso da maneira que importa, não precisamos nos lançar, todos nós, em busca de cargos bem-remunerados, de alto nível e que fazem com que as pessoas se exponham, implicando títulos e privilégios impressionantes. As sete condições de sucesso podem ser aplicadas para se alcançar qualquer coisa que se queira. No entanto, uma das chaves mais difíceis para se obter a satisfação na vida consiste não em focalizar nossas atenções no sentido de conseguirmos o que queremos, mas em realmente querer o que conseguimos. Será que estamos mapeando para nossas vidas uma rota que seja correta para nós? Será que estamos progredindo ao longo dessa rota de uma forma que nos possa trazer verdadeira satisfação?

O esquema de sucesso que quero apresentar e discutir neste livro pode ser usado com a mesma eficiência por um zelador, um carpinteiro, um mecânico de carros, um professor universitário, um eletricista, um artista, um operador de máquinas, um comerciante e por um caixeiro-viajante, do mesmo modo como também pode ser empregado por um empresário, um supervisor, um advogado, um microempresário, um empreendedor, o vice-presidente de uma empresa, um médico, um senador ou um astro de gravações musicais. O verdadeiro sucesso não tem limites no seu potencial. Ele não se restringe a nenhuma classe social ou econômica. Ele é multiforme e variável; pode se manifestar de diferentes maneiras em diferentes pessoas e em diferentes ocasiões na vida de uma mesma pessoa. Mas ele sempre consiste em aproveitar ao máximo o que somos e em sermos os melhores que podemos ser, no que existe de mais completo na nossa personalidade, de acordo com as condições que apresentarei mais adiante.

De certo modo, a fama depende de outras pessoas, o mesmo acontecendo com a riqueza, o poder e o *status* social. As pessoas mais felizes são as que percebem que o verdadeiro sucesso depende delas. São pessoas que se lançam numa viagem significativa, mantendo os olhos na estrada, mas fazendo pausas freqüentes para aproveitar a beleza das paisagens. São pessoas que não confundem o sucesso pessoal com qualquer uma das coisas que às vezes o acompanham. E, ironicamente, com bastante freqüência, são justamente essas as pessoas que acabam tendo toda a riqueza, a fama, o poder e o *status* que necessitam. São pessoas que satisfazem mais plenamente as sete condições do sucesso.

1
O conceito
do que queremos

Condição Número Um: Precisamos saber muito bem o que queremos, ter uma visão clara, uma meta ou um conjunto de metas claramente imaginadas. A busca do sucesso sempre começa com uma meta ou objetivo. Necessitamos de algo em direção do qual nos movermos, de algo que procuremos alcançar. Muitas pessoas dão a impressão de estarem a vagar pela vida como se fossem sonâmbulas, tropeçando dia após dia, semana após semana, ano após ano. Todos os dias essas pessoas se levantam, se vestem, comem, vivem a mesma rotina familiar, participam de várias formas de atividade ou de inatividade, voltam a comer e depois, preenchendo o tempo entre essas coisas, se despem e voltam à cama para reiniciar o mesmo ciclo algumas horas depois fazendo isso todos os dias, sem jamais chegar realmente a despertar e a se perguntar: "O que eu estou fazendo com a minha vida?" e "Por que estou fazendo tudo isso?" Inúmeras pessoas realmente não sabem o que estão fazendo porque não têm a menor idéia de para onde estão indo. Falta-lhes um mapa de orientação. Falta-lhes uma clara direção. Elas não têm objetivos gerais que possam servir como pontos de orientação.

Muitas pessoas nessas condições dão a impressão de serem freneticamente ativas, correndo de um lado para o outro, esforçando-se, fazendo as coisas acontecerem. Mas, em última análise, estão dando tiros no escuro, não na direção de um alvo que estabeleceram para si mesmas. E isso pode funcionar apenas durante um determinado período de tempo sem produzir frustrações e desgastes ou até mesmo desespero.

> A alma que não tem metas estabelecidas acaba se perdendo.
>
> *Michel de Montaigne*

Nossas vidas estão repletas de mudanças. Coisas acontecem. Nós agimos. Mas não podemos considerar isso como um progresso, a não ser que tenhamos metas, padrões em relação aos quais possamos medir esses desenvolvimentos diários. Um velho provérbio náutico nos diz que "Vento nenhum sopra bem para um navio sem destino". E, sem uma visão de para onde estamos indo, sem um conceito claro do que queremos realizar, dos nossos objetivos, não temos idéia de como iniciar um verdadeiro progresso em nossas vidas, nem mesmo de como controlar as mudanças de forma produtiva. Como disse certa vez o famoso iogue Berra: "É preciso tomar muito cuidado quando não se sabe para onde se está indo, porque podemos não chegar lá."

> Os homens nasceram para o sucesso, não para o fracasso.
>
> *Henry David Thoreau*

Os seres humanos foram feitos para o sucesso, para florescerem. Você e eu estamos nesta terra porque gerações e mais gerações dos nossos ancestrais obtiveram sucessos de vários tipos, por vezes enfrentando condições duras e terríveis. E nós somos o legado dessas gerações. Somos seus herdeiros. Fomos criados para realizar coisas. Temos tudo o que é necessário para isso. Mas precisamos aprender a usar o que temos, caso contrário nos arriscamos a desperdiçar nosso grande potencial.

ESTABELECER METAS CLARAS

A primeira condição do sucesso, de qualquer tipo de sucesso, é desenvolver um claro conceito do que queremos. Uma idéia de onde queremos chegar, do que queremos conseguir. Um conceito daquilo que queremos ser. Esse conceito deve ser claro e específico. Metas vagas não conseguem motivar comportamentos específicos. Metas vagas podem gerar emoções vagas e positivas. Mas o sucesso requer mais do que sonhos difusos e sentimentos cálidos. As coisas difusas e cálidas nunca conseguiram levar as pessoas muito longe. Lily Tomlin certa vez reconheceu isso e confessou: "Eu sempre quis ser *alguém*. Eu deveria ter sido mais específica." Todos sempre querem ser alguém, não um alguém qualquer. Nós queremos que nossas vidas façam sentido. Queremos realizar alguma coisa nesta vida. Mas o quê? E você? O que é que você quer ser? O que você quer fazer? Você está caminhando agora nesta direção? Você já está começando a fazê-lo de alguma forma, por menor que seja o passo? Em caso negativo, por que não? Você está esperando pelo quê? Se você estiver se movimentando numa direção genérica em relação à qual você se sinta bem, esse tipo de progresso, na sua opinião, é apropriado? E para onde tudo isso o levará? Ou será que todas estas são perguntas para as quais você não tem respostas claras no momento?

Alguma vez você já parou para perguntar a si mesmo coisas como "Por que estou neste emprego?", ou "O que estou fazendo na escola?", ou "Para onde está indo este relacionamento?", ou ainda "Como é que eu gostaria de ver a minha vida familiar se desenvolvendo?" Tanto na vida profissional como na pessoal, sempre precisamos de metas específicas. Precisamos de respostas para perguntas desse tipo. Precisamos de um conceito claro do que queremos.

> Sem uma meta e sem um esforço para alcançá-la, nenhum homem pode viver.
>
> *Feodor Dostoiévski*

Os livros mais recentes que tratam do sucesso falam sobre metas e sobre determinação de metas. Ao formular a primeira condição universal do sucesso, usei a palavra "conceito" em parte por gostar de sua proximidade da "concepção", formando uma associação reprodutiva. Precisamos fazer com que nasça uma visão capaz de guiar nossos pensamentos, esforços e atividades. Mas, obviamente, fazer algo nascer não é uma tarefa fácil. Pelo contrário, pode ser extremamente difícil. Exatamente, o que é que você quer da vida? O que é, precisamente, o que eu quero? Isto nem sempre fica evidente. É possível que tenhamos de buscar no nosso íntimo mais profundo para descobrir os recursos necessários para definir um conceito do que realmente queremos num relacionamento, numa atividade, num empreendimento, numa profissão ou na vida.

Trata-se de um exercício de autoconhecimento. Nem sempre sabemos o que queremos. Um grande esforço pode ser necessário para descobrir isso, mas sempre é um esforço que vale a pena. Saber é poder, e, como o conhecido produtor de televisão Norman Lear certa vez me disse, o autoconhecimento é a maior fonte de poder pessoal existente neste planeta. Quando começamos a nos conhecer, a dirigir nossas vidas e a direcionar as nossas energias de forma apropriada, registramos um dramático aumento de poder. Quando começamos a definir metas claras e específicas, damos início, também, à excitante tarefa de nos descobrir e de nos definir. Mas certamente não se trata de um acontecimento que ocorra uma única vez. Tal como tudo o mais, nossos objetivos podem mudar ou evoluir com o passar do tempo. No entanto, precisamos iniciar imediatamente o processo de determinar as metas e de nos direcionarmos para esses alvos, caso contrário estaremos desperdiçando parte das oportunidades que são trazidas por cada novo dia. Precisamos de treinamento para atingir o alvo e é preciso começar a treinar já.

1. Pensar e fazer

Mas como fazer para podermos saber exatamente o que devemos tentar alcançar? O que é necessário para se adquirir este tipo de autoconhecimento imprescindível para uma poderosa determinação de objetivos pessoais? A primeira parte de uma resposta a essas perguntas é muito simples: precisamos de tempo para pensar, para refletir sobre quem somos, sobre onde estamos, sobre o que estamos fazendo, aquilo de que gostamos, que valorizamos, que amamos, e que realmente queremos conseguir. Precisamos de tempo para fazer a nós mesmos algumas perguntas e também para podermos formular algumas respostas. Isto é quase elementar. Deveria ser óbvio, mas vivemos num mundo orientado para as ações onde o fazer sempre tem precedência sobre o pensar, um mundo cujo ritmo parece estar se acelerando constantemente, nos deixando poucas oportunidades e pouco tempo para pensamentos reflexivos e de investigação. No entanto, nada é mais importante do que isso. Precisamos reservar tempo para sentar e pensar.

Há pouco tempo, o jornal *New York Times* citou um destacado executivo britânico, que disse: "Algumas pessoas não se sentem à vontade quando simplesmente se sentam diante de uma mesa e ficam pensando. No entanto, é justamente isso o que elas deveriam fazer durante a maior parte do dia. Se você não fizer isso, como poderá saber se está ou não dando a direção correta e a ênfase certa às coisas que está realizando?" Depois de ter passado cinco anos num mosteiro e um ano estudando filosofia na Sorbonne, em Paris, este raro líder empresarial passou a apreciar a importância da contemplação e do pensamento reflexivo em todos os aspectos da vida humana.

Você alguma vez já viu a famosa escultura *O pensador* de Auguste Rodin? Praticamente todos nós já vimos fotografias dessa obra de arte clássica do século XIX, ou pequenas reproduções que servem para segurar livros ou como pesos de papel. Um homem nu está sentado sobre uma pedra, apoiando o queixo na mão, mergulhado em profundos pensamentos. Em *que* ele está pensando? Inúmeras crianças têm se perguntado isso no mundo inteiro ao longo de todos estes anos e, obviamente, um dos seus palpites mais freqüentes é "Onde será que deixei as minhas roupas?" A ausência de roupas mostra algo significativo que eu só recentemente percebi enquanto andava pelas salas de um museu de arte em Helsinki, na Finlândia, onde está exposta uma das grandes cópias em bronze dessa famosa estátua. Examinando-a atentamente, de repente percebi a impressionante musculatura da figura. Esse homem não é um sujeito pelancudo e sedentário que vive apenas dentro dos limites do seu crânio; pelo contrário, é bastante claro que esse é um homem forte e ativo, que está fazendo uma pausa com a finalidade de refletir sobre alguma coisa de grande importância. Essa escultura, que passou a ser o símbolo padrão daquilo que Aristóteles e quase todos os demais filósofos consideram como sendo a mais elevada prerrogativa dos seres humanos, claramente representa o ato de pensar posicionado dentro de uma vida de ação e é exatamente assim que as coisas deveriam ser. O pensamento não é o oposto da ação; pelo contrário, é a sua base e a sua orientação.

> A vida que não for examinada não vale a pena ser vivida. *Sócrates*

> Mas, por outro lado, o inverso também é verdadeiro: não vale a pena examinar uma vida não vivida.

Quando minha mulher ainda estudava na Universidade da Carolina do Norte em Chapel Hill, ela certa vez participou de uma aula de educação física onde o instrutor, exasperado, disse aos seus alunos: "Todos vocês precisam de objetivos. Vocês precisam examinar quem são e para onde estão indo. O que cada um de vocês deveria fazer é sentar, pegar uma caneta e um pedaço de papel e *anotar* algumas metas. Muitas pessoas famosas e realizadas relatam que suas vidas começaram a mudar e a melhorar somente depois de elas terem feito uma lista de suas metas na vida. E, de fato, eu *garanto* que, se vocês se derem ao trabalho de anotar alguns objetivos numa folha de papel, pouco importando quão grandes eles sejam, eles acabarão sendo atingidos."

Bem, minha mulher conta que, depois de o instrutor ter dito isso, os alunos se entreolharam e abanaram a cabeça. Alguns até riram. Caneta alguma tem tanto poder. Mas ela disse que, apesar do ceticismo evidente, percebeu, no final da aula, que vários dos seus colegas estavam rabiscando em folhas de papel coisas como "BMW" ou "Loira rica". Só para se garantirem. Não faz sentido perder qualquer tipo de chance.

Obviamente, não existe nada de mágico no ato de se anotar metas e objetivos. Mas o que chega a ser quase mágico, de certa forma, é o claro efeito mental de se articular fisicamente as suas metas numa linguagem simples e direta. Formulá-las dentro do molde da expressão lingüística. Colocá-las em palavras. Escrever é apenas uma forma particularmente poderosa de articulação.

Chega a ser impressionante ver como podem ser vagas e difusas nossas idéias antes de tentarmos articulá-las. Você alguma vez já teve a experiência de ir a um exame ou a uma reunião, achando que dominava claramente um determinado assunto, para, no fim, descobrir que quando precisou escrever ou falar a respeito dele, sua clareza mental mostrou-se ser surpreendentemente vaga e confusa? A tal clareza que você julgava ter não existia. Você pode se sentir bastante familiarizado com um tema, pode até mesmo se sentir muito confortável com ele, mas enquanto você não for chamado para externar suas opiniões, suas próprias idéias podem permanecer muito vagas e disformes.

Certa vez, o escritor William Faulkner disse: "Eu nunca sei o que penso a respeito de um determinado assunto enquanto não li o que escrevi sobre ele." Bem, eu já li muita coisa de Faulkner e muitas vezes não faço a menor idéia a respeito do que ele possa ter pensado. No entanto, mesmo assim, a observação dele é importante. Um amigo meu, professor de filosofia que leciona no Texas, formula isso de maneira um pouco diferente: "Às vezes não consigo ter idéias claras a respeito de um assunto enquanto não escrever sobre ele."

Inicialmente, pode causar um pouco de perplexidade ouvir isso porque, na maioria das vezes, supomos que pensar e escrever funcionam da seguinte maneira: primeiro pensa-se alguma coisa, depois escreve-se sobre ela, expressando o que já foi pensado. Mas não é sempre que as coisas funcionam desse modo. Eu acredito que tanto Faulkner como meu amigo se aproximaram de algo de grande importância.

Escrever é uma forma de pensar. Ou, pelo menos, pode ser uma forma de pensar. No melhor dos casos, o ato de escrever não é apenas uma forma de comunicação. Não é apenas uma expressão do pensamento. É uma maneira de pensar. Um modo de cogitação que conduz à clareza. E o mesmo também pode ser válido quanto ao ato de falar. O conteúdo da nossa mente não surge sempre bem-formado e claro, independentemente de qualquer tentativa de articulação. Na maioria das vezes, é verdade que apenas através do esforço de escrever ou de falar é que conseguimos formar pensamentos claros e bem-definidos. Talvez este seja um dos motivos pelos quais tantas pessoas parecem ser tão confusas justamente agora que poucos escrevem regularmente ou se dedicam a conversas sobre assuntos que realmente sejam para nós de grande interesse. Nós perdemos a cultura da conversa e da correspondência que, em outros tempos, era tão valorizada por todos.

Acredito que, até há algumas décadas, eram numerosas as famílias que se reuniam no horário das refeições e conversavam. E existiam também os longos bate-papos depois do jantar. As pessoas se sentavam nas varandas ou na frente das casas e ficavam jogando conversa fora. Os vizinhos conversavam nas janelas ou por cima da cerca divisória e também quando se encontravam nos mercados locais. As barbearias e os salões de beleza serviam tanto como lugares de conversas como para o tratamento dos cabelos. E, no trabalho, as pessoas tinham tempo para conversar com os colegas. Casualmente. Pessoalmente. Isso parece ser uma história de tempos muito antigos, mas vestígios ainda podem ser encontrados em algumas cidades pequenas e em bairros isolados no país inteiro. Mas é algo lamentavelmente raro.

Além dessas conversas, as pessoas, em outros tempos, escreviam cartas. Cartas muito longas aos bons amigos. Cartas mais curtas para os parentes. Bilhetes para conhecidos. Cartões-postais para todo mundo. E algumas pessoas, sem dúvida em maior número do que atualmente, escreviam até para si mesmas, organizando e mantendo diários. As pessoas narravam os acontecimentos do dia e faziam reflexões sobre as suas vidas. Escreviam sobre as suas esperanças, os seus sonhos e os seus temores. Fazendo isso, pessoas que conheci quando garoto interpretavam para si mesmas as direções de suas vidas, o seu passado, o seu presente e o seu futuro. Pequenos detalhes e grandes desenvolvimentos. Elas obtinham clareza quanto ao conteúdo dos seus corações. Elas chegavam a um autoconhecimento e também a um conhecimento do mundo. Os seus objetivos com relação ao trabalho, à vida familiar e ao desenvolvimento pessoal surgiam naturalmente a partir desse conhecimento, como um poderoso efeito colateral dos seus hábitos de articulação.

> Portanto, façamos bom uso dos diários. *Francis Bacon*

Já não estamos mais tão acostumados a articular e a esclarecer nossos pensamentos, crenças, esperanças e metas numa base regular. Uma grande parte da cultura contemporânea parece militar contra isto. Estamos sempre com muita pressa, estamos ocupados demais, sempre correndo. Mas, para que esta pressa? Para onde estamos indo? É óbvio que temos alguns hábitos péssimos, de não sabermos expressar exatamente quem somos e o que realmente queremos da vida, modelos de negligência que precisam urgentemente ser modificados.

Necessitamos de metas que motivem e orientem nosso progresso em todos os setores da vida. Metas claras e específicas porque, conforme já observamos, as metas vagas não são capazes de nos motivar adequadamente, nem de nos orientar para comportamentos diretos e específicos. O sucesso sempre se origina de ações específicas, das ações certas nos momentos certos. Portanto, se quisermos nos mover rumo ao sucesso, nossa primeira necessidade é a de termos metas claras. E, se for verdade, como acredito que seja, que temos mais probabilidades de chegar a um conceito claro daquilo que queremos quando conversamos sobre isso com outra pessoa ou quando o escrevemos para nós mesmos – explorando as possibilidades e estabelecendo nossos alvos em conversas ou, pelo menos, usando caneta e papel – precisamos começar logo a desenvolver nossas metas e objetivos.

A esta altura, vale a pena fazer um alerta. Se planejamos algo especialmente grande e se assumimos algum grande desafio ou queremos realizar algo particularmente grandioso, é possível que cheguemos à conclusão de que não nos ajudará em nada o conversarmos sobre nossos sonhos com qualquer pessoa, principalmente durante os primeiros estágios. Algumas pessoas podem ficar ressentidas pelo que consideram a nossa "presunção", rotulando-nos de "sonhadores" ou simplesmente rindo de nossas ambições. Há muita competitividade no mundo e também inveja. Se você repentinamente começar a estabelecer objetivos muito elevados para si, às vezes é melhor não revelá-los aos outros durante algum tempo. As pessoas que o circundam não gostarão de ficar para trás quando você avançar muito em relação às atuais circunstâncias ou à sua atual posição. E pode ser que, ao estabelecer para si metas novas e diferentes, as outras pessoas pensem que você está abandonando e rejeitando valores, premissas e expectativas que continuam servindo de base para as vidas de muitas dessas pessoas. E isso, evidentemente, pode ser sentido por elas como uma ameaça, fazendo com que surja o ressentimento. É possível que, seguindo seu próprio coração, você acabe estabelecendo metas que são mais elevadas, segundo a sua avaliação, do que seu atual trajeto e que são mais importantes para você, mas que parecem ser totalmente intrigantes e incompreensíveis para os que o cercam e que não têm tais desejos em suas vidas, e cujos valores até certo ponto se diferenciam dos seus. Isto tudo pode resultar em considerável mal-estar entre as pessoas. Portanto, no caso de algumas metas pessoais, principalmente objetivos muito elevados envolvendo grandes mudanças, às vezes é mais aconselhável fazer os seus exercícios de articulação em particular. Há outras metas que precisam ser compartilhadas. Por exemplo, as metas comunitárias ou grupais. Uma meta para a família ou para o local de trabalho, qualquer objetivo cuja melhor realização exija a cooperação explícita de outras pessoas, precisa ser compartilhada da maneira certa, com o espírito certo e no momento certo. E algumas metas pessoais que representem desafios muito grandes também podem ter de ser compartilhadas.

Suponhamos que você fumou durante anos e, recentemente, tomou a decisão de deixar esse hábito. Anos e mais anos fumando cigarros dificilmente podem ser superados de um dia para o outro. Mark Twain disse isso da seguinte maneira: "Um hábito é um hábito, não algo que qualquer um possa atirar pela janela: é algo que deve ser levado a sair descendo um degrau de cada vez." E é particularmente difícil acabar com um hábito como o do fumo, porque envolve uma clara dose de dependência química. Até mesmo convencer esse algo a ir embora, descendo um degrau de cada vez, será extremamente difícil. Você necessitará de uma tremenda força de vontade e de uma grande persistência por algum tempo – o período de tempo que é necessário para limpar o seu sistema físico e para estabelecer novos hábitos. E isto não acontece de um dia para o outro. Os maus hábitos dificilmente são arrancados com todas as suas raízes na primeira tentativa; é preciso determinação e, freqüentemente, a ajuda de outras pessoas. Se você compartilhar sua meta de uma vida sem cigarros com outras pessoas bem-dispostas nos seus círculos de convivência, estará permitindo que elas o ajudem e encorajem a atingir essa meta. É impressionante a importância que a ajuda de outras pessoas pode ter nos esforços para se atingir qualquer objetivo difícil. Nós precisamos dos outros, do mesmo modo que eles também precisam de nós.

E mais uma coisa. Cada vez que você disser a outra pessoa qualquer coisa do tipo: "Eu parei de fumar, agora sou um não-fumante", você estará voltando a se comprometer publicamente com sua meta. Agora existem mais coisas em jogo. Se você se permitir o fracasso, não estará desapontando apenas a si mesmo, você também estará fracassando aos olhos das outras

33

pessoas. O seu desejo em ter sucesso aos olhos dos outros – um desejo que, aliás, todos temos naturalmente – servirá de apoio à sua persistência em atingir a meta proposta.

2. *A auditoria da satisfação*

Porém, independentemente de você conversar com outras pessoas sobre suas metas ou preferir mantê-las em segredo, um bom lugar para iniciar a articulação de um conceito claro do que você deseja é numa sala, sozinho, diante de uma mesa, segurando uma caneta na mão e tendo algumas folhas de papel à sua frente. Às vezes, é bom começar com a realização de um simples exercício por escrito de auto-avaliação, que eu gosto de chamar de *A auditoria da satisfação*. Para ser capaz de identificar e determinar metas claras para o futuro, e que sejam os objetivos certos *para você*, é possível que se tenha de iniciar avaliando inicialmente o seu grau de satisfação com a situação atual.

Essa é uma boa forma de se iniciar o processo. No alto da folha de papel, escreva o seguinte título: O QUE EU NÃO GOSTO NA MINHA VIDA AGORA (COISAS PARA SEREM MUDADAS). E depois faça uma lista. Não é preciso ficar tenso. Essa lista não será publicada nos jornais nem divulgada para todo o mundo. Ela não será incluída na primeira página do vespertino local. Escreva tudo o que surgir na sua cabeça. Faça um "brainstorm". O fluxo de consciência é uma excelente técnica para isso. Simplesmente vá anotando tudo o que surgir na sua mente. Podem ser coisas do tipo "Finanças – entradas insuficientes e saídas excessivas" ou "Excesso de decisões profissionais a serem tomadas" ou "Acho que meus talentos não estão sendo suficientemente aproveitados no trabalho" ou "Existe barulho demais no lugar onde moro" ou "O vizinho da esquerda é um grande panaca" ou ainda "Preciso aprender a lidar melhor com a raiva e a irritação". Lembre-se de que a meta é chegar a coisas específicas. Mas você pode ir se aquecendo gradativamente até chegar lá.

Quando achar que esgotou as coisas que podem ser colocadas nesta categoria (e espero que você chegue a esse ponto), inicie uma segunda lista intitulada: AS COISAS DE QUE EU GOSTO NA MINHA VIDA ATUAL (COISAS A SEREM PRESERVADAS). Você pode escrever aqui "Amigos" ou "Um excelente relacionamento com meus filhos" ou "Um emprego com flexibilidade de horário" ou "Trabalhar para uma empresa na qual acredito" ou "Viver numa região do país onde posso morar numa casa da qual gosto" ou "Viver numa cidade onde sempre existem muitas coisas interessantes a serem feitas". E continue assim.

Agora, faça uma terceira lista intitulada: COISAS DE QUE EU NÃO GOSTO NO MEU EMPREGO ATUALMENTE (COISAS A SEREM MODIFICADAS), e depois uma quarta: COISAS DE QUE EU GOSTO NO MEU EMPREGO ATUALMENTE (COISAS A SEREM PRESERVADAS). Estamos apenas tentando ser mais específicos no foco da nossa atenção. Se você basicamente gosta do seu emprego mas acha que, no seu setor ou departamento, há problemas com relação à maneira como algumas coisas são feitas, ou como devam ser feitas, acrescente os títulos: COISAS DE QUE NÃO GOSTO NO ATUAL FUNCIONAMENTO DO ESCRITÓRIO (COISAS A SEREM MODIFICADAS) e COISAS DE QUE GOSTO NO ATUAL FUNCIONAMENTO DO ESCRITÓRIO (COISAS A SEREM PRESERVADAS). Adapte esses títulos do modo que for mais apropriado para o seu local de trabalho. É possível que essa rápida listagem traga o foco da sua atenção para os problemas que pode estar enfrentando em relação a um colega. Neste caso, você necessitará de mais dois títulos tratando especificamente do seu relacionamento com esse colega.

Estas listas duplas, com dois tipos de títulos, podem ser elaboradas a respeito de qualquer aspecto de sua vida, indo das coisas mais genéricas às mais específicas. A realização deste tipo de exercício de articulação pode colocar qualquer um de nós numa posição que nos permita ver claramente as metas que queremos estabelecer para nós mesmos, as mudanças que queremos fazer e quais os aspectos da nossa vida atual que gostaríamos de preservar.

O melhoramento sempre envolve a preservação e a intensificação das coisas boas, juntamente com a eliminação ou modificação das coisas ruins existentes em nossas vidas. Com muita freqüência, as pessoas que se sentem frustradas com as circunstâncias ou descontentes com as suas vidas tendem a pensar apenas em termos de mudanças dramáticas. É grande a tentação de exagerar nas fantasias e achar que o realmente desejável é uma metamorfose rápida, radical e completa. Um rompimento total com o passado e com o presente. Mas na vida de todas as pessoas sempre existem algumas coisas boas que merecem ser preservadas e ampliadas, estimuladas e melhoradas, mesmo quando são encontradas apenas nos recantos mais distantes da alma. O movimento positivo numa vida nunca requer a cirurgia radical de se apagar o passado, de se inverter totalmente o presente e de se lançar no futuro partindo do zero. Algumas coisas podem exigir uma alteração radical, mas outras exigem proteção e preservação. Tanto a mudança quanto a preservação são importantes na determinação correta das metas. No parágrafo anterior, mencionei rapidamente "a alma". Sempre que você realizar uma auditoria da satisfação em sua vida, é importante fazer a si mesmo uma pergunta. Examine as suas listas. Elas fazem muita menção às suas próprias qualidades ou será que estão voltadas principalmente para circunstâncias externas – outras pessoas, coisas que acontecem ou que tendem a acontecer a você? Caso a sua vida interior, as suas qualidades do coração e da mente, as suas capacidades, as suas características de personalidade e tendências de comportamento dificilmente ou pouco aparecem nas listas que você fez, é possível que você necessite de uma lista dupla adicional focalizando diretamente a sua personalidade: COISAS DE QUE NÃO GOSTO ATUALMENTE EM MIM (COISAS A SEREM MODIFICADAS) e COISAS DE QUE GOSTO ATUALMENTE EM MIM (COISAS A SEREM PRESERVADAS). Caso você encontre facilidade em incluir itens na primeira dessas categorias, lembre-se de incluir itens também na segunda.

Desde que sejamos honestos com nós mesmos, quase todos encontraremos uma relativa facilidade em especificar detalhes de nossas personalidades, hábitos e tendências que preferiríamos modificar. E se não formos honestos com nós mesmos, bem, este pormenor deveria ser um ponto inicial da lista negativa.

Algumas pessoas encontram grandes dificuldades em exercer a autocrítica. Outras facilmente se deixam levar pelo negativismo. É importante enfatizar que, para a grande maioria das pessoas, é da máxima importância dar a mesma atenção à questão de se saber o que deve ser modificado no nosso interior e o que deve ser preservado e melhorado em nossas personalidades ao estabelecermos novos objetivos para o futuro. No caso ideal, queremos usar os pontos fortes e corrigir as fraquezas. No entanto, para que nossa determinação de metas leve em consideração estas duas tarefas, temos, em primeiro lugar, de nos certificar que identificamos com clareza e exatidão quais são os nossos pontos fracos e quais são os nossos pontos fortes, quais são os nossos vícios e quais são as nossas virtudes, quais são os pontos básicos negativos e os positivos.

Uma vida feliz é uma vida que está de acordo com a sua própria natureza. *Sêneca*

Um exame de si mesmo nunca é algo fácil de ser feito. Muitos de nós sabem melhor o que acontece no céu e na terra do que o que se passa em nossos corações. Mas conhecer nossos corações é uma tarefa necessária se quisermos cartografar os caminhos mais apropriados para nossas vidas. Assim que tivermos maior contato com o que gostamos e não gostamos em relação a nós mesmos e às nossas atuais condições, estaremos também numa posição muito melhor para começar a determinar objetivos claros, cuja busca e conquista nos trarão genuína satisfação. Quando passarmos a compreender melhor o que amamos e o que desejamos mais intensamente, descobriremos também onde estão nossas tendências, capacidades e talentos mais fundamentais. Começaremos a discernir como poderemos viver melhor neste mundo e também o que temos para contribuir com ele.

Este simples exercício de articulação que acabei de descrever é apenas um exemplo do que pode ser necessário para nos colocarmos na posição em que poderemos elaborar um claro conceito do que queremos. É uma maneira de seguir o famoso e muito repetido conselho dado pelo oráculo de Delfos na antiga Grécia: "Conhece-te a ti mesmo!" Trata-se de um exercício de autoconhecimento, de descoberta e de definição de si mesmo.

Algumas pessoas podem ficar impacientes com um exercício de articulação como este. É possível que elas queiram estabelecer para si mesmas metas como:

1. Quero ser o meu próprio patrão.
2. Quero ter independência financeira aos quarenta e cinco anos de idade.
3. Quero compor músicas para cantores populares de música *country*.
4. Quero estabelecer algum tipo de senso comunitário entre meus vizinhos.
5. Quero ser capaz de doar anualmente pelo menos dez mil dólares para fins beneficentes.
6. Quero aprender a lidar melhor com o *stress*.
7. Quero dispor de mais tempo para minha mulher e meus filhos.
8. Quero participar de uma corrida de Fórmula Um.

No entanto, nem todos sabem exatamente quais são as metas que querem estabelecer para si mesmos. E, mesmo para os que parecem sabê-lo, o tipo de exercício que descrevi pode ser muito útil porque qualquer lista inicial de objetivos irá necessitar de uma espécie de sintonização mais fina. E, para cada objetivo distante ou difícil, sempre necessitamos de algumas metas intermediárias, de alvos preliminares, de algumas maneiras específicas

37

para chegar aonde queremos chegar. Para sabermos como fazer para ir daqui até lá, precisamos saber o que existe agora nas nossas circunstâncias ou nas nossas personalidades que queremos modificar, e também o que achamos importante preservar. Precisamos de metas claras que sejam corretas *para nós*. Objetivos nos quais possamos acreditar. Metas ditadas pelo coração.

3. Nossos valores e nossos corações

Por trás de cada meta que você estabelecer para si mesmo haverá um valor ou um conjunto de valores. Você busca essa meta porque adota e endossa esses valores. Se você estabelecer como meta a independência financeira, isto assim será porque você dá valor a um determinado tipo de liberdade pessoal. Se você tem como um dos seus objetivos fornecer a melhor educação possível aos seus filhos, isto se deve ao fato de você dar valor tanto aos seus filhos como aos benefícios de uma boa educação. As metas pessoais nunca surgem do nada. O estabelecimento de metas não é algo que ocorre num vácuo total. São os nossos valores que dão origem às metas que adotamos.

Por vezes, os valores existentes por trás de nossos objetivos estão diretamente relacionados com essas metas. Noutras vezes, você irá constatar que a relação é indireta. Você está tentando atingir metas que simplesmente lhe foram fornecidas ou sugeridas por outra pessoa? Em caso positivo, por que está agindo assim? Se uma jovem está cursando a faculdade de medicina porque seus pais sempre quiseram que ela se tornasse uma médica, isto pode estar acontecendo porque ela dá grande valor a agradar aos pais. Se um vendedor tenta atingir determinadas metas de venda apenas porque elas foram estipuladas pelo seu gerente, é provável que isto aconteça porque ele dá valor a agradar ao chefe e a manter o emprego. Esses valores estão relacionados apenas de forma indireta com as metas propriamente ditas. Se os pais tivessem insistido num curso de direito ou se o chefe tivesse diferentes metas de venda, em cada um desses casos as metas dessas pessoas teriam sido diferentes.

Com bastante freqüência, herdamos metas de pessoas que nos cercam. Mas sempre trabalhamos melhor pela sua conquista quando nós mesmos as estabelecemos. Se a jovem estudante realmente passar a valorizar a ajuda que pode prestar aos doentes, ela pode passar a possuir a meta que recebeu indiretamente e que antes era apenas emprestada dos seus pais. De modo semelhante, se o vendedor passar a aceitar a importância de suas novas metas de venda, e se ele der valor aos benefícios que resultarão disto,

38

elas se tornam realmente suas. Os maiores esforços e as satisfações mais profundas de que somos capazes podem ser vivenciados apenas em conexão com metas que realmente assumimos como sendo nossas. Enquanto os valores que as sustentam forem apenas indiretos, é possível que não consigamos atingir o sucesso mais elevado do qual somos capazes. Nossas metas precisam vir do coração ou, pelo menos, precisam ecoar fortemente aquilo que nosso coração nos diz. Elas precisam fazer um apelo aos nossos instintos mais profundos e aos nossos valores mais fundamentais da maneira mais direta possível para que possamos nos dedicar a elas de forma que nos tragam os maiores benefícios possíveis.

Uma das piores coisas que podem ocorrer com relação a um comportamento voltado a um objetivo é uma pessoa assumir ou não metas de outras pessoas apenas para agradá-las ou para se beneficiar dos favores delas, apesar do fato de os valores e desejos que há por trás destas metas serem avessos ao seu sistema de valores, chegando a ser – em última análise – destrutivos para ela. Esta sempre é uma descrição de um desastre. Entretanto, é algo que encontramos com bastante freqüência no nosso mundo. Para evitar qualquer possibilidade de uma situação desse tipo, devemos sempre examinar com muito cuidado as metas que outras pessoas gostariam de verem adotadas por nós, e depois nos perguntar se podemos sinceramente endossar os valores existentes por trás delas. Se não pudermos fazer isso, qualquer tentativa de alcançá-las provavelmente acabará causando grandes problemas em nossas vidas.

Obviamente, existe o outro lado da história. Se você se encontra numa posição em que pode estabelecer metas para outras pessoas, deveria sempre procurar fazer tudo o que estivesse ao seu alcance para garantir que essas metas fossem sustentadas por valores que as outras pessoas pudessem adotar sem problemas de consciência. E também ajudá-las a ver as relações, de tal modo que elas possam adotar essas metas como sendo inteiramente delas. Só depois disso ter acontecido é que estas pessoas terão a posse total de suas metas.

Todos nós necessitamos de metas enobrecedoras, metas que nos inspirem por causa dos valores que personificam. E também precisamos compreender como as metas que nos são dadas se relacionam com os valores que aceitamos no nosso íntimo. As maiores possibilidades de realização estão numa situação em que uma meta é compartilhada por várias pessoas que a adotam de coração e que realmente acreditam nela por estarem comprometidas com os valores que são expressos por essa meta.

Muitas empresas estão começando a descobrir que os elevados lucros, os altos salários e os benefícios materiais não são a grande motivação que, em outros tempos, acreditava-se fossem. Todos gostam de ser recompensados. No entanto, mais importante ainda é fazer um trabalho cuja realização, em si, seja considerada como sendo compensadora. No fundo, a maioria das pessoas quer fazer algo de bom no mundo. Elas desejam que suas vidas representem uma diferença positiva. Elas têm a necessidade de poderem trabalhar com vistas a metas que sejam compatíveis com suas mais nobres tendências e aspirações. Na maior parte das vezes, as metas puramente materialistas ou estritamente egocêntricas são insuficientes para inspirar e sustentar um comprometimento profundo, um entusiasmo e uma lealdade de esforço durante prazos mais longos. Deveríamos ter sempre isso em mente ao estabelecermos metas para outras pessoas.

Porém, antes mesmo de começarmos a pensar na possibilidade de estabelecer metas para os outros, precisamos ser cuidadosos ao estabelecer as metas corretas para nós mesmos. O que é que desejamos? O que é que realmente queremos? Do que precisamos? O que somos capazes de conseguir?

Um amigo meu costuma dizer: "Tome muito cuidado com o que desejar – você pode consegui-lo." Sempre que o ouço dando este conselho, eu me lembro de uma história em quadrinhos envolvendo o garoto Calvin e seu tigre Haroldo. O moleque está jogando beisebol sozinho. Ele arremessa a bola no ar, solta o bastão, pega a luva e tenta pegar a bola antes dela cair no chão. Não dá certo. É tarde demais. Ele tenta novamente. Outro fracasso. Mais uma tentativa, desta vez com um bola quase vertical. Finalmente, ele consegue agarrar a bola. Sucesso. Mas então ele olha para o leitor com uma expressão de perplexidade no rosto e diz: "Estou impedido." Ele somente compreende as implicações de sua meta quando já é tarde demais. Uma maneira simpática de se fazer com que algo importante seja reconhecido através de uma história humana. Às vezes, somos bastante descuidados com nossos desejos, nossas fantasias. Mas é melhor adotarmos uma outra atitude quando a questão é o estabelecimento de metas verdadeiras.

4. Desejos e metas são coisas diferentes

Uma meta não é o mesmo que um desejo e esta é uma distinção muito importante. Você pode ter um desejo em relação ao qual nada pretende fazer. Mas você não pode encarar uma meta dessa mesma forma. Esta é uma observação puramente conceitual, mas também é algo muito importante. Podem existir muitos alvos no mundo que você jamais tentará atingir, mas depois de ter assumido uma alvo como sendo seu, isso simplesmente envolve certa intenção de alcançá-lo. A determinação de metas não é uma atividade da fantasia ou de desejos, da mesma forma como também não é apenas um exercício intelectual. Trata-se de um sério direcionamento da vontade, do estabelecimento de suas intenções, de um comprometimento real no intuito de dirigir todos os esforços numa determinada direção.

Traçar uma clara distinção entre os desejos e as metas tem um resultado de libertação. Não precisamos ser pressionados pelos nossos desejos. Você pode ter um desejo sem estabelecer para si mesmo a meta de satisfazê-lo. Os desejos nem sempre dependem de nós. Eles nem sempre estão sob nosso controle. Mas a determinação das metas está. Depois de compreender essa distinção, podemos ver claramente que um desejo insatisfeito não equivale, de modo algum, a um fracasso. Você pode ser feliz com muitos desejos insatisfeitos, desde que não os adote e estabeleça como meta a sua realização.

Eu gostaria de dar um exemplo do que quero dizer. É possível que você seja uma pessoa que, às vezes, sente uma certa dose de desejo físico por uma entre vinte pessoas que passam ao seu lado na rua. Neste caso, além de um regime de exercícios físicos vigorosos e de duchas frias, recomendo o cultivo de alguns interesses adicionais e diferentes. Mas nem mesmo essa freqüência do desejo é necessariamente problemática a não ser que você estabeleça como meta para si mesmo o envolvimento romântico com 5% de todas as pessoas que cruzarem sua vida. É possível que você tenha tido fantasias e desejos de alcançar uma grande fama como guitarrista de *rock* ou como modelo fotográfico ou ainda como astro de cinema. Não há nada de mal nisso. No entanto, isso não significa necessariamente que você tenha a obrigação de desenvolver uma carreira de destaque numa destas áreas. E também não significa que vivendo sua vida sem nenhum tipo de fama ou até de envolvimento nestes campos equivalha a algum tipo de fracasso. Qualquer um que tenha uma vida rica em fantasias irá forçosamente conviver com alguns desejos insatisfeitos. A maioria das pessoas convive com muitos desses desejos insatisfeitos. Mas isso é algo completamente natural e totalmente compatível com ter uma vida muito feliz. Um desejo é uma coisa; uma meta é uma coisa totalmente diferente. Um desejo insatisfeito não é o mesmo que uma meta não atingida. E também não é o mesmo que um fracasso.

Dos nossos desejos, alguns são naturais e necessários; outros são naturais, mas não necessários; e outros, ainda, não são nem naturais nem necessários. *Epicuro*

Por outro lado, muitos dos nossos desejos resultaram em metas. Ao consultar os desejos mais profundos do coração, os anseios mais fundamentais e contínuos é que freqüentemente encontramos nosso caminho ímpar de excelência no mundo. No entanto, é melhor não dar atenção excessiva a muitos dos nossos desejos. Alguns desses desejos passageiros podem não ser consistentes com nossos valores gerais e com nossos comprometimentos. Alguns desejos que aparecem periodicamente podem nos conduzir a lugares aos quais não queremos realmente ir. O desejo pode ser algo muito poderoso. E é de grande importância que compreendamos seu poder. Nos anos que passei analisando a condição humana como filósofo, uma das constatações mais simples mas também mais úteis que fiz pode nos ajudar neste caso. Eu a formulei no que chamo de *O Princípio do Poder Duplo:*

Quanto maior o poder que algo tem para o bem, tanto maior também é, correspondentemente, o poder que isso tem para o mal.

Eu acredito que este princípio simples expresse uma verdade fundamental e universal. Considere, por exemplo, a ciência e a tecnologia moderna, onde um grande poder para coisas tremendamente boas é claramente acompanhado por enorme potencial de desastres horríveis. Como estas coisas são usadas e para onde elas nos conduzem é algo que depende de nós. E exatamente o mesmo bem é válido quanto ao desejo humano. Ele tem grande poder para o bem. Em primeiro lugar, se não existisse o desejo, os seres humanos não teriam sobrevivido por muito tempo na terra. E não teriam surgido todas aquelas coisas que conhecemos como sendo as maravilhas da civilização. Mas também é igualmente óbvio que o desejo implica um significativo poder para o mal. Muitos dos problemas da humanidade podem ser explicados por desejos descontrolados. Guerras, assassinatos, roubos, injustiças sociais e vidas desperdiçadas são apenas algumas de suas conseqüências mais óbvias. Como o poder do desejo é usado e para onde ele nos conduz, no entanto, sempre é algo que depende exclusivamente de nós.

Não precisamos agir em função de desejos que tenhamos, nem mesmo quando eles nos assaltam com intensidade. Temos a liberdade de escolher se um determinado desejo deve ou não dar origem a um objetivo ou se deve ser abandonado, talvez para ser gozado apenas na imaginação, mas não no mundo real. Podemos até optar pela meta de fazermos tudo o que estiver ao nosso alcance para evitar a satisfação de um desejo específico que temos, por mais forte e intenso que ele possa ser, caso julgarmos que esta é a atitude mais sensata a ser adotada. Depende apenas de nós. Os desejos não se transformam automaticamente em metas para qualquer pessoa que tente viver de forma sensata e boa, para qualquer pessoa que esteja almejando o verdadeiro sucesso.

Como devemos decidir o que fazer com nossos desejos? É simples: basta considerar as conseqüências que seriam provocadas se agíssemos em função deles. E perguntar se realmente queremos estruturar nossas vidas na direção em que esses desejos nos levariam. É muito importante lembrar sempre disso. Por mais fortes que muitos desejos que vivenciamos possam ser quando nos deparamos com eles pela primeira vez, esse poder sempre pode ser consideravelmente aumentado pelo processo da determinação de metas e objetivos. Toda a psicologia da determinação de metas, com seu engajamento de intenção, seu comprometimento e sua ação, fornece um conduto através do qual o desejo pode fluir e aumentar sua força de movimento. Qualquer desejo que tivermos pode nos pôr diante de uma meta possível ou de um conjunto de metas. Mas a pergunta que devemos nos fazer é no sentido de saber se a busca dessas metas e o conseqüente aumento em potencial desses desejos seria algo de bom ou de ruim para nós.

A determinação das metas é um assunto muito sério de comprometimento pessoal. Isso nunca deve ser encarado de modo leviano. Precisamos refletir muito sobre as metas possíveis antes de nos comprometermos com elas e antes de começarmos a agir para concretizá-las. Será que realmente queremos todas as prováveis conseqüências que acompanharão a realização dessas metas? Vamos supor que eu tenha um objetivo para a minha vida. É preciso que eu pergunte a mim mesmo: será que isso é exatamente o que eu quero? Será que estou compreendendo o que será modificado e o que será preservado com a concretização dessa meta específica ou desse conjunto de metas? Novamente, a execução de alguns exercícios escritos pode nos ajudar a refletir melhor sobre as necessidades e desejos que temos, os valores que são importantes para nós e as implicações na vida real, tanto para nós como para os que nos cercam, decorrentes das metas que adotarmos. Nós também podemos conversar com outras pessoas que procuraram e atingiram metas semelhantes. Elas nos podem contar detalhes de suas experiências. E devemos ler muito. Uma das funções da grande literatura sempre foi a de investigar todas as implicações ocultas das opções humanas básicas. Até mesmo biografias populares, livros de memórias e artigos em revistas podem ajudar. Quanto mais amplas forem nossas pesquisas bibliográficas, tanto melhor será nosso posicionamento para avaliar as várias possibilidades de determinação de metas que surgirem no nosso caminho. Podemos absorver sabedoria das experiências e dos pensamentos de outras pessoas, não apenas dos nossos. Através de atividades como essas, estamos fazendo tudo o que se encontra ao nosso alcance para nos garantir que, ao procurarmos atingir uma determinada meta, conseguir o que desejamos será fonte de mais prazer e satisfação do que o simples fato de desejá-lo.

Nenhum homem é suficientemente sábio sozinho. *Plauto*

Mais uma observação filosófica deve ser feita quando encerramos nossas breves reflexões sobre a ligação entre ter desejos e agir em função deles através do procedimento de determinar metas. Trata-se de uma conclusão repetida, de uma forma ou de outra, pelas pessoas mais sábias de todos os séculos. O desejo de ter, de adquirir e de possuir é, em princípio, insaciável e raramente gera a sensação de realização e de felicidade que promete. Por outro lado, somente o desejo de fazer, de produzir, de contribuir ou de dar pode, de modo seguro, quando colocado em prática, resultar na sensação verdadeira de satisfação que todos tanto almejamos. A conclusão que tiro disto é que na nossa determinação de metas deveríamos ser guiados por uma simples pergunta: "Como posso dar melhor minha contribuição ao mundo?" Nas nossas próprias prioridades, dar deveria sempre ter precedência sobre ter. Só nesse caso teremos o que realmente mais necessitamos.

Anotando algumas de suas esperanças, sonhos, desejos, frustrações e fontes de contentamento na forma de uma auditoria de satisfação, você pode começar a examinar várias áreas de sua vida de forma a aumentar a probabilidade de que a sua determinação de metas será apropriada e realizadora para você como pessoa. Quaisquer exercícios de articulação como esses devem culminar numa clara anotação de metas específicas em função das quais você decidiu trabalhar. O simples ato de escrever suas metas pode deixar de ser apenas uma ação visando um maior esclarecimento, passando a ser um ato de comprometimento. Um pensamento captado com tinta numa folha de papel pode assumir uma vida própria. Guarde esse pedaço de papel consigo para relê-lo de vez em quando e para que ele lhe sirva de lembrete. Algumas pessoas podem precisar fazer isso todos os dias. Outras acham que é útil fazê-lo semanalmente. Para outras, a freqüência é menor ainda. Quando você começar a duvidar, ou até mesmo a esquecer, a palavra escrita pode funcionar como um testemunho palpável de sua resolução. Sim, você realmente pensou esses pensamentos. Você estabeleceu para si mesmo essas metas. Está escrito. Você se comprometeu.

Anote a mais importante de suas metas num pequeno pedaço de papel ou num cartão e cole-o num lugar onde possa ser visto com freqüência: na porta de um armário, no canto do espelho, sobre sua mesa de trabalho. Eu tenho um plano qüinqüenal e duas metas para ele anotadas simplesmente num cartão, que está grudado na porta da geladeira, um lugar que procuro com bastante assiduidade. Às vezes, eu me surpreendo olhando para o cartão e dizendo a mim mesmo: "É mesmo. Não posso me esquecer destas coisas." Diálogos consigo mesmo são silenciosos lembretes interiores. São afirmações mentais. Uma articulação interior. Os psicólogos nos dizem que nada é mais importante do que a maneira como conversamos com nós mesmos. Temos o costume de nos lembrar das metas que estabelecemos? Dizemos a nós mesmos que essas metas são corretas para nós? Deveríamos procurar usar nossos exercícios escritos de articulação e de cartões espalhados para deflagrar claras conversas com nós mesmos numa base regular. A vida está sempre repleta de distrações. Precisamos nos lembrar do lugar para onde estamos indo. Precisamos manter nossos alvos claramente visíveis. Por isso, fale consigo mesmo a respeito dessas coisas. E dê ouvidos ao que você tem a dizer sobre elas.

O PODER DA VISÃO IMAGINATIVA

Você tem o hábito de imaginar intensamente suas metas? Você usa o poder da sua imaginação? A primeira condição do sucesso envolve ter não apenas uma clara idéia do que queremos, mas uma visão nítida.

Na Bíblia, mais precisamente no Livro dos Provérbios, encontramos um diagnóstico pormenorizado e eficaz do nosso atual mal-estar cultural. É a frase: "Sem visão, as pessoas definham." Muitas pessoas não têm uma visão real da sua vida. O que imagino para minha vida familiar? Para que eu trabalho? Será que tenho uma exata visão da minha comunidade? Temos certa visão do país? Temos certa visão daquilo que nós, os seres humanos, somos capazes de realizar como cidadãos globais, juntos, nesta terra? Sem uma visão, definhamos, perecemos.

Desde o local de trabalho até o mundo, muitas pessoas parecem não ter uma visão daquilo com que podem contribuir e do que possam alcançar. Mas as coisas não precisam ser assim. Podemos conceber uma visão da nossa vida e imaginar intensamente nossos propósitos. Podemos usar o poder da visão interior para estruturar nossa vida – nossos pensamentos, nossas ações, nossos sentimentos e atitudes. Uma visão interior nos fornece orientação. Uma visão interior resulta em energia. Uma visão apropriada pode melhorar nossa vida, conferindo-lhe significado e poder.

Para muitas pessoas, a vida é uma esteira rolante: por mais depressa que andem, elas nunca saem do mesmo lugar. E elas *sentem* que não estão indo a lugar algum. Todos os dias, há intermináveis redemoinhos de atividades, mas os únicos resultados palpáveis deste ritmo frenético são a fadiga, a exaustão, a confusão, a frustração e as dores generalizadas. No entanto, existe uma alternativa. Como Mary Wollstonecraft Shelley observou há mais de um século: "Nada contribui mais para tranqüilizar a mente do que uma finalidade estável – um ponto no qual a alma pode fixar o olho do seu intelecto." O poder de uma visão interior resulta em cura, em tranqüilidade, em vida nova, em eficiência e em verdadeiras realizações. Saia da esteira rolante e vá para o caminho do verdadeiro sucesso.

Necessitamos de uma idéia clara do que queremos e precisamos que este conceito, esta determinação, esta meta ou conjunto de metas fiquem firmemente enraizados no fértil solo da imaginação. Certa vez, Albert Einstein disse que "a imaginação é mais importante do que o conhecimento". E eu acho que ele estava certo. De fato, essa sua afirmação foi durante anos o lema das minhas aulas em Notre Dame. Se eu conseguir estimular a imaginação dos meus alunos, o raciocínio deles será estimulado também. Conhecimento é entender o que existe. A imaginação almeja o que pode ser. E a imaginação nos seduz e fortemente nos atrai.

> A imaginação não é o talento de alguns homens, mas sim a saúde de todos os homens. *Ralph Waldo Emerson*

Eu me lembro claramente de quando assisti ao primeiro filme da série *Guerra nas Estrelas*. Ao sair do cinema, comentei com minha mulher que aquele filme, e outros do mesmo gênero, poderiam significar mais para o futuro da ciência e da tecnologia do que muitas reformas educacionais destituídas de imaginação e do que muitas experiências normalmente realizadas nas salas de aula. São estas coisas que colocam em funcionamento a imaginação dos jovens. Depois, desde que tenham a orientação correta, eles vão querer estudar. Quando me tornei professor, decidi que levaria para a sala de aula qualquer coisa que fosse necessária para atiçar a imaginação dos meus alunos.

Alfred North Whitehead, o grande filósofo de Harvard, considerava qualquer tipo de educação como sendo principalmente a "aquisição imaginativa do conhecimento". Qualquer aprendizado que não consiga envolver a imaginação é um mero exercício de memorização. Quaisquer metas pessoais que não consigamos imaginar intensamente no nosso interior são apenas abstrações. Intelectualmente, as pessoas estão constantemente estabelecendo metas que nunca são atingidas, que eventualmente acabam sendo abandonadas, porque para elas essas metas são apenas propósitos remotos e abstratos. Só a imaginação dispõe do poder necessário para envolver as emoções, as atitudes e a vontade num prazo mais longo. Só a imaginação realmente consegue nos motivar e nos sustentar com a energia de que necessitamos para atingir metas difíceis e que valham a pena. Uma grande história pode nos servir como uma forte motivação. Um relato dramático de uma tragédia pode nos comover profundamente. Eles tocam nossa imaginação. Você alguma vez tentou motivar alguém com generalidades? Com abstrações? Com números e estatísticas? Só a imaginação pode realmente nos inspirar, nos colocar em movimento e nos impelir pelo caminho.

1. Combater o fogo com o fogo

Durante muitos anos tive medo de voar. Eu simplesmente era incapaz de subir num avião. Só o fato de pensar na possibilidade de fazer isso me deixava horrorizado. Meus amigos constantemente me mostravam todas as estatísticas relevantes, mostrando as comparações da segurança de viagens aéreas e rodoviárias. Eles me lembravam da grande quantidade de vôos realizados diariamente e que chegam ao seu destino sem qualquer acidente. Eles afirmavam que eu teria mais probabilidades de morrer engasgado com um osso de frango numa churrascaria enquanto estivesse usando bermuda xadrez e falando francês, do que estar dentro de um avião que caísse envolto em labaredas. E assim por diante. Tudo isso de nada adiantou. As estatísticas e os números não representaram a menor diferença para mim. Eram coisas direcionadas para o meu intelecto e o que eu realmente necessitava era de uma ajuda no setor da minha imaginação.

Anos antes, eu lera um excesso de artigos e de livros descrevendo detalhadamente cenas de acidentes com aviões. Eu tinha me permitido imaginar como essas situações deveriam ter sido para os passageiros; eu tinha imaginado essas cenas repetidamente e com intensidade. E, fazendo isso, sem perceber o que fazia, eu tinha me programado para ficar longe dos aviões. Eu simplesmente fechara minha mente para todas as estatísticas e generalidades contrárias.

Depois, num verão, tive a oportunidade de voar para um conhecido lugar de veraneio a bordo de um avião particular na companhia de bons amigos. Eu não queria perder aquela excelente oportunidade de férias, de modo, que, durante duas semanas, muitas vezes por dia, eu me ocupava imaginando pessoas felizes e sorridentes a bordo de um avião, olhando pelas janelinhas para um lindo céu azul e ensolarado, um vôo suave, um pouso sem problemas, dias maravilhosos na praia e um retorno igualmente cheio de prazer. Imagens intensas eram freqüentemente trazidas à minha mente. Imagens que provocavam emoções positivas. Imagens detalhadas e emoções poderosas. Depois, quando chegou o dia marcado para a viagem, eu estava muito interessado e pronto para partir. E, para surpresa de todos, subi no avião e voei em direção a céus positivos.

No final da viagem de volta, quando descemos do pequeno aparelho e saltamos para a pista, uma das outras passageiras, uma psiquiatra, não se conteve e disse: "Eu sei que você tinha um medo enorme de voar. Como foi? Gostou da experiência?"

E eu respondi: "É a melhor forma de transporte que já usei em toda a minha vida. Adorei cada instante da viagem e nunca mais pretendo repetir a experiência."

"Por quê?", perguntou ela, e eu passei a lhe explicar como meus temores tinham surgido e tudo o que fizera para miná-los durante duas semanas. Ela comentou que eu economizara muito dinheiro. Por quase cem dólares por sessão, um bom psiquiatra teria feito exatamente a mesma coisa.

Combate-se o fogo com fogo. Os pensamentos negativos com pensamentos positivos. A imaginação negativa com a imaginação positiva. Mas por que motivo, quis saber essa profissional da mente, eu tinha dito que jamais iria querer repetir a experiência? Era simples. Durante anos e anos, eu tinha me dedicado a imaginações negativas e depois contra-atacara com doses intensas de imaginação positiva durante apenas duas semanas. Com aqueles dois vôos, o de ida e o de volta, eu tinha esgotado todo o meu novo estoque de confiança e de otimismo por enquanto. A imaginação é extremamente poderosa, mas precisamos usá-la habitualmente e a longo prazo a serviço de nossas metas, caso elas sejam grandes e desafiadoras. A imaginação de um dia, de uma semana, nem sempre irá nos fornecer tudo o que necessitamos. Precisamos usar o poder da imaginação numa base regular.

2. O uso da nossa imaginação

Também precisamos usar nossa imaginação de forma apropriada. Já se disse muitas vezes que os perdedores são os que visualizam as dificuldades do fracasso, mas que os vencedores imaginam as recompensas do sucesso. Como um relato de tendências habituais, isso é verdade. Eu mesmo já constatei isso entre atletas. E também entre atores e empresários, entre pessoas que falam em público. Enfim, entre pessoas de todos os tipos. Precisamos tomar muito cuidado com o poder da imaginação. Todos nós, pois trata-se de uma faca de dois gumes. Como ficou ilustrado com o meu episódio do medo de voar, ela tanto pode nos ajudar como pode nos atrapalhar. Se quisermos a ousadia de perseguir novas metas, não devemos nos permitir ficar muito tempo imaginando excessivamente os possíveis riscos de fracasso. Isto não significa, de modo algum, que devemos fechar os olhos aos custos e riscos de qualquer empreendimento. Todas as novas decisões e todos os novos caminhos devem sempre ser tomados com os olhos bem abertos. Sempre que estivermos considerando a possibilidade de procurarmos novas metas pode ser extremamente benéfico perguntar: "O que é o pior que pode acontecer se eu fizer tudo o que estiver dentro das minhas possibilidades e isso simplesmente não der certo?" Porque, na maior parte das vezes, o pior que pode acontecer não chega a ser tão ruim assim. E precisamos compreender isso. Apenas uma vez. É igualmente importante não continuar pensando desnecessariamente nisto. Mas vendo que poderíamos conviver com as conseqüências do fracasso, que não causaríamos nossa destruição nem de qualquer coisa que tenha algum valor profundo para nós, podemos nos livrar do medo dessas conseqüências e do medo de conviver com elas em nossa mente. Em seguida, liberaremos nossas imaginações para fiscalizar a meta que estamos pretendendo e todas as possíveis recompensas que teremos atingindo-a. Permitimos que nossa imaginação nos sirva, não que ela nos atrapalhe.

O poder da imaginação deve ser respeitado. Mas isto também significa que, se a minha imaginação disser um não com firmeza em relação a uma meta, é melhor que eu esteja preparado para ouvir. Se o uso perceptivo e bem-informado da minha imaginação, para discernir os possíveis custos e riscos inerentes à adoção de uma determinada meta ou em se adotar um caminho específico para atingir essa meta, apresentar um resultado fortemente negativo – como as intensas perspectivas ou a probabilidade significativa de conseqüências com as quais não poderia conviver em boa consciência, ou pelas quais não gostaria de ser responsável –, é preciso que eu me mostre preparado para colocar de lado essa meta ou para abandonar esse caminho particular para atingi-la. Se com minha imaginação contabilizei os custos, avaliei os riscos e determinei que são grandes demais, provavelmente não serei capaz de atingir o nível da confiança ou de comprometimento dos quais necessito para ter uma boa chance de sucesso na realização dessa meta. E nem devo querer tentá-la. Se não posso abraçar imaginativamente uma meta, ou um caminho que conduza a uma meta, é preciso traçar outro caminho, um que eu possa adotar no nível da imaginação e, conseqüentemente, acreditar nele com todo o meu coração.

> A imaginação tudo decide. *Blaise Pascal*

As metas que queremos determinar para nós mesmos devem ficar firmemente plantadas no fértil solo da imaginação. E caso elas floresçam nesse solo, devemos procurar concretizá-las. No entanto, caso desenvolvam espinhos perigosos, ou caso feneçam e morram, devemos arrancá-las imediatamente e plantar outras sementes, determinando para nós mesmos objetivos novos e diferentes. É sempre um erro adotar uma atitude negligente em relação aos testes de nossas metas, e dos meios pelos quais pretendemos alcançá-las com o uso intenso da imaginação. Precisamos sempre do aviso de alerta ou da energia que o uso perceptivo e intenso da imaginação pode fornecer.

Eu gostaria de contar a respeito de um episódio ocorrido há muito tempo, quando deixei de avaliar com a imaginação os possíveis riscos e custos de um determinado curso de ação. Aos sete ou oito anos de idade, vi na televisão um filme a respeito de um garoto que encontrou um veado ferido no bosque, o levou para casa, cuidando dele até que recuperasse a saúde. O animal se tornou o grande companheiro do menino, até que chegou o dia em que ele finalmente precisava ser outra vez colocado em liberdade. O garoto era o seu salvador, um jovem herói. E, enquanto assistia ao drama, senti uma profunda necessidade desse mesmo tipo de heroísmo, de amor correspondido em minha vida. Eu queria fazer exatamente o que o menino tinha feito na televisão. Mas no bairro urbano onde eu morava era impossível encontrar um veadinho machucado. *Havia*, isso sim, muitos passarinhos. Mas nem um único que estivesse ferido. Para não ser atrapalhado por esta incômoda inconveniência, decidi que poderia machucar eu mesmo um passarinho, atirando na sua asa com minha pequena espingarda de chumbo, levá-lo para casa e cuidar dele até que recuperasse a saúde. O animal se tornaria meu amigo e meu companheiro leal por causa do carinho e da dedicação que eu lhe devotaria. Eu curaria o passarinho machucado e seria um herói. Obviamente, não me passaram pela cabeça as contradições morais inerentes nesse meu plano tão criativo.

Peguei a espingarda e fui para o quintal, procurando preparar o caminho para a minha pretendida missão de misericórdia. Após algum tempo,

50

avistei um passarinho e, tremendo de antecipação, fiz pontaria e disparei. O passarinho caiu. Corri até ele, muito excitado com a chance de salvá-lo do seu novo ferimento. O progresso em direção à meta tinha começado.

Mas o chumbinho da espingarda não acertara o alvo pretendido por uma diferença de alguns centímetros; ele atravessara diretamente o coração do passarinho. Fiquei chocado e repentinamente senti uma onda interior de pânico. Em questão de instantes passei a me sentir muito mal. Eu estava espantado. Eu não tinha antecipado sequer a remota possibilidade daquela terrível reviravolta nos acontecimentos. Eu tinha sido negligente deixando de imaginar os possíveis custos e riscos do caminho que resolvera percorrer. O uso limitado da minha imaginação tinha se concentrado apenas num resultado remotamente possível que eu considerava como sendo positivo; no que dizia respeito a meios e fins, minha consciência entrara numa situação de curto-circuito e eu me precipitara para dentro do tipo de infortúnio confuso com o qual crianças pequenas freqüentemente se envolvem.

Eu era um garoto sensível. Cinco segundos de uma boa e imaginativa avaliação de riscos teriam sido suficientes para vetar esse plano maluco. Mas as crianças muitas vezes não pensam nessas coisas. Elas não se utilizam de sua imaginação para a avaliação de custos e riscos. Elas ainda não amadureceram o suficiente para terem imaginação bem-informada e para compreenderem como devem usar sua imaginação para avaliar a validade das metas e dos caminhos apropriados para se chegar a elas. Os adultos não dispõem dessas desculpas. Um emprego adequado da imaginação para avaliar custos e riscos poderia evitar que uma grande quantidade de pessoas se dedicasse à conquista de metas não apropriadas e que muitas outras procurassem atingir objetivos apropriados usando meios totalmente desaconselháveis.

Leve as suas metas para o campo da imaginação. Considere as conseqüências, os custos e também os riscos. Se a sua imaginação disser não, abandone-as. Volte ao estágio inicial. Determine uma rota diferente, uma com a qual você possa se comprometer. Uma rota cujo desenvolvimento é um percurso que você seja capaz de imaginar de forma positiva, intensa e enérgica. Uma meta e um caminho para essa meta, que você possa abraçar sem a preocupação de temores verdadeiros ou imaginários atrapalhando seu desenvolvimento futuro.

Nunca devemos permitir que temores infundados ou não-apropriados nos impeçam de sermos verdadeiros com nós mesmos e de estabelecermos as metas mais elevadas que formos capazes. Eu acho que é importante estabelecer metas elevadas em tudo o que fizermos. Durante minha vida, sempre tive muito prazer lendo as colunas assinadas por Sydney J. Harris. Em particular, ele expressava uma verdade que pode nos encorajar a tentar coisas que, normalmente, poderíamos hesitar em tentar. Ele dizia: "O arrependimento pelas coisas que fizemos pode diminuir com o passar do tempo; inconsolável é o arrependimento pelas coisas que não fizemos." Não perca a oportunidade. Não deixe a oportunidade passar. Seja o melhor que puder ser. Seja tudo o que puder ser. Faça o melhor que puder. Valha-se de todas as suas forças. Agindo assim, você poderá levar uma vida de satisfação interior, não de arrependimentos inconsoláveis.

> Pois para cada indivíduo, o que for mais digno de escolha para ele também é o que de mais elevado ele pode almejar. *Aristóteles*

Em última análise, somente você pode decidir o que significa ser o melhor que consegue ser. Você não pode permitir que outras pessoas lhe imponham isto. Na medida em que descobrir seus talentos e encontrar as oportunidades, *você* terá de decidir o que irá fazer. Mas é preciso que você tome as decisões de forma sábia. O sucesso não é a mesma coisa que "os estilos de vida dos ricos e dos famosos". O esforço e o estabelecimento de metas elevadas não significa que você precise se lançar no trânsito maluco da pista de maior velocidade. Um dos melhores oradores motivacionais do país freqüentemente afirma em suas palestras: "Visualize-se no topo!" Mas será possível que todos acabem "no topo" em termos de rendimentos, de prestígio e de poder? É fácil pensar que podemos imaginar uma pirâmide inversa, uma estrutura pesada que, admitimos, esteja longe de ser estável e que desmoronaria com muita facilidade. Mas, evidentemente, é literalmente impossível que todos atinjam o topo socioeconômico. Não existe um topo sem que haja também um nível intermediário e um nível básico.

Por outro lado, não é impossível que todos sejam um sucesso. Estabelecer metas elevadas não é necessariamente uma questão de se esforçar para atingir a presidência da empresa ou o cargo de governador do seu Estado. Isso não requer planos para se tornar o melhor vendedor do país ou o autor de um dos livros mais vendidos. A escolha da meta mais elevada não precisa significar aumentos dos seus rendimentos, da sua fama, do poder ou do *status* social. Significa, isto sim, explorar as profundezas do seu coração, descobrir o que você é capaz de fazer e o que você ama e não aceitar uma meta inferior a isso. Significa não se restringir, mas usar e gozar todos os aspectos do que você é. Envolve descobrir sua própria excelência pessoal, seu melhor caminho para a realização e caminhar diariamente por esse caminho. É isso que quero dizer quando menciono as metas elevadas.

> A longo prazo, os homens atingem apenas o que pretendem. Portanto... é melhor que pretendam atingir metas elevadas.
>
> *Henry David Thoreau*

Tenha metas elevadas para si mesmo. Esforce-se. Desenvolva-se. Mas desenvolva-se com paciência. Metas elevadas exigem tempo para serem alcançadas. Durante muito tempo, morei numa casa muito antiga. Sempre que vinha uma frente fria e eu ligava o termostato nessa casa, passava-se certo período de tempo até que a temperatura atingisse o nível pretendido. E percebi outra coisa também. O sistema de aquecimento não continuava funcionando indefinidamente. Assim que atingia o nível escolhido, ele parava. Ele não ia além do previsto.

Os seres humanos também são assim. Nós tendemos a não ir além das metas que escolhemos para nós mesmos. E quando optamos por metas elevadas pode levar um bom tempo para chegarmos lá.

Quão elevadas são as suas metas? Se o esquema da sua vida faz com que você sinta frio, faça algo para remediar esta situação! Aumente o nível do termostato! Esforce-se. E aguarde. Sempre vale a pena.

A IMPORTÂNCIA DA RENOVAÇÃO

Eu passei a acreditar que a reformulação das metas é tão importante quanto a determinação inicial delas. Por um lado, podemos querer fazer ajustes, melhoramentos, adaptações e esclarecimentos nas nossas metas à medida em que trabalhamos em direção a elas e que descobrimos novas informações relevantes para a especificação delas e para a sua adaptação exata ao desenvolvimento dos nossos talentos e dos nossos prazeres. Os detalhes exatos que usamos na primeira declaração de nossas metas não são indeléveis, esculpidos em rochas, se bem que, conforme já indiquei, eu ache que eles pelo menos devem ser escritos com uma caneta. Não abandone prematuramente suas metas iniciais, mas esteja sempre preparado para refiná-las, para redefini-las e para renová-las.

Coloque sempre a data nos exercícios de articulação que forem feitos em papel. Se você chegar à conclusão de que uma meta que você anotou está precisando de uma nova descrição, ou que deve ser substituída por uma formulação melhor, arquive a lista original e faça todas as correções numa outra folha de papel, também datada. É importante acompanhar o progresso da sua maneira de pensar a respeito do que quer em sua vida. Este é outro exercício de autoconhecimento.

Quando você der um passo importante em relação a uma meta escolhida, comemore. Não precisa ser nada de excessivamente elaborado nem sofisticado. Pode ser uma ida com a família a um restaurante ou a uma lanchonete preferida, o convite para um café com um colega de trabalho, uma pequena indulgência privada, qualquer coisa que seja divertida e positiva para marcar o momento e para reacender a chama da visão. Lembre-se: Eu consegui chegar até aqui. Estou no caminho certo. A sensação é maravilhosa.

> Eu me celebro e canto para mim mesmo. *Walt Whitman*

Antes deste livro, escrevi ou organizei onze outros. Quando termino um manuscrito, muitas vezes me dou folga pelo restante do dia. Faço gazeta. Vou passear com o cachorro, brincar com as crianças ou atrapalhar minha mulher. Fico passeando por uma grande livraria. Vou para casa, pego minha guitarra elétrica e fico tocando com entusiasmo. Faço qualquer coisa que tenha vontade de fazer. E também temos um ritual de família. Sempre que um livro é aceito para publicação, saímos para jantar fora. Vamos a algum lugar divertido, mas barato, para que o adiantamento recebido pelo menos cubra essa despesa. Nós celebramos. E eu faço questão de informar à família o que estamos celebrando e como isso representa mais um passo no caminho em direção às minhas metas. Isto é um ato de renovação. Uma renovação de energias. Uma renovação do espírito.

Um dos problemas encontrados com maior freqüência numa sociedade orientada para as metas e os objetivos é o fracasso de pessoas bem-sucedidas. O que quero dizer é o seguinte: nós estabelecemos metas, nós as atingimos e depois relaxamos. Depois de um grande projeto ter sido terminado, depois de uma meta elevada ter sido atingida, diminuímos nossos esforços. Não durante um dia ou uma semana, mas por prazos mais longos. E é justamente neste ponto que a concorrência entra em ação. Essa é uma tendência humana que, numa escala menor, permite dramáticos retornos e recuperações em eventos esportivos. Mas é um hábito extremamente perigoso.

Acredito que todos merecem um período de repouso e de descanso após esforços bem-sucedidos para atingir uma meta. Portanto, providencie uma tarde livre. Mas não um ano inteiro livre. Com freqüência demais, a excelência de hoje é a mediocridade de amanhã. E isto não ocorre apenas quando os padrões são modificados. Este é um dos problemas. Pessoas que são muito bem-sucedidas num contexto, num momento, podem encalhar no conceito do que deve ser conquistado, do que é necessário para a excelência, algo que não se encaixa nem funciona num momento posterior ou num contexto diferente. Necessitamos ser flexíveis a ponto de mudar, acompanhando um mundo em constante mudança. Não podemos simplesmente colocar nossa vida nem nossa carreira numa espécie de piloto automático, sempre preso aos mesmos esquemas e às mesmas coordenadas. Se fizermos isso, na maior parte das vezes teremos grandes acidentes.

O melhor agente de vendas deste ano pode se tornar um profissional ultrapassado no ano seguinte. As empresas mais quentes deste ano podem esfriar com uma velocidade incrível. Você alguma vez já notou as diferenças que ocorreram com o passar dos anos na lista das 500 mais importantes empresas preparadas todos os anos pela revista *Fortune*? Pessoas e empresas em grande evidência tendem simplesmente a sumir de nossas vistas. E, freqüentemente, são pessoas e até empresas que não conseguiram compreender a importância da renovação, da reformulação de suas metas e objetivos.

Uma meta elevada é algo que, por necessidade, exige que você se esforce por muito tempo, organizando seu tempo e sua energia em torno dela, pensando nela, esperando por ela. E depois você a atinge. No momento inicial da culminação dos seus esforços, você voa alto. E depois, antes de entender o que está acontecendo, você deixa de voar e passa a despencar.

A tristeza do pós-parto. Depois do nascimento de uma criança, que foi gerada durante nove meses; depois do recebimento de um diploma universitário, após anos de estudo; depois de uma grande promoção, de um importante reconhecimento, de algo aguardado por muito tempo, sempre ocorre um relaxamento. Forma-se um vácuo. O filósofo Bertrand Russell certa vez escreveu: "A não ser que um homem aprenda o que fazer com o sucesso após obtê-lo, sua obtenção inevitavelmente o conduz para uma grande sensação de monotonia." Uma das coisas que precisamos fazer com todos os sucessos que atingimos é usá-los para nos lançar na próxima conquista de um sucesso seguinte. Sempre que se atinge uma meta, necessita-se de novas metas. Imediatamente. Caso contrário, você se arrisca a despencar numa sensação de total falta de rumo.

Vá buscar uma folha de papel do seu arquivo de metas. Verifique a meta que foi atingida. Descreva em poucas palavras as circunstâncias desta conquista. Acrescente o que está sentindo e anote a data. Pegue outra folha de papel e determine novas metas. Visualize-as. A importância da reformulação é algo incapaz de ser exagerado. Nossas vidas foram feitas para o sucesso. E não apenas para gozar o sucesso; também para procurá-lo. Aliás, as pessoas com mais probabilidades de gozarem o sucesso também costumam ser as que sentem mais prazer na sua procura. Há satisfações que podem ser encontradas durante a busca, não apenas no final do caminho.

Somos programados para perseguir sucessos. Conseqüentemente, cada sucesso merece uma nova busca. Você mereceu um longo almoço ou uma semana de férias. Mas você também mereceu o direito de aumentar um pouco mais a temperatura pretendida naquele termostato. Aumente suas expectativas. Vá para o nível seguinte. Estabeleça novas metas. Você não será feliz se não as tiver.

Os seres humanos precisam da renovação. Nós precisamos de celebrações. Precisamos de lembretes. Precisamos de trabalho significativo. Precisamos saber que estamos em meio a uma busca. Precisamos de alvos a serem atingidos. Precisamos de um conceito claro do que queremos, de uma visão intensa, de uma meta ou de um conjunto de metas imaginadas com intensidade. E precisamos também renovar regularmente nossas visões. Esta é a primeira condição do sucesso.

2
A confiança para chegar lá

Condição Número Dois: Precisamos de uma forte confiança de que conseguiremos atingir nossas metas.

Há pouco tempo, fui até um posto de gasolina situado a alguns quarteirões de casa para encher o tanque do carro e deparei com um espetáculo incomum. Do outro lado da rua, num terreno baldio usado como estacionamento, centenas de pessoas barulhentas estavam em torno de um grande guindaste amarelo, daqueles usados em construções. Perguntei ao rapaz que me atendeu o que estava acontecendo e, com uma expressão cética no rosto, ele me respondeu: "Estão praticando o tal do *bungee jumping.*"

Eu já tinha ouvido falar da prática desta modalidade esportiva da moda. Pessoas, gritando feito maníacas ou rezando feito loucas, saltam de pontes muito altas, presas por uma longa corda elástica amarrada nos tornozelos ou na cintura. Elas despencam pelo ar como acrobatas suicidas ou suicidas acrobatas e depois, pouco antes de se estatelarem no chão ou de mergulharem na água, são salvas pela corda segura. Teoricamente. Quando tudo funciona tal como foi planejado. O saltador é então abaixado cuidadosamente até um barco à sua espera, onde é desamarrado. Sentindo-se alguns centímetros mais alto ou alguns anos mais velho.

Nem todos vivem convenientemente perto de uma alta ponte que atravesse um profundo desfiladeiro, de maneira que empresas especializadas em *bungee jumping* começaram a instalar enormes guindastes de construção em grandes terrenos baldios para içarem as pessoas dispostas a essa aventura até o alto de plataformas metálicas, bem acima do asfalto duro, onde possam testar seus ousados mergulhos. Era o que estava acontecendo. Fiquei sentado no carro, observando tudo durante alguns minutos. Mas nada aconteceu. Perguntei ao rapaz que me tinha atendido: "Por que ninguém está pulando?" Ele me explicou: "É que esqueceram de trazer a corda." E sem a corda, ninguém salta. Ninguém seria tão louco assim. Obrigado, não; preferimos esperar pela corda.

Mas, quando a corda chegou e foi instalada, as pessoas começaram a fazer filas, dispostas a pagar suas taxas de sessenta dólares pelo privilégio de serem içadas até a plataforma. Foi interessante observar aquilo. Principalmente os principiantes. Via-se que a expressão nos seus rostos se transformava de ousadia em hesitação e, finalmente, em terror. Empoleirados na minúscula plataforma, espiando para baixo, essas pessoas enfrentavam algo que nunca tinham enfrentado antes. Quase todos ficavam congelados. Mas os profissionais do setor, os operadores, estavam preparados para isso. Um acompanhante na plataforma dizia palavras tranqüilizadoras de encorajamento. Um sujeito de microfone em punho e com o sistema de som ligado no mais alto volume, berrava para a multidão: "Três! Dois! Um! *Bungee!*".

A essa altura, quase todos saltavam. Mas alguns ficavam parados, de joelhos trêmulos, nervosos, transpirando, percebendo que aquela podia não ser a boa idéia que tinham pensado que era, dispostos a pagarem bem mais do que apenas sessenta dólares para voltar a sentir o chão firme debaixo dos seus pés. Mas o acompanhante na plataforma lhe dizia coisas do tipo: "Você pode fazer isso. Não há problema nenhum. A sensação será maravilhosa. *Basta fazer!*" A essa altura, o público estava entoando em coro: "Pule, pule, pule!" Era fácil para os espectadores dizerem isso, com seus pés firmemente fincados no chão. E depois, pelos alto-falantes, ouviu-se novamente a ordem imperativa: "Três! Dois! Um! *Bungee!*" Sob os aplausos da multidão, os principiantes mergulhavam. Alguns chegaram a necessitar de até três contagens regressivas, incentivos constantes do acompanhante e muitos aplausos dos espectadores. Mas nenhum dos que eu vi desistiu do salto.

Esse episódio serve de metáfora perfeita para os momentos de nossas vidas quando enfrentamos algo de novo e nos sentimos tentados a perder a coragem. Estabelecemos novas metas e objetivos para nós mesmos, recebemos uma nova incumbência, enfrentamos um novo desafio e, olhando pela borda, vivenciamos uma dose considerável de ansiedade. Pensamos em voltar atrás. Perguntamos a nós mesmos: "Mas o que é que eu estou fazendo aqui?" ou "Quem sou eu para fazer uma coisa dessas?" ou "E se eu me esborrachar e quebrar a cara?"

Uma das coisas que aprendi nesse dia observando os saltadores hesitantes foi o papel importante que a torcida pode desempenhar na nossa vida. Todos precisamos de apoio quando enfrentamos algo de novo. Todos necessitamos de uma torcida. E todos precisamos fazer parte da torcida que incentiva as demais pessoas que nos circundam. Membros da família. Amigos. Colegas de trabalho. Colegas profissionais. Quando damos apoio aos outros, eles passam a ter um pouco mais de probabilidade para fazerem o que é necessário para que alcancem o sucesso. E essas pessoas irão apreciar nosso encorajamento que, por sua vez, fará com que eles se mostrem um pouco mais dispostos a nos incentivar da próxima vez. E com a confiança decorrente do fato de termos do nosso lado a torcida de que necessitamos, teremos maiores probabilidades de sermos capazes de fazer o que é necessário para chegar ao sucesso. O apoio aumenta a confiança e a confiança é uma condição vital para se ter sucesso diante de qualquer desafio difícil.

> A autoconfiança é o primeiro requisito necessário para grandes empreendimentos.
> *Samuel Johnson*

Pode ser difícil mergulhar de cabeça em alguma coisa inteiramente nova. Isso pode exigir muitas palavras de tranqüilização, de incentivo. Por vezes, pode exigir uma dose considerável de manifestações da torcida. Mas com doses suficientes de apoio e de confiança e com o impulso que estas doses trazem consigo, podemos fazê-lo. Quando estabelecemos metas elevadas para nós mesmos, sempre enfrentamos um desafio. O medo pode levar ao fracasso, mas a confiança à conquista. Por qual deles optamos? Realmente, depende de nós estar ou não cercados pela torcida. Nós podemos nos transformar na nossa melhor torcida. Podemos nos presentear com a grande dádiva de acreditar em nós mesmos.

O JOGO DA CONFIANÇA:
A FÉ EM PRIMEIRO LUGAR

A vida é arriscada. Eu não estou me referindo apenas ao *bungee jumping*, a vôos de asa delta, a cirurgias cardíacas ou a férias no Oriente

Médio. A vida do dia-a-dia é arriscada. Mas os perigos são tão comuns e estamos a tal ponto acostumados com eles, que eles dificilmente chegam à nossa mente consciente. Até o momento em que nos deparamos com algo novo. Um novo emprego, um novo relacionamento, uma nova estratégia, um novo conjunto de metas. Quando isso acontece, nós nos preocupamos. "E se eu falhar"? "E se eu me expuser ao ridículo?" E se... E se... Há poucas garantias na vida. Há, isso sim, muitas e muitas oportunidades – desde que você esteja disposto a se arriscar, a enfrentar os perigos.

"Eu nunca fiz isso antes." O mundo é dirigido por pessoas que nunca fizeram isso antes. Dá para notar isso, mas não se preocupe. Existe uma primeira vez para tudo. Dirija a sua vida e faça isso da maneira correta.

"Mas como saber se *posso* fazer isso?" E como saber que *não pode* fazer isso?

"Talvez eu não tenha todo o necessário." Talvez você tenha. Faça uma tentativa e descubra. Quem não arrisca não petisca. Como afirmou Sêneca, o famoso filósofo nascido em Córdoba no primeiro século da era cristã: "Ninguém pode saber o que é capaz de realizar, a não ser tentando."

Quando ficamos conversando com nós mesmos no íntimo da privacidade de nossas mentes, o que dizemos? Nós nos comportamos como os nossos melhores líderes da torcida organizada ou como os nossos piores críticos? Nós nos encorajamos ou nos deixamos levar pelas piores de todas as nossas preocupações?

Sempre que determinamos novas metas nas quais acreditamos, metas mais elevadas às quais aspiramos, e sempre que enfrentamos novas oportunidades para crescer e nos desenvolver, é muito fácil que as dúvidas se instalem rapidamente e nos envolvam. Elas se apoderam de nós e tentam impedir qualquer tipo de movimento. O medo perante o novo. O medo perante o desconhecido. O medo da mudança. O medo do perigo. O medo do fracasso. O medo de situações embaraçosas. Já se disse que o medo é o quarto escuro onde se formam os negativos. "Talvez eu não possa." "Talvez eu não deva." "Acho que não vou fazer." Negativas. Após termos optado por um curso de ação com referência a metas que são corretas para nós, as negativas não conseguem nos levar para onde queremos ir. Elas nunca conseguiram fazer isto nem jamais conseguirão.

No entanto, nada é mais comum neste nosso mundo do que os pensamentos negativos. E do que os comentários negativos. Se, de um momento para outro, fosse impossível que alguma pessoa dissesse algo negativo a respeito de outra pessoa, o mundo seria envolvido num surpreendente silêncio. Precisamos tomar muito cuidado quanto à maneira como pensamos e como conversamos com nós mesmos na intimidade dos nossos pensamentos mais profundos, mas também precisamos tomar muito cuidado quanto à maneira como ouvimos os pronunciamentos negativos dos outros. Alguma vez você já verbalizou um desejo profundo ou compartilhou um importante objetivo apenas para ouvir, na mais autoritária das vozes, que aquilo era algo completamente impossível, que nunca poderia funcionar, e que você deveria despertar para a realidade? Walt Disney costumava afirmar que sempre que tinha uma nova idéia e que ninguém acreditava que essa idéia pudesse ter sucesso, ele tinha certeza de ter encontrado algo de excepcionalmente grande e passava a desenvolvê-la com todas as suas forças. Bem, talvez esta seja uma reação um tanto quanto exagerada, mas o escritor Jonathan Swift certa vez afirmou que "quando um verdadeiro gênio aparece no mundo, é possível reconhecê-lo de forma infalível: todos os estúpidos se unem contra ele".

> Nada jamais será tentado se for preciso primeiro superar todas as objeções possíveis. *Samuel Johnson*

Algumas idéias não funcionam. E às vezes é preciso agir com cuidado e cautela. Mas, na maioria das vezes, os que dizem não e que estão à nossa volta, prefeririam que nada fizéssemos. Até mesmo pessoas que gostam de nós às vezes podem mostrar-se impropriamente contrárias com relação aos nossos planos e sonhos. E existe um motivo bastante simples para isso. Elas podem estar levando em consideração todas as evidências que conseguem coletar quanto à probabilidade do nosso sucesso e podem não as estar examinando de forma suficiente, porque sempre há uma evidência que nós temos e da qual elas não dispõem: um conhecimento completo da chama que queima no nosso coração, da determinação e do enorme desejo presente no nosso interior que, por vezes, consegue superar as condições mais desvantajosas e representar toda a diferença do mundo.

Lembre-se sempre do seguinte: apesar de você ter pensado muito a respeito de uma nova idéia ou de um plano de ação, de ter refletido sobre inúmeros detalhes e de ter se preparado para todo tipo de contingências, quando você conta isso tudo pela primeira vez a uma outra pessoa, ela ouve isso *pela primeira vez*. É praticamente impossível que uma pessoa recentemente informada sobre o assunto se mostre tão entusiasmada ou tão confiante quanto você. E para o seu próprio nível de confiança, é natural – como para a água que escorre encosta abaixo – acomodar-se no ponto mais baixo dos arredores. Por esse motivo, é extremamente importante ter muito cuidado quanto à maneira de partilhar seus planos com outros, limitando assim sua exposição aos pensamentos e aos comentários negativos que os outros podem produzir.

> Estou disposto a ouvir as convicções de qualquer um; mas, por favor, guarde suas dúvidas para si mesmo. *Johann Wolfgang von Goethe*

É muito fácil subestimar o poder do pensamento negativo. Ele tem um grande poder para o mal na nossa vida. Muitas pessoas vivem na prisão que elas próprias se impõem de baixas expectativas sobre a vida. Seus pensamentos negativos lhes roubam a riqueza de experiências e de realizações que deveria lhes pertencer. Existe uma bibliografia cada vez mais extensa de títulos escritos por médicos, psicólogos e atentos observadores da condição humana nos alertando para o fato de que o pensamento negativo nos pode roubar a saúde e até mesmo a vida. Um amigo meu, que é professor de epidemiologia numa importante escola de medicina, certa vez me disse que já se deparou com exemplos chocantes de pensamentos negativos que tiveram resultados literalmente fatais. Numa sociedade tribal que visitou, ele observou como um homem totalmente saudável sob todos os demais aspectos foi enfraquecendo cada vez mais e acabou morrendo após um curto período de tempo, como resultado de uma maldição que lhe tinha sido lançada por um reverenciado xamã de sua tribo. Sabe-se que o medo e a preocupação podem provocar calafrios, erupções cutâneas e úlceras. Sob o *stress* de dúvidas persistentes, podemos enfraquecer, adoecer e até mesmo morrer. As atitudes e emoções que cultivamos determinam em grande parte a qualidade da vida que vivemos.

1. William James e Winnie-the-Pooh

William James, o grande psicólogo e filósofo de Harvard, declarou certa vez que uma das mais importantes descobertas feitas pela sua geração era o fato de que, mudando nossas atitudes, podemos mudar também a nossa vida. Interiormente. E exteriormente também. Precisamos aprender a banir as dúvidas que não nos ajudam e a cultivar a benéfica autoconfiança. Às vezes, precisamos de fé em nós mesmos, que seja capaz de se adiantar a todas as evidências que estejam à nossa disposição. Precisamos criar a atitude positiva que nos conduza até o sucesso. Precisamos de uma forte confiança de que seremos capazes de atingir nossas metas.

A maioria das pessoas não quer ser enganada nem iludida quando avança pela vida. Queremos que nossas crenças sejam racionais. Queremos que nossas convicções sejam verdadeiras. Freqüentemente, queremos provas, ou pelo menos boas evidências, antes de acreditar em alguma coisa, principalmente quando o que está em jogo é importante. Mas e quanto à questão de acreditar em nós mesmos? Se quisermos mais da vida do que o que temos, se quisermos dar mais a essa vida do que estamos lhe dando, então precisamos de uma nova visão para nossa vida. O simples fato de estarmos tendo esses desejos pode significar que já estamos tentando alcançar uma nova visão. Precisamos de novas metas, de objetivos mais elevados. Mas nunca podemos esperar que façamos os esforços necessários para atingir essas metas se não acreditarmos em nós mesmos. E será que possuímos alguma prova de que seremos capazes disso? As evidências são conclusivas?

Tipicamente, as respostas são negativas. Uma vez que queremos algo de novo para a nossa vida, não seremos capazes de encontrar no passado nenhum tipo de prova cabal indicando que conseguiremos chegar lá. Faltarão evidências suficientes para uma confiança objetivamente fundamentada. Por este motivo, muitas pessoas têm medo de se expor e de seguir o rumo indicado pelos seus sonhos. Elas preferem continuar vivendo como sempre o fizeram. No entanto, há momentos em que apostar na coisa segura é a coisa mais perigosa que se pode fazer.

William James cunhou uma expressão em inglês. Às vezes, dizia ele, necessitamos de uma *precursive faith* (fé precursora), ou seja, de uma fé que se antecipe às evidências (em sua raiz latina, *cursive* significa "correndo", e *pre,* "na frente de"). Ele achava ser apropriado e racional acreditar em alguma coisa além das evidências objetivas das quais se dispõe quando fazer, isto é – nas palavras dele – uma *opção genuína.* Ele continuava especificando que crer além da evidência é uma opção genuína quando: (1) há a possibilidade de você formar a crença. Nada do que você sabe prova que a crença não poderia ser verdadeira – a isso James chamava de uma *opção viva*; (2) esperando e não se comprometendo com a crença, você estaria correndo o risco de perder o que pode ser ganho tendo a crença – ao que ele chamava de uma *opção forçada*; e (3) o que está em jogo e pode depender de você ter ou não a crença é de grande valor, ou de tremenda importância pessoal – o que ele rotulava de *opção significativa.* Se uma opção de acreditar além das evidências atualmente disponíveis é *viva, forçada e significativa*, então, defendia James, é totalmente apropriado adotá-la: assuma a crença e avance com ousadia.

> Confiança é o sentimento pelo qual a mente se lança em empreendimentos grandes e nobres com uma esperança segura e com a crença em si mesmo.
>
> *Cícero*

Tudo isso pode parecer um bocado abstrato. Exatamente o que se esperaria que um professor dissesse. Mas é algo extremamente importante e libertador. Vamos supor que você queira mudar de profissão, propor um casamento, transformar um passatempo numa atividade lucrativa, tentar conquistar um novo cliente importante ou uma promoção, ou simplesmente iniciar um novo projeto, enorme e excitante. É improvável que você tenha sucesso, a não ser que acredite que terá esse sucesso, a não ser que acredite em si mesmo e também que é correto o que está fazendo para si mesmo. No entanto, quanto maior, quanto mais nova e mais importante for a tarefa que você estiver enfrentando, tanto menos provável será que você encontre no seu passado evidências ou provas suficientes de que poderá sair-se bem. Mas eu aposto que, se for algo que você realmente deseje ou queira conseguir, você também não terá na sua bagagem nenhuma coisa provando a incapacidade de que isso possa ser alcançado. A opção da confiança é viver. E sabemos que, sem confiança, você não começará a agir da maneira como deveria, nem continuaria com essa movimentação, o que implicaria numa grande probabilidade de perder os benefícios e as vantagens que a confiança, com quase toda a certeza, lhe daria. Além disto, há poucas coisas mais importantes para você do que o seu próprio futuro, ou seja, justamente o que está em jogo aqui. Portanto, a opção da confiança é significativa. Segundo William James, esta é exatamente o tipo de situação na qual é correto que você adote a crença da qual necessita, estabelecendo sua confiança, determinando sua vontade e traçando a rota a ser seguida. Esqueça as dúvidas que o perseguem. Faça meia-volta e vá em frente. Concentre a sua atenção. Diga a si mesmo que conseguirá fazer o que quer. Torne-se o líder da sua própria torcida. Obrigue-se a acreditar em si mesmo. Assuma o controle de suas emoções e também o controle da sua vida.

Uma história sobre o futebol em Notre Dame. Há vários anos, eu estava conversando pela primeira vez pelo telefone com o grande ex-treinador de futebol da universidade, Dan Devine. Eu lhe perguntei qual era sua principal lembrança dos tempos com a equipe. Ele me respondeu que no dia 1º de janeiro de 1979, Notre Dame estava enfrentando a Universidade de Houston no Cotton Bowl, em Dallas. O vento frio fez com que a temperatura caísse para seis graus abaixo de zero, um clima quase ártico nada comum para o Texas.

No intervalo, a equipe local ganhava com grande margem de pontos e o principal jogador dos visitantes estava passando mal, ardendo em febre. Ele recebeu ordens para permanecer no vestiário, onde o alimentaram com canja bem quente. A equipe foi informada de que ele não voltaria ao campo. Todos pensavam que a partida estava praticamente encerrada.

E assim, Joe Montana ficou fora da maior parte do terceiro quarto da partida. Outro jogador teve de ser colocado no seu lugar. Mas o próprio Montana descreveu mais tarde a sua grande determinação na ocasião, dizendo: "Eu pretendia voltar, pouco importando o que isso custasse." Uma atitude que teria causado muito orgulho em William James. Faltando apenas sete minutos e 37 segundos para o final da partida, o time de Houston liderava por 34 a 12 pontos. O jogador doente e febril voltou para o campo, concentrou sua confiança com a intensidade de um raio *laser* na sua meta e liderou aquilo que muitos consideraram a melhor recuperação na história do futebol da Notre Dame, encerrando a partida com um placar que todos julgavam ser impossível: Notre Dame 35, Houston 34.

> A habilidade e a confiança formam um exército impossível de ser derrotado.
> *George Herbert*

Fé precursora. O poder da crença. A conquista da confiança. Quais eram os prognósticos, faltando sete minutos e meio para o fim da partida? Não eram bons. Era algo impossível? Quase, mas não totalmente. Foi algo significativo? Para os envolvidos, com toda a certeza. Forçado? Absolutamente. A maioria das pessoas raramente enfrenta condições tão extremas. Mas todos nós nos deparamos com desafios, nos quais precisamos nos aplicar além do que jamais fizemos antes para podermos aproveitar da melhor maneira possível a oportunidade que temos. Precisamos de confiança. E não podemos ficar aguardando pelas evidências. E também não podemos contar sempre com a possibilidade de que as outras pessoas nos forneçam essa confiança. Precisamos assumir o comando das coisas. Precisamos da confiança, em primeiro lugar, e também precisamos fazer tudo o que for necessário para nos dar esta confiança. E, principalmente, quando enfrentamos algo que nunca enfrentamos antes, precisamos criar dentro de nós mesmos uma forte confiança inicial, uma fé precursora em relação às nossas habilidades e perspectivas.

Eu gostaria de citar um exemplo colhido na minha experiência. Mas, antes, darei algumas informações para que se possa compreender melhor a história. Certo dia, recebi um telefonema de uma das maiores agências de publicidade do país. A senhora que conversou comigo disse que estava procurando, no país inteiro, um professor de filosofia que pudesse fazer alguns comerciais de televisão e funcionar como porta-voz nacional da série Winniethe-Pooh da Disney Home Videos. Ela disse que estava vasculhando o país inteiro à procura de um filósofo com personalidade e que, até o momento, não conseguira encontrar alguém que tivesse o perfil desejado. Ela já havia desistido, quando alguém mencionou meu nome. Agradeci, da maneira mais efusiva e entusiasmada possível, e lhe disse que estava interessado. Eu sempre amei Winnie-the-Pooh. Quando minha mulher e eu ainda namorávamos na universidade, freqüentemente líamos histórias desse personagem um para o outro. E até chegamos a ter um cachorro chamado Roo, o pequeno filhote de Kanga, outro personagem da história. E, caso esse interesse por parte de um filósofo possa parecer estranho, quero assegurar que considero o Ursinho Pooh e seus amigos como sendo verdadeiros filósofos à sua própria maneira.

O pessoal da agência quis vir à universidade para me filmar em vídeo e ver se eu era suficientemente telegênico para o que pretendiam, mas quando lhes disse que tinha dado aulas para The Learning Channel, uma televisão educativa, eles mandaram no mesmo dia um mensageiro de Chicago para a região de Washington, D.C., apanhar uma das minhas fitas. O homem voltou para Chicago, assistiu ao programa, decidiu que me queria para o comercial e no dia seguinte voou para Los Angeles, onde mostrou meus clipes de vídeo para o pessoal da Disney. Eles disseram: "Gostamos deste sujeito. Mas não existe aí um problema com o sotaque sulino?" Eles tinham percebido minhas raízes da Carolina. O representante da agência, nascido em Asheville, na Carolina do Norte, retrucou: "Que sotaque?", e eu fui contratado.

A coordenadora da agência voltou a ligar e explicou que eu voaria para Los Angeles na primeira classe e seria instalado num bom hotel de Beverly Hills. Minha família e eu nunca tínhamos estado na Califórnia, de maneira que perguntei se poderia levar minha mulher e as duas crianças, na época com oito e dez anos de idade. Tudo bem, não haveria problema nenhum; eles me reservariam uma suíte no hotel. Também seria providenciada uma limusine para nos apanhar no aeroporto. A essa altura, mesmo sabendo que estava forçando um pouco a situação, perguntei: "Pode ser uma limusine branca?"

Um momento de silêncio. "Por que isso?" Expliquei que minha filha de dez anos sempre quis andar numa limusine branca. A generosa coordenadora disse que me ligaria dentro de alguns minutos. Tive receio de que ela estivesse pensando na possibilidade de encontrar outro professor de filosofia, que também tivesse tanta personalidade quanto eu, mas que fizesse menos exigências. Ela tornou a ligar e disse que tivera de trocar de empresa fornecedora de limusines, mas que eu teria a limusine branca que desejava à minha disposição.

Bem, voamos para Los Angeles e, de fato, estávamos sendo esperados por um motorista educado, numa limusine branca muito comprida e abastecida com salgadinhos e refrigerantes. Ele nos conduziu por um passeio preliminar pela cidade e depois nos levou ao estúdio para examinar o guarda-roupa; tudo teria sido muito agradável, se durante o vôo eu não tivesse apanhado o pior resfriado da minha vida. Eu mal conseguia respirar, meus olhos lacrimejavam, os ouvidos estavam tapados, eu sentia tonturas e minha voz sumia a cada minuto que passava. Quando os produtores me viram, ficaram espantados. Afinal, eles não pretendiam gravar o comercial de algum novo tipo de medicamento. Com grande confiança e autoridade, eu lhes disse que no dia seguinte, no horário previsto, eu estaria sem nenhum daqueles sintomas, completamente saudável e pronto para gravar. Quando finalmente chegamos ao hotel, meu estado era lastimável. Mas em meio a tudo aquilo, decidi que não seria derrotado pela doença; eu é que a derrotaria. Afinal, meus pais escolheram Victor para ser o meu segundo nome e eu estava firmemente decidido a fazer jus à escolha deles.

> A honra da conquista é determinada pela dificuldade.
>
> *Michel de Montaigne*

Durante aquela tarde e aquela noite, fiz mais orações e me entreguei a mais pensamentos positivos do que os que tivera em qualquer outro período de doze horas em toda a minha vida. Constantemente, eu repetia para mim mesmo: "Eu preciso fazer isso. Eu posso fazer isso. Eu vou fazer isso. Eu vou ficar sem sintoma nenhum." Eu me visualizei diante das câmaras com um bom aspecto e um excelente desempenho. Repeti isso inúmeras vezes. Praticamente durante a noite inteira. E também tomei uma grande quantidade de remédios contra gripes e resfriados.

No dia seguinte, fiquei sem nenhum sintoma durante as seis horas de gravação.

Mas houve um segundo teste para a minha confiança e a minha determinação. Pessoas com as quais conversei no estúdio comentaram com muita admiração que a Disney tinha contratado os melhores profissionais para aquele comercial: o melhor diretor de Nova York, a melhor maquiadora de Aspen, no Colorado (eles sabiam que enfrentariam um grande desafio com o meu rosto), os melhores iluminadores, os melhores câmeras e assim por diante. Era visível que todos eram excelentes profissionais. O diretor e a maquiadora ficaram na minha frente durante uns cinco minutos, em silêncio, apenas estudando a minha aparência. Não foi um caso de reverência respeitosa. Finalmente, o diretor apontou para o meu nariz e para a minha boca e disse: "Faça com que ele fique com uma aparência natural." Ela levou uma hora e meia para conseguir essa difícil façanha.

O terceiro assistente de produção disse que já tinha produzido vídeos musicais com as melhores bandas para a MTV e que a verba da Disney para os gastos incidentais do nosso comercial era maior do que todas as verbas com as quais ele costumava trabalhar. O cenário era impressionante. Eles tinham pedido que eu fizesse fotografias da minha sala em Notre Dame e a reproduziram nos mínimos detalhes naquele estúdio em Hollywood. Até a guitarra que eu deixava num canto da sala estava lá. E toda a bagunça que eu levara dez anos para criar, eles reproduziram em questão de alguns dias. Quando demonstrei meu espanto, eles disseram: "Estamos em Hollywood – e aqui podemos fazer qualquer coisa." Na verdade, a sala reproduzida acabou sendo bem mais simpática do que a original. Fiquei tentado a perguntar se poderia fazer 24 fotos daquele cenário e enviá-las para Notre Dame. Impressionante. Uma verba enorme, um cenário maravilhoso, uma equipe com dúzias de especialistas, e eu. Parado na minha marca (é assim que dizemos no *show business*), olhei em volta de mim e, pela primeira vez, vi todos aqueles excelentes profissionais, todos olhando *para mim*. E, de repente, uma frase se formou dentro da minha cabeça: *o elo fraco da corrente.*

> Quando você é um Urso de Cérebro Muito Pequeno, e Pensa sobre Coisas, às vezes percebe que uma Coisa que parecia ser muita Coisa na sua cabeça é bastante diferente quando sai de dentro dela e quando outras pessoas a olham. *Winnie-the-Pooh*

Eu nunca tinha feito isso antes. Eu nunca havia gravado comerciais para serem exibidos nas grandes redes de televisão. E eu não era apenas mais um rosto numa multidão, eu não fazia parte de um grupo. Éramos apenas nós dois: a câmara e eu. A figura de Pooh seria acrescentada depois. Mas não nas minhas tomadas de cena. Todas as preocupações e todos os medos próprios do momento inundaram a minha consciência. De repente, comecei a sentir enjôo e náuseas. Mas, no instante seguinte, em questão de segundos, optei por rejeitar todos os pensamentos negativos, por banir todas as dúvidas e por dar um salto à frente. "Eu posso fazer isto", foi o que disse a mim mesmo. "Não há problema algum." "Isso tudo vai ser muito bom."

E foi mesmo. Durante todo o dia, pouco importando o que pediam que eu fizesse, eu me ouvia dizendo a mim mesmo: "Isso não é um problema; eu posso fazer isso", até mesmo quando não tinha nenhuma evidência daquilo na minha vida anterior. Eu simplesmente fabriquei a confiança da qual estava necessitando. Com força de vontade e com imaginação. Com afirmações positivas. Assumi o controle do meu consciente e concentrei minhas energias de uma maneira completamente positiva. Criei a confiança antecipada da qual precisava. A tal fé precursora. Pensei no velho William James e, mentalmente, lhe agradeci. Eu surfei na crista de uma onda de intensa autoconfiança e terminei minhas tarefas deixando todos satisfeitos, inclusive eu mesmo. Agora, sou conhecido em todos os lugares como "o filósofo Pooh", ou, como dizem meus filhos, "o Poohlósofo". Fui capaz de me erguer à altura de um novo desafio. De um desafio muito novo. E se eu posso fazer isso, você também pode.

2. O enfoque da ação para a atitude

Se eu posso fazer isso, você também pode. Estou repetindo a frase porque ela merece ser repetida. Não sou um mestre em questões de autoconfiança. Ela não é uma coisa fácil para mim. Freqüentemente, sou forçado a lutar com dúvidas. A falta de confiança em mim mesmo é algo que está sempre me rondando. Na Notre Dame, chego a dar aulas para até mil e duzentos alunos por ano. Um semestre típico envolve uma classe de calouros de duzentos a trezentos alunos e uma classe adiantada com centenas de outros. Tenho feito isso há vários anos. E a cada novo semestre eu me deparo com um novo grupo de estudantes, de alunos que freqüentemente não têm muita certeza de como será o curso de filosofia. Antes de cada aula inaugural, sempre me recordo do velho dito popular, que diz que você nunca tem uma segunda chance de causar uma primeira boa impressão. Sabendo também que um bom começo equivale à metade do trabalho todo, quero sempre começar tudo com o pé direito quando encontro meus novos alunos. Quero despertar neles amor pelas idéias. E para que isso aconteça é preciso que eles gostem do que estamos fazendo juntos. Durante cerca de três horas antes de ir ao grande auditório onde temos a nossa primeira reunião, quase sempre tenho cólicas estomacais. Eu me sinto extremamente nervoso. Meus joelhos às vezes começam a tremer. E, lembre-se, já fiz isso muitas e muitas vezes antes; os estudantes e eu sempre tivemos experiências maravilhosas no passado, mas de alguma forma eu geralmente fico extremamente tenso antes do primeiro encontro. Num semestre típico, entre trezentos alunos, duzentos e noventa e oito terão boas experiências e a sensação de terem aprendido muitas coisas. Dois irão odiar o curso e acharão que perderam seu tempo. Isso costuma me importunar imensamente, até perceber que exatamente as mesmas coisas que fazem com que o curso funcione para a maioria dos alunos são as coisas que os outros não suportam. É a condição humana. Não se pode agradar a todos. Não adianta nem tentar. Você não pode permitir que isso o preocupe.

Por que, pois, costumo me tornar um feixe de nervos na primeira manhã de cada semestre? Será que acredito na possibilidade de ter uma classe formada inteiramente por um bando de descontentes misofíacos (esta é uma palavra nova que eu mesmo inventei e que, etimologicamente, significa "os que odeiam a sabedoria"), que consideram a filosofia uma bobagem imensa e eu uma fraude enorme? Não sei o motivo, mas o fato é que me torno um feixe de nervos. Fico andando de um lado para o outro na minha sala, releio textos de prêmios que recebi (e que guardo na minha sala justamente para ocasiões desse tipo), tentando me convencer de que sou capaz de fazer aquilo e depois despenco na poltrona, sem conseguir me convencer, tentando ouvir as batidas apressadas do meu coração. Torno a me levantar e vou até as estantes de livros. Olho para uma estátua de Buda que recebi de presente de um aluno. Trata-se de um adorno estranho e pouco apropriado para a sala de um professor sulista e batista de filosofia numa grande universidade católica. A figura barriguda está com os braços levantados, num gesto freqüentemente visto em juízes de futebol quando assinalam um gol feito no estádio de Notre Dame, do outro lado da rua, e como o famoso e enorme mural de Cristo na lateral da biblioteca voltada para o estádio, o quadro muito conhecido como *Touchdown Jesus*.* Sobre a barriga da minha estatueta, alguém escreveu com uma caneta hidrográfica: *Touchdown Buddha*. Dou uns tapinhas nessa barriga para garantir a sorte. E nada muda.

Estou desesperado. Apelo para um boneco do ursinho Pooh. Nada também. Então me aproximo de um grande cinzeiro no formato de um estádio de futebol. Na sua parte dianteira, há uma placa de bronze com os seguintes dizeres:

POIS QUANDO O GRANDE MARCADOR VIER
ESCREVER SOBRE O SEU NOME,
ELE NÃO ESCREVERÁ QUE VOCÊ GANHOU NEM
QUE PERDEU
MAS COMO VOCÊ JOGOU

---

* Em inglês, *Touchdown* designa, numa partida de futebol americano, o lance em que a bola é arremessada ao chão por trás da linha do gol adversário (N. do T.).

E uma estátua do Grande Treinador, Knute Rockne, está colocada sobre uma pequena caixa de correspondência, segurando uma bola e sorrindo para mim. Acarinho sua cabeça calva e digo em voz alta: "Vamos lá, treinador. Vamos entrar em campo e fazer o que é preciso fazer. Vamos conquistar mais uma vitória que honre a equipe de Notre Dame."

A essa altura, eu me sinto tão idiota que o embaraço começa a substituir o nervosismo. Começo a me dizer palavras de incentivo, visualizando uma sala enorme cheia de rostos sorridentes e inicio uma série de exercícios de respiração. Depois disso tudo, geralmente estou pronto para ir. Saio da minha sala, atravesso o campus até onde darei minhas aulas, respirando fundo e usando o poder da imaginação, criando para mim mesmo uma intensa visão de sucesso na sala de aula. De alguma forma, como por um passe de mágica, isso começa a reinterpretar e a redirecionar a energia nervosa que estava me deixando totalmente tenso.

Há uma coisa que aprendi sobre os nervos. O nervosismo envolve energia. E é excelente sentir o nervosismo, desde que se saiba o que fazer com ele. Não permita que ele dê ensejo a pensamentos negativos. Assuma o controle dele com pensamentos positivos e, com o poder da imaginação, faça com que a energia funcione a seu favor. Ela pode lhe fornecer a dose adicional da qual você está precisando.

Num primeiro dia de um semestre de outono, nada disso funcionou para mim. Não consegui me livrar do pavor. Não consegui eliminar as dúvidas. Não consegui superar o medo. Mas como faltavam apenas dez minutos para começar a aula, tive de pegar minha pasta e sair da minha sala. Desci os degraus da escada com as pernas ligeiramente trêmulas e saí do prédio. Eu estava caminhando em direção ao grande auditório na Biblioteca Theodore Hesburgh. Chovia muito, mas, apesar disso, por algum motivo misterioso, o sistema automático para regar os gramados estava em pleno funcionamento. Eu e todos os que passavam por aquele caminho estávamos sendo molhados por todos os lados. Como proteção, meu guarda-chuva pouco ajudava. Eu usava uma jaqueta esportiva azul-marinho, calças cáqui e sapatos novos de camurça. A calçada estava coberta por dois dedos de água da chuva e do equipamento, que jorrava feito um conjunto de chafarizes. Diante da biblioteca, bem no caminho por onde devia seguir, há um espelho d'água, circundado por uma mureta de mármore polido de uns trinta centímetros de altura. Ao me aproximar desse espelho d'água, eu continuava preocupado com a primeira aula e sentia meu estômago alvoroçado. Ele também estava tenso como a pele de um tambor. Percebendo que meus sapatos novos estavam ficando encharcados, decidi caminhar sobre a mureta, onde parecia haver menos água. Eu nem sequer pensei no que até mesmo um pouco de água é capaz de fazer com uma superfície de mármore polida. Agora, eu sei muito bem o que acontece e garanto que nunca mais me esquecerei.

Depois de uma fração de segundo, eu estava dentro do espelho d'água. Totalmente molhado, encharcado, pingando. Olhei para o relógio. Dois minutos para começar a aula. O que fazer? Eu era um desastre total. Comecei a rir. E todo o nervosismo desapareceu. Sumiu naquele instante. Nada de voltar atrás. Com um grande sorriso estampado no rosto, entrei pingando no auditório ocupado por trezentos calouros atônitos, que nunca tinham visto um filósofo antes. Com uma das mãos, tirei um dos meus sapatos, ergui-o bem alto e despejei a água no chão. Uma enorme gargalhada tomou conta da classe. E nós tivemos uma excelente aula inaugural.

O que quero dizer contando esta história é bastante simples. Quando você enfrenta uma nova situação com metas nas quais acredita, e quando as dúvidas acerca de si mesmo começam a se apossar de você, quando seus nervos enrijecem, quando o medo começa a se instalar nas suas entranhas, faça o que for necessário para conseguir o controle sobre suas emoções e atitudes. Diga a si mesmo: "Estou encharcado com estas dúvidas. Eu posso fazê-lo." Procure ter uma conversa positiva consigo mesmo. Lembre-se de vitórias do passado. Recorde os valores que há por trás da sua meta. Telefone para casa em busca de encorajamento. Passe e repasse quaisquer rituais que possam ajudar. Reze. Torça por si mesmo. Respire fundo. Visualize. Imagine-se fazendo a coisa certa. Imagine o sucesso. Sinta as emoções que você sabe que o sucesso lhe trará. E ainda que nada pareça funcionar, assuma o comando e faça o que a verdadeira confiança faz: vá em frente. Tudo dará certo. Fé precursora. Acredite e depois faça. Ou pelo menos faça. Às vezes, agir como se tivesse confiança faz a verdadeira confiança aparecer. Vá em frente. Mergulhe no que precisa ser feito.

Isso é o que chamo de *O Enfoque da Ação para a Atitude*. Às vezes nos encontramos numa situação em que nos falta uma atitude que seria bom, benéfico ou importante ter. Mas nunca estamos totalmente encalhados; sempre podemos assumir uma ação que provoque uma mudança. A confiança é uma atitude – uma atitude com o acréscimo da emoção positiva. Uma falta de confiança também é uma atitude – uma atitude ligada a emoções negativas. Eu acredito que todos temos certo grau de controle sobre nossas atitudes, mas geralmente o controle que temos é apenas indireto. Não é muito freqüente conseguirmos uma mudança nas nossas atitudes simplesmente pelo uso direto da *vontade*. Em vez disso, precisamos agir e *fazer* algo que provoque uma mudança na mente ou no coração. Entre na sala de aula. Tome a palavra numa reunião. Pegue esse telefone. Comece a redigir essa proposta. Amarre bem os cadarços desses calçados especiais e coloque-se na posição de largada para a corrida.

Quero usar uma simples tabela para mostrar como isso pode funcionar. Normalmente, parece que pensamos que a experiência humana funciona da seguinte maneira (começando por baixo e lendo para cima, a flecha deve ser interpretada como significando "dá origem a"):

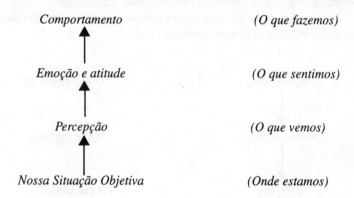

Note que há um sentido específico, de mão única, representado aqui. As situações objetivas nas quais nos encontramos são responsáveis pelo que percebemos como verdadeiro. E o modo como percebemos essa nossa situação, por sua vez, influencia o que sentimos. Isto provoca um tipo de atitude e não outro, um conjunto de emoções e não outro. Depois, estas emoções e atitudes alimentam nosso comportamento, influenciando-nos ao longo de determinados caminhos de ação. Fazemos uma coisa e não outra. O que fazemos é afetado pelo que sentimos e pela maneira como sentimos.

Vamos supor que você esteja numa nova situação de trabalho. Isto faz com que você se perceba como sendo um iniciante inexperiente em comparação com as demais pessoas que trabalham ao seu redor. Esta percepção pode dar margem a certo grau de ansiedade e a uma hesitante falta de confiança, que pode ser uma experiência nova para você. E estas atitudes e emoções, por sua vez, podem gerar um comportamento cauteloso e conservador, que não parece estar correto porque não é o seu comportamento habitual. Normalmente, você é uma pessoa confiante, criativa e muito inovadora, sempre tentando e testando coisas novas. O que você pode fazer nessa situação? O que qualquer um de nós deveria fazer?

Se nossas percepções forem válidas e se nossas emoções e atitudes forem apropriadas, então, acompanhar o fluxo da experiência nessa direção, pelo menos durante algum tempo, muitas vezes pode nos ajudar a entrar em contato com a realidade e a nos manter em contato com as particularidades da nossa situação. Às vezes, devemos proceder com cautela. Mas realmente pode ocorrer um momento em que sentimos que nosso comportamento não é o que deveria ser. Nossas emoções e atitudes não estão corretas. Nossas percepções não são certas. E a situação objetiva na qual nos encontramos poderia se beneficiar com um pouco de trabalho.

Em ocasiões como essas, podemos inverter o esquema da experiência e deixar que ela flua na direção contrária:

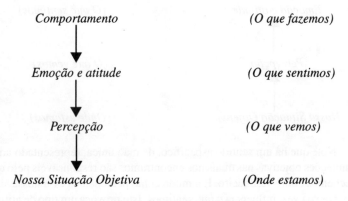

Realizando as ações que devem ser tomadas, muitas vezes podemos provocar emoções e atitudes das quais estamos necessitando. E elas, por sua vez, podem provocar uma abertura, permitindo que vejamos coisas que, normalmente, não teríamos percebido. E o processo todo pode terminar alterando nossa situação objetiva em formas que precisam ser modificadas.

Muito freqüentemente, ficamos esperando que a confiança se instaure em nós, ou que as oportunidades venham bater à nossa porta, quando o que precisamos fazer é nos colocar em movimento e realizar a ação que pode gerar esta confiança e nos posicionar para percebermos a oportunidade de sucesso que já existe. Na vida humana, o fluxo da experiência vai nas duas direções. Quando assumimos o Enfoque da Ação para a Atitude, estamos apenas direcionando o fluxo para onde ele deve ir. Nós nos lançamos nas direções corretas.

FÉ PERSISTENTE: AGÜENTAR FIRME

Para qualquer novo empreendimento, para quaisquer novas metas, ter fé para começar é de importância vital. Uma forte confiança no começo quanto ao fato de que seremos capazes de alcançar nossas metas e objetivos é uma condição extremamente importante para dar continuidade a todos os esforços e para conseguirmos realmente chegar lá. Mas tão importante quanto a confiança inicial, a fé precursora, e igualmente crucial, é ter uma fé persistente, uma confiança persistente capaz de sofrer reveses e de continuar em andamento.

1. Avançar com confiança

Nada que valha a pena fazer é fácil. O caminho em direção à genuína conquista pessoal não é uma larga estrada asfaltada, que segue diretamente numa constante descida. Ele freqüentemente é estreito, difícil, cheio de curvas e de ladeiras íngremes. Mas todos os trabalhos e esforços para se atingir a meta valem a pena. O problema é que você precisa estar preparado para eventuais retrocessos ao longo do percurso. E muitas vezes, já é bastante difícil ter a confiança necessária para iniciar a viagem. O que fazer quando se encontra obstáculos, barreiras, percalços e fracassos ao longo do caminho? Você desiste e deixa de tentar? A sua confiança fica abalada? Espero que não. Uma das maiores diferenças neste mundo entre as pessoas que obtêm sucesso e as que não o conseguem está na confiança persistente e flexível que se recusa a entregar os pontos.

Quando fiz meu primeiro comercial de televisão, me disseram: "Desta vez sorria, mas não com os lábios; com os olhos." Eu achei que sabia o que queriam de mim, mas não tinha a menor idéia de como fazê-lo. Respondi: "Não é um problema. Eu posso fazer isto." Mas quando tentei pela primeira vez, a coisa não deu certo. O segundo esforço também não foi muito melhor. Após mais algumas tentativas, o diretor se levantou e veio me mostrar o que queria. Ele se colocou na minha frente e – juro – sorriu com os olhos. Os olhos dele brilhavam. E eu estava começando a me sentir meio assustado.

O que você faz quando ouve uma voz anunciando: "Sorriso com os olhos. Tomada trinta e sete"? Uma expressão de terror nos olhos não é o que eles estão querendo. Você não pode desistir. Você necessita do tipo de confiança capaz de se recuperar. Em qualquer esforço, o fracasso inicial pode ser uma grande experiência de aprendizagem. Aprendendo como não deve fazer algo, você está começando a se posicionar de uma maneira que lhe permitirá fazer a coisa da forma certa. As pessoas de sucesso compreendem isso. Elas confiam nisso.

Uma ausência de fracassos na vida de uma pessoa freqüentemente indica falta de esforço, uma política de sempre optar pelo seguro, de nunca se arriscar. Geralmente indica que a pessoa não assume os riscos e perigos, que há uma ausência total de inovações e de experiências. Pessoas que se ampliam, tentando coisas novas e estabelecendo metas elevadas, certamente se meterão em alguns becos sem saída de tempos em tempos. Mas, pelo menos, elas estão se movimentando, procurando, testando e aprendendo. A falta de qualquer fracasso pode até ser considerado o maior de todos os fracassos – tanto na existência de uma empresa quanto na vida de um indivíduo.

> Da mesma maneira que uma pedra preciosa não pode ser polida sem fricção, um homem também não pode ser aperfeiçoado sem tentativas e privações. *Confúcio*

Obviamente não estou querendo enaltecer o fracasso pelo fracasso. Enfrentar e superar o fracasso é algo que nos faz aprender mais coisas, e que serve para moldar o caráter. Mas certamente seria mais eficiente, e provavelmente seria também mais rentável, pelo menos a curto prazo, conseguir acertar tudo logo na primeira tentativa. Se isso fosse possível; mas não é. No entanto, mesmo caindo de cara no chão, estamos aprendendo. Aprendendo a como cair. E o que não devemos fazer na próxima vez. Ou, pelo menos, como não fazer. Enfrentar e superar o fracasso equivale a ser promovido na mais pública de todas as escolas, a famosa escola dos duros golpes.

A chave para lidar com a dificuldade na maior parte das vezes é apenas uma questão de perspectiva e de atitude. Recentemente, estava com Matthew, meu filho de dez anos, jogando com um disco *Frisbee*. Estávamos um pouco mais distantes do que o usual e o meu primeiro lançamento não deu certo. Isso não é um drama. Mas fiz uma careta. No meu segundo lançamento, o disco se desviou para a esquerda. Balancei a cabeça. O terceiro lançamento também não foi melhor. "Sinto muito", disse eu. "Um lançamento ruim." E outra vez. "Ah, não. Outra vez um mau lançamento." E mais uma vez. "Sinto muito, Matt, parece que hoje só consigo lançamentos ruins."

Matthew pegou o *Frisbee*, ficou completamente imóvel por um instante e me olhou muito pensativo. Depois disse: "Papai, não diga que é um lançamento *ruim*; é apenas uma chance para que eu faça uma defesa *espeta-*

cular." Uma nova perspectiva. E uma atitude admirável. Eu imediatamente consegui me relaxar e tudo entrou nos seus devidos eixos.

A maneira como lidamos com a dificuldade é resultado de como a percebemos. Como interpretamos os retrocessos? A forma como encaramos o *feedback* que recebemos do mundo determina em larga escala quão resistente, forte e flexível será a confiança que teremos em nós mesmos. A esse respeito, eu gostaria de contar uma das minhas histórias prediletas.

Um garoto de uns oito anos de idade está parado diante de sua casa com um bastão de beisebol no ombro e brincando com a bola na mão esquerda. Com voz alta, ele afirma: "Eu sou o maior jogador de beisebol do mundo! O maior jogador de beisebol do mundo!" Ele repete a frase várias vezes, cada vez aumentando o volume de sua voz. Depois de fazer isso várias vezes, ele parece ficar um pouco constrangido, olha para todos os lados da rua e entra no quintal de sua casa. Lá, num grande espaço aberto, ele volta a repetir: "Eu sou o maior jogador de beisebol do *mundo!*", enquanto joga a bola para o alto e tenta acertá-la com o bastão. A tentativa não dá certo.

Ele se agacha, pega a bola e, sem nenhuma hesitação, diz numa voz muito mais alta: "*Eu sou* o maior jogador de beisebol *do mundo!*" Outra tentativa, que também não dá certo. Ele tosse, olha em torno, pega novamente a bola e a acaricia com os dedos. Após alguns segundos, ele grita: "*O maior jogador de beisebol do mundo!*" enquanto joga outra vez a bola no ar e tenta rebatê-la. Mas a bola cai no chão, sem que o bastão a acerte.

A essa altura, nosso jovem atleta está parado, olhando fixamente para a bola desobediente. Suspira e diz, numa voz um pouco mais baixa: "Três arremessos." Depois, vê-se um sorriso no seu rosto: "Puxa! Foram arremessos indefensáveis!"

Que atitude! Isso é uma confiança flexível e renovadora. Se pudermos ter pelo menos uma pequena dose apenas dessa capacidade de recuperação na nossa autoconfiança, poderemos ser quase tudo o que quisermos.

> A vida é aquilo que seus pensamentos fazem dela.
>
> *Marco Aurélio*

Compreenda o que o garoto da nossa história fez. Ele reinterpretou uma situação negativa, transformando-a em algo positivo. Ele encontrou algo de bom nela. Exigiu a lua e se recusou a aceitar um não como resposta. Adotou uma atitude filosófica. Demonstrou um otimismo invencível. Ele provou ter o que é necessário – o recurso mais importante do mundo; uma atitude positiva de grande capacidade de recuperação, uma confiança que não se deixa abater.

Mas não podemos nos esquecer que Mark Twain certa vez disse: "Se não conseguir da primeira vez, tente outra vez e mais uma vez. E depois desista. Não faz sentido ficar tentando feito um tonto." Muito divertido. E parcialmente correto. Se você tentar algo de novo, faça-o de certa maneira, e, se constatar que esta maneira não funciona, não desista; tente outra vez. É possível que as circunstâncias não estivessem corretas da primeira vez. Talvez você necessite de mais treino. Mas, caso você fracasse outra vez, e mais uma vez, é possível que você deva repensar a estratégia adotada. Desista da maneira adotada e tente de um outro jeito. Deixe que seus fracassos ensinem algo a você e o conduzam a um novo plano de ação ou para uma nova técnica. Desista de um método que não funciona. Mas não desista do espírito da coisa. Não abra mão de sua meta e da sua confiança de que esses objetivos podem ser atingidos. Tente enfrentar a situação de uma maneira diferente.

Quando se deparam com retrocessos, muitas pessoas mudam rapidamente de meta, não de método. Nossa fixação nas metas não deveria ser tão frágil que qualquer pequeno problema pudesse nos abalar tanto assim. Precisamos ser realistas otimistas, ou otimistas realistas. Eu gosto de dizer que normalmente sou pessimista a curto prazo e otimista num prazo mais longo. Estou sempre preparado para que as coisas mais malucas aconteçam a curto prazo, mas a longo prazo sempre tenho confiança absoluta de que as coisas acabarão dando bons resultados.

Quando garoto, minha mãe costumava me consolar em momentos de dificuldades e de aparentes fracassos, dizendo: "Sempre que se sentir desapontado, diga a si mesmo que alguma coisa maior e melhor espera por você mais adiante." Mantenha a fé. Vá em frente. Pense a longo prazo. O otimismo a longo prazo pregado pela minha mãe revelou ser correto e justificado inúmeras vezes em minha vida. Quando nossos sonhos parecem estar indo por água abaixo, precisamos transcender o momento presente e apostar no futuro. Um dos motivos pelos quais temos tantos pessimistas no mundo atual é o fato de termos tantas pessoas que pensam apenas a curto prazo, ou seja, pessoas que não conseguem enxergar além da situação imediata e das dificuldades do momento.

> Seja persistente: aos poucos, essa dor acabará se transformando em algo bom para você. *Ovídio*

Meu primeiro livro foi recusado por 36 editoras. Eu estava no último ano da faculdade e tinha a firme determinação de continuar tentando. Enviei muitas cartas a respeito do meu trabalho e cópias do texto a qualquer empresa disposta a avaliar o material. Finalmente, um editor gostou do livro e me mandou um contrato. Aos vinte e dois anos de idade eu era um escritor de verdade, um autor em vias de ser publicado. Eu não tinha perdido a fé e valeu a pena. E valeu a pena mais vezes, na medida em que pessoas leram o livro e me escreveram dizendo que tinham se beneficiado com a leitura, na medida em que apareceram críticas positivas e que os cheques dos direitos autorais começaram a surgir na minha correspondência. Eu me lembro de todas as coisas boas que esses cheques me proporcionaram durante a época da minha pós-graduação, mas não me recordo dos nomes de muitas das editoras que recusaram o livro.

A história da realização sempre é uma história de rejeição, de fracasso, de persistência e de conquista. A história humana está repleta de livros que foram sucessos de vendas, de extraordinárias obras de arte, de importantes invenções, de peças que ficaram por muito tempo em cartaz na Broadway, de filmes que estouraram nas bilheterias e de canções incluídas nas listas especializadas, que foram recusados, ignorados, rejeitados e até mesmo ridicularizados muitas vezes antes de atingirem o reconhecimento e a aceitação que mereciam e que acabaram conseguindo. O simples fato de sabermos disso nos servirá de ajuda para que nos preparemos para superar os obstáculos que inevitavelmente encontraremos ao longo do caminho até chegarmos ao sucesso que almejamos. Pessoas demais desistem após vários retrocessos, muitas vezes quando faltam apenas dois ou três passos para o sucesso. E isso realmente é uma tragédia. Precisamos de uma fé resistente, de uma forte e flexível confiança e de uma vontade persistente de sucesso, que seja realista e otimista ao mesmo tempo.

> Quanto maior a dificuldade, maior será a glória. *Cícero*

Quando damos de cara com um muro, muitas vezes precisamos nos dedicar a um exercício simples de restauração da confiança. Pegue uma folha de papel e escreva o seguinte título: COISAS QUE JÁ CONSEGUI FAZER. Em seguida faça uma lista das conquistas pessoais feitas no passado. Coisas grandes, mas também coisas pequenas. Qualquer coisa ajuda. O simples fato de ver coisas por escrito numa folha de papel serve de lembrete eficaz e de fonte de nova confiança. Lembre-se dessas realizações. Saboreie as lembranças. Extraia certa dose de confiança de cada uma delas. Recorde-se dos esforços que foram necessários. Lembre-se de que nada do que vale a pena é fácil. Reafirme os motivos pelos quais vale a pena lutar pela conquista de suas novas metas. Lembre-se também de que uma inabalável confiança de que você será capaz de atingir essas metas é uma condição extremamente importante de sucesso, e que uma atitude de confiança é algo que depende unicamente de você. Você pode assumir o controle de suas atitudes. Você pode assumir o controle de sua vida. Persista. Não desista.

2. Não se preocupe com a preocupação

É muito importante que você não se sinta culpado quando passar por pequenas crises de confiança. As dúvidas são naturais. Todos nós as temos. É uma coisa normal. Freqüentemente, as dúvidas são provas da nossa sanidade mental. Certa dose de cautela é boa para todos. Mas, tomando emprestada uma metáfora do conhecido teólogo do século XVI, Martinho Lutero, que a usava para caracterizar as tentações, nossas preocupações se assemelham aos pássaros do ar – você não pode evitar que eles voem de um lado para outro sobre sua cabeça, mas pode impedir que eles construam um ninho nos seus cabelos. Caso dúvidas ou preocupações bloqueiem o caminho que leva aos seus melhores interesses, você precisa aprender a reconhecê-las, a superá-las e a continuar avançando. Depois de examiná-las, você deve colocá-las de lado e fazer o que precisa ser feito para continuar pelo caminho em direção à meta escolhida.

Sempre que nos lançamos em direção a algo novo, podemos contar com certa dose de ansiedade. Até mesmo certa dose de medo pode ser bastante normal. Medo do desconhecido. Medo do que nunca vivenciamos antes ou de algo com o qual ainda não estamos acostumados. Medo dos piores desenvolvimentos que nossas imaginações nos apresentam.

Quando adolescente, eu me sentia mais do que apenas um pouco nervoso com relação a elevadores. Acho que tinha um grau de ansiedade que, sem nenhum exagero, poderia ser rotulado de "medo". Não era um caso de claustrofobia, o medo de ficar em espaços fechados. Era apenas uma versão de acrofobia, o medo mais genérico das alturas, uma ansiedade associada com meu medo ocasional de voar, que já discutimos antes. Eu não quero dar a impressão de ter fobias excessivas, mas acredito que devo ser honesto em relação a algumas das fraquezas que tive de superar ao longo da minha vida. Apesar do fato de já ter admitido um acesso bastante regular de ansiedade no primeiro dia de aulas de cada semestre aqui em Notre Dame, não sou uma pessoa cheia de medos e de preocupações. Faço questão de enfatizar isso, é claro, por temer que você possa pensar outra coisa a meu respeito.

Será que isto se deve ao fato de eu ser filósofo? Não sei, mas alguns dos grandes pensadores do passado admitiam que sempre tiveram grandes preocupações. Por exemplo, Arthur Schopenhauer, o influente filósofo alemão do século passado, costumava dizer que quase sempre estava se preocupando com alguma coisa. Ele chegava a dizer que, todas as vezes que se pegava não-preocupado com relação a alguma coisa, isso o deixava muito preocupado. E explicava que os perigos dos quais temos conhecimento já são suficientemente ruins, mas os que ainda não foram motivo de nossos pensamentos certamente deveriam ser muito piores. Em termos de ansiedade, isso é o máximo.

Mas voltemos às minhas confissões. Por volta dos dezessete ou dezoito anos de idade, sempre que pensava em elevadores, eu imaginava um piso de elevador, ridiculamente fino, mal e mal conseguindo suportar o peso dos passageiros e impedir que eles despencassem pelo poço profundo. Eu cresci numa cidade relativamente pequena. Até terminar o curso secundário, eu poucas vezes tivera a oportunidade de usar elevadores, e mesmo assim, apenas para ir ao segundo ou terceiro andar da loja local de departamentos. Mas mesmo nessas curtas excursões verticais, lembro que me concentrava numa tentativa de reduzir meu peso, como se uma pequena dose de levitação mental pudesse diminuir o fardo sustentado por aquele piso que certamente não passava de uma mera piada e que, na minha imaginação, chegava a ser uma verdadeira arapuca mortal. No meio do percurso, no entanto, eu começava a me lembrar dos poucos e finos cabos que sustentavam o elevador e, invariavelmente, passava a jurar que no futuro nunca mais entraria numa coisa daquelas.

No meu primeiro dia como calouro na Universidade da Carolina do Norte, constatei que meu quarto ficava no último andar de um edifício muito alto. Parado no saguão do prédio, com o número do meu quarto escrito num bilhete amarfanhado seguro nas minhas mãos suadas, fiquei olhando para os elevadores que teria de usar todos os dias, várias vezes por dia. Eu era a personificação da ansiedade. Despertei das minhas fantasias por causa de um sonoro *ding!* e a porta do elevador se abriu. No meio da cabine, estava um sujeito sozinho, usando um abrigo de ginástica cor de laranja e – juro – um pára-quedas nas costas. Uma visão inesquecível. Pensei comigo mesmo: "Este cara consegue ter mais medo de elevadores do que eu." Comecei a rir e entrei no elevador. Desde então, já usei, sem o menor resquício de medo, os elevadores até dos prédios mais altos do país. O ridículo do que vi, ou da interpretação do que vi, me mostrou claramente o ridículo do meu medo. E isso foi o suficiente para que eu me livrasse dele.

81

Muitas vezes, o humor é o melhor antídoto contra o medo, as preocupações ou as dúvidas. Às vezes basta pensar que, por pior que seja a situação na qual você se encontra, sempre existe alguém cuja situação consegue ser ainda pior. E às vezes a única maneira de superar o medo é simplesmente ir em frente. Outra vez, o Enfoque da Ação para a Atitude. Entre no elevador. Comece a fazer o que precisa ser feito, acostumando-se a tudo o que possa ser pouco familiar no caminho que você precisa seguir, e a probabilidade será grande de que os medos acabarão desaparecendo. Mas, em primeiro lugar, e principalmente, conscientize-se de que você certamente não é a única pessoa que está enfrentando dúvidas, ansiedades e medos. Muitas outras pessoas conseguiram lutar contra essas coisas negativas e encontrar a confiança da qual necessitavam. Você também pode conseguir isso.

Obviamente, em todos os meus comentários sobre dúvidas e confiança, estou assumindo que você pretende alcançar metas nas quais realmente acredita, objetivos que considera válidos para si mesmo e cuja realização valha a pena. Às vezes, o que parece ser uma crise de confiança pode, na verdade, ser a máscara de uma crise de consciência. Dúvidas intensas e persistentes quanto às suas capacidades ou às suas oportunidades de sucesso podem ser uma forma encontrada pela sua consciência moral subconsciente para contê-lo. Será que essa meta realmente é apropriada para alguém? Será que é certa para você? Ela se encaixa nos valores que você endossa? Ela está de acordo com o autoconhecimento que você já conseguiu adquirir, o conhecimento que você tem a respeito de quem você realmente é nos recantos mais profundos de sua personalidade? Se as suas respostas mais sinceras a estas perguntas forem negativas, então o que parece ser apenas uma batalha com a dúvida ou com o medo, na verdade é algo completamente diferente. Você não está passando por uma crise de confiança, mas sim por uma crise de consciência. Você precisa de metas diferentes ou de ligações melhores entre os valores que aprova e o objetivo que pretende alcançar. Pense cuidadosamente na sua situação e certifique-se de que está se lançando numa viagem na qual é realmente capaz de acreditar. Só quando você tem metas nas quais acredita, fortalecidas por valores que endossa, é que poderá usar seus mais profundos recursos de força de vontade para derrotar todas as dúvidas que surgirem ao longo do caminho e poderá avançar com a fé precursora da qual necessita. Em última análise, a confiança que você tem em si mesmo não pode ser completamente separada da forma como sua consciência julga suas metas. Quando a consciência está satisfeita, a confiança acabará aflorando. Desde que você entre em ação. Desde que você assuma o controle.

A COMUNICAÇÃO DA CONFIANÇA

É importante que você comunique confiança a si mesmo através de conversas positivas que tenha consigo mesmo. Faça isso freqüentemente. Numa base regular. E também fazendo coisas e agindo como essa confiança agiria. Fazendo isso, você estará fortalecendo e aprofundando tanto a sua confiança como o domínio que ela exerce sobre sua vida.

Também é importante que você comunique sua confiança a outras pessoas da maneira correta. Existem muitos livros disponíveis ensinando a fazer isso. Como falar com confiança. Como se vestir para o sucesso. Como projetar equilíbrio e controle através da linguagem corporal. É de importância crucial que uma forma apropriada de confiança seja transmitida às pessoas que o cercam. Mas algumas palavras de cautela são necessárias a respeito de quando e de como isso é feito.

Os filósofos sempre recomendaram: "Conhece-te a ti mesmo." Nós também deveríamos aconselhar: "Valorize-se." Um dos tesouros mais difíceis de ser conseguido no mundo moderno é uma auto-estima apropriada. A raça humana parece se dividir em três categorias: (1) pessoas que têm uma imagem excessivamente elevada de si mesmas, (2) pessoas que têm uma imagem excessivamente baixa de si mesmas e (3) pessoas que vacilam entre as duas categorias anteriores. A coisa mais difícil do mundo é conseguir e conservar uma imagem de si mesmo exata e coerentemente apropriada. Quando se trata de auto-estima, tendemos a cometer erros. Considerando-se que este é o caso, faz mais sentido tentar tudo o que for possível para errar para mais e não para menos. Franklin Roosevelt comentou certa vez: "Nunca subestime um homem que se superestima", e apesar de se poder dar uma interpretação cínica a este conselho, acredito que ele atinge o alvo de uma forma completamente positiva. A auto-estima é o combustível que aciona o motor das realizações. Quanto maiores forem as nossas reservas dela, tanto mais longe poderemos ir. Portanto, se tiver de errar, erre superestimando-se. Mas na medida em que fizer isto, muitas vezes é melhor não divulgar o que faz.

Ninguém gosta de um fanfarrão. Ninguém se sente atraído pela arrogância. Ninguém admira a presunção. É importante dizer repetidas vezes a si mesmo que você é capaz de atingir metas elevadas, que você é valioso, até mesmo que é um sucesso, nem que seja apenas nos seus preparativos para outros sucessos, que você é tão bom, tão capaz e tão merecedor quanto qualquer outra pessoa que seja seu concorrente ou que seja percebida como superior. Mas estes diálogos positivos consigo mesmo devem funcionar como a sua torcida particular, sem serem compartilhados com os demais, excetuando-se – talvez – apenas um cônjuge ou um melhor amigo, capaz de compreender o que você está fazendo ao afirmar estas coisas. Obviamente, muitas vezes empreendemos projetos junto com outras pessoas. Metas de grupo exigem esforços em grupo e toda a equipe se beneficia da participação confiante de todos os envolvidos. Para promover a confiança do grupo, uma torcida é necessária entre os membros da equipe. É imprescindível o equivalente grupal do diálogo positivo consigo mesmo. Mas isto acaba se transformando num novo nível de privacidade. Você dirá coisas positivas a respeito da equipe, do grupo ou da empresa que não serão necessariamente apropriadas para o grande público.

Podemos chamar isto de *O Princípio da Privacidade do Diálogo Positivo Consigo Mesmo*. Os elogios que você faz a si mesmo podem ajudar a criar a confiança. Mas os elogios que você faz a si mesmo diante dos outros podem causar ressentimentos. Quando os membros de uma equipe se elogiam mutuamente, isto pode ajudar a construir a confiança. Mas quando isto é feito diante de pessoas estranhas, o resultado pode ser um sério ressentimento.

No entanto, há uma observação interessante a ser feita quanto à aplicação apropriada do Princípio da Privacidade. Às vezes, os elogios conseguem melhores resultados no sentido de aumentar a confiança de outra pessoa quando uma terceira pessoa é introduzida cuidadosamente, e o elogio direto é complementado por elogios indiretos. O que quero dizer é o seguinte: tipicamente, quando se quer aumentar a confiança de Mary, você elogia diretamente as capacidades ou as realizações dela, indicando-lhe que você acredita nos valores que ela tem. Às vezes, consideráveis efeitos adicionais são conseguidos elogiando-se as capacidades e as realizações de Mary a uma terceira pessoa, com Mary ouvindo tudo, e expressando a esta terceira pessoa que você acredita em Mary e sente muito prazer em estar trabalhando com ela. Além disso, num nível de equipe, pode ser muito eficiente para o moral do grupo, se um líder, um treinador ou um executivo elogia a equipe perante um outro grupo ou um indivíduo que não faça parte do conjunto, dando-se um jeito para que a equipe fique sabendo disso. É por este motivo que uma campanha publicitária de uma empresa elogiando seus funcionários pode ser tão eficiente internamente como junto ao grande público. Mas sempre que terceiros forem incluídos nos esforços para aumentar a confiança desta forma, é preciso tomar cuidado para não transmitir uma problemática impressão de fanfarronice, o que pode acabar gerando conseqüências prejudiciais ao progresso do grupo.

O estabelecimento da forte confiança pessoal da qual você necessita é como martelar um prego muito comprido. Uma martelada apenas não é suficiente. Para enfiá-lo até o fim na madeira, é preciso golpeá-lo repetidas vezes com o martelo. O seu freqüente diálogo positivo consigo mesmo também funciona assim. Para fazer com que a confiança da qual você necessita penetre até o fim, é preciso martelar muitas e muitas vezes. Mas partilhar destas frases positivas e regulares para si mesmo com outras pessoas seria um erro muito sério. A confiança é apropriadamente comunicada a elas de um modo completamente diferente.

Comunicamos apropriadamente a nossa própria autoconfiança às outras pessoas de quatro maneiras: (1) pela nossa aparência, (2) pelas nossas ações, (3) pelo que dizemos e (4) pelo que fazemos.

Uma boa postura, um comportamento descontraído e uma expressão agradável transmite confiança. Uma roupa apropriada que expresse sua própria individualidade também pode transmitir a mesma mensagem. Olhar nos olhos do interlocutor também tem este efeito. Quando você sabe as respostas, responda com voz clara e tranqüila, reduzindo ao mínimo indispensável os sinais coloquiais de hesitação, do tipo "Hum...", "bem...", "vejamos..." como se estivesse desesperadamente verificando toda a área de uma mente amplamente vazia em busca de uma resposta que servisse à situação. Um instante para organizar seus pensamentos pode ser um momento de silêncio reflexivo. Não existe lei alguma proibindo o silêncio. Um silêncio prenhe de significado sempre é muito mais significativo do que o barulho vazio. Você também pode formular frases honestas e inteligentes que sirvam para ganhar tempo, como por exemplo: "Nunca pensei nisto deste ponto de vista, mas me parece que..." Esse modo de começar a falar lhe garante um instante a mais para organizar melhor seu pensamento. Mas se você sabe a resposta, diga-a. E se não souber, diga isto também. Não tenha medo de admitir que precisa de um pouco de tempo para verificar um fato, para refletir sobre uma decisão ou para considerar uma situação a partir de uma nova perspectiva. Um blefe no escuro raramente é uma estratégia muito aconselhável. Admitir francamente uma temporária falta de informações e dizer isto no tom de voz correto, sem nenhum sinal de embaraço, pode transmitir aos outros uma forte impressão de autoconfiança. Você não se mostra abalado. Você mostra que continua com os pés firmemente no chão.

Se você quiser que os outros acreditem em você, é preciso que você acredite em si mesmo, e você precisa comunicar esta atitude a eles de formas apropriadas. As outras pessoas não precisam de garantias seguras e explícitas da sua autoconfiança. Qualquer coisa além de um "Sim, sou capaz de fazer isto", por vezes pode levantar questões e preocupações, em vez de aumentar a confiança delas. Prepare-se para reuniões. Prepare-se para conversas importantes. Faça anotações curtas de telefonemas que sejam importantes. Nada pode melhorar mais a sua autoconfiança do que um bom trabalho de preparação. E nada comunica tão bem a confiança quanto o conteúdo do que você diz quando está bem preparado. Quando seus pensamentos estão bem organizados. Para finalizar, você transmite confiança às outras pessoas através do que você faz. Você age tal como a confiança agiria? Você assume riscos comedidos? Você vai em frente? Ou você fica adiando as coisas, querendo se garantir melhor e enfiando a cabeça na areia feito um avestruz? Tudo o que você fizer, ou deixar de fazer, diante do público comunicará algo às pessoas que o rodeiam. O que você faz com seu tempo quando uma decisão precisa ser tomada e quando uma oportunidade se apresenta, envia sinais às pessoas que estão em volta. É melhor que o que fizermos seja coerente com o que dizemos e com a maneira como nos apresentamos normalmente, caso quisermos que os outros nos considerem como sendo pessoas confiantes e que confiem em nós.

Para conseguirmos qualquer coisa de valor neste mundo, precisamos, num determinado momento, que os outros acreditem em nós. E eles acreditarão no momento em que conseguirmos o que queremos e que eles possam ver os nossos sucessos. Mas isto também pode acontecer antes. Os outros acreditarão em nós, se tivermos uma confiança suficientemente forte em nós mesmos e se transmitirmos esta confiança a eles das maneiras corretas. Isto faz parte da natureza humana. E é muito bom que seja assim.

Precisamos de uma intensa confiança no sentido de que conseguiremos atingir nossos objetivos. Isto é básico. É a segunda condição para o verdadeiro sucesso.

86

3
A concentração
no que é necessário

Condição Número Três: Precisamos nos concentrar no que é necessário para atingirmos as nossas metas e os nossos objetivos.

Há muitos *slogans* de sucesso por aí, indicando que aparentemente apenas uma ou duas condições são necessárias para se atingir o sucesso. Um dos mais conhecidos afirma: "Diga e reivindique", como se bastasse saber o que se quer na vida para consegui-lo. Isto parece deixar implícito que nossa primeira condição de sucesso, um conceito claro do que queremos, é suficiente para que se atinja as metas pretendidas. Outro aforismo bastante difundido reconhece a importância da nossa segunda condição, a necessidade de uma intensa confiança de que seremos capazes de atingir nossas metas. Ele afirma: "Acredite e conquiste!" Esta é apenas uma versão reduzida de um *slogan* famoso cunhado há várias décadas pelo autor popular Napoleon Hill, uma declaração que, na sua forma completa, reconhece as nossas duas primeiras condições, mas que também pode transmitir a implicação de que nada mais é necessário para o sucesso. Hill afirmava: "Tudo o que a mente humana pode conceber e acreditar ela também pode alcançar." Entre as pessoas que buscam metas com vantagens financeiras em potencial, o *slogan* tríplice divulgado por Hill acabou gerando um mantra quádruplo e imperativo: "Conceba, creia, alcance e *cobre!*"

Eu gosto muito dessas frases curtas, desses *slogans* concisos. Eles podem ser divertidos, mas também podem ser perigosos. Os demais membros da minha família adotaram um outro desses lemas curtos para a sua vida: "Olhe e compre!" É o que eu chamo de "o lema do *shopping*". Fico sempre muito satisfeito que haja todos esses *slogans* compensadores de sucesso. Afinal, eu preciso de alguma coisa que me ajude a pagar as contas no final do mês.

Mas, na realidade, as coisas não são tão simples quanto parecem ser nesses *slogans* e nesses lemas simplificados a respeito do sucesso. Conheci pessoas sonhadoras, que viviam dentro dos limites impostos pela primeira condição, e que nunca conseguiram realizar alguma coisa concreta no mundo real. Sua imaginação funcionava, e muito. Suas visões eram intensas. Mas elas nunca chegavam a dar o primeiro passo em direção às suas metas. E também conheci visionários que pareciam ser pessoas dotadas de grande confiança, sem quaisquer dúvidas quanto à adequação de suas metas, ou quanto à inevitabilidade de elas eventualmente atingirem esses objetivos e que, mesmo assim, nunca conseguiram muita coisa, nem sequer se aproximando da posição que almejavam. Na maioria das vezes, eram pessoas que não conseguiam compreender a terceira condição de sucesso, ou que, pelo menos, não agiam de acordo com ela. E trata-se de uma condição cuja importância não pode ser exagerada.

Precisamos nos concentrar no que é necessário para atingir a nossa meta. Como fazer para ir daqui até lá? Como fazer para nos deslocarmos de onde estamos para onde gostaríamos de estar? Muitas pessoas parecem acreditar que nesta vida realmente basta "dizer e reivindicar", que é possível simplesmente saltar do ponto A para o ponto Z, e pronto. No entanto, não é assim que o mundo funciona. Qualquer pessoa que já tenha vivido o suficiente e que já tenha refletido sobre as experiências ao longo do percurso sabe disso muito bem. Para sair de A e chegar a Z, você precisa passar primeiro por B, depois por C, por D, talvez adiantando-se um pouco, para depois esperar outra vez, e avançar novamente, andando, correndo, tropeçando, caindo, se erguendo outra vez, reiniciando e depois, finalmente, com muita persistência, chegando ao tão almejado ponto Z.

A busca do sucesso é uma viagem, por vezes difícil, por vezes fácil, ocasionalmente curta, mas freqüentemente longa; é uma viagem de esforços, de frustração e de alegrias. No melhor dos casos, é uma viagem do coração, da mente e do corpo. É uma aventura de desafios e triunfos. A maioria das pessoas que fracassam na vida simplesmente fracassam nos seus preparativos para esta viagem. Elas não dispõem da concentração voltada para aquilo que será necessário para atingir seus objetivos. Ou, como diz outro desses aforismos simplificados, elas não planejam o fracasso, elas apenas fracassam nos planos.

> Se há algum mérito ou importância em associação com a carreira de um homem, se ele se prepara cuidadosamente para algum trabalho especial, é extremamente necessário e recomendável que ele volte a sua atenção de quando em quando para o seu *plano*, ou seja, para o esboço em miniatura de suas linhas gerais... Se ele esboçar para si mesmo os trabalhos importantes em linhas gerais, uma espiadela neste plano em miniatura de sua vida permitirá, mais do que qualquer outra coisa, que se sinta estimulado, incentivado e capacitado, disposto às ações e a evitar os caminhos falsos.　　*Arthur Schopenhauer*

Planejar. Voltar a atenção para o que deve ser feito a fim de se ir de um lado a outro. Concentrar-se no que é necessário para atingir a meta. Para algumas pessoas, isso parece acontecer naturalmente, como a respiração. Outras precisam aprender. Gostaria de citar mais um exemplo de *slogans* contemporâneos, outra adaptação deste antigo instrumento retórico da linguagem conhecido como quiasmo (que é o nome grego da letra "X", indicando um padrão cruzado de palavras, como em "Não pergunte o que seu país pode fazer por você; pergunte o que você pode fazer pelo seu país"): Se você quer ter sucesso em todos os seus empreendimentos, você precisa *planejar seu trabalho e depois trabalhar seu plano*.

Planeje seu trabalho e depois trabalhe seu plano. Pense em tudo antecipadamente. Estratégia. Organização. Tome o cuidado de se envolver numa concentração preliminar de pensamentos. E depois concretize seus planos transformando-os em ações. Passo a passo. Lance a lance. Mantenha uma contínua concentração em ação. Quanto mais difícil, desafiador, complexo ou distante for um objetivo, tanto mais importante será essa condição.

UM MESTRE DA CONCENTRAÇÃO

Conheci pessoas que eram grandes mestres em concentração em termos do que fosse necessário para que atingissem suas metas. Pessoas que sabiam intuitivamente como planejar seus trabalhos e depois como trabalhar seus planos, passo a passo, etapa por etapa, até que cada peça do quebra-cabeça se encaixasse perfeitamente. Eu quero citar apenas um único exemplo da minha experiência pessoal. Mas trata-se de um exemplo espetacular.

Nos meus tempos do curso secundário, eu era um guitarrista de *rock* bastante bom. Eu tinha um amigo chamado Don, que também se considerava um músico. Seu instrumento era o tamborim e, nas minhas lembranças, ele não chegava a ser grande coisa. Ele também se considerava um bom cantor, mas perto dele Bob Dylan parecia ser Frank Sinatra. Quando ele estava na sexta série, sua igreja anunciou a formação de um novo coro, para o qual não se exigia nenhuma experiência anterior. Ele participou do primeiro ensaio com muito entusiasmo, mas, depois, o diretor do coro o chamou de lado e lhe explicou, da forma mais simpática possível, que um resquício mínimo de talento era imprescindível, e que ele deveria encontrar alguma outra maneira de louvar o Criador. Seu pai costumava perguntar: "Don, você pode cantar 'Ao lado da janela'? Se puder, eu o ajudo a sair por ela." Uma velha piada sulina. Ele sempre desafinava e não acertava uma nota sequer. Mas persistia em se considerar um músico-cantor-compositor e imaginava que poderia ter um futuro cor-de-rosa no mundo do entretenimento. Do meu ponto de vista, ele era um jovem totalmente destituído de qualquer tipo de perspectiva musical real. Mas era meu amigo.

Muitas vezes depois das aulas, Don e eu íamos para minha casa fazer um pouco de música. Eu tocava a guitarra e ele ficava chacoalhando seu tamborim e "cantava". Repetidas vezes ele me perguntou se eu não gostaria de formar uma banda. Eu não queria. Mas ele era meu amigo. Por isso, lhe respondia: "Ora, vamos tocar um pouco hoje e deixemos para falar dessa banda mais tarde." Ele tinha muita determinação. No dia seguinte, a mesma pergunta. E a mesma resposta também. Muitas vezes. Inúmeras. Finalmente, sem minha participação, Don conseguiu formar uma banda de gente igualmente talentosa. Eles se auto-intitularam *The Back Porch Majority*.* Cacofonia com pose. Mas sem futuro.

Passaram-se anos. Don continuava alimentando seu sonho. A vida nos separou, e perdemos contato durante os últimos anos da escola secundária, quando eu tocava a guitarra principal em algumas bandas regionais de *rock-and-roll* com bastante sucesso. Depois fui estudar na Universidade da Carolina do Norte e Don ficou na Duke, na nossa cidade natal. Dois anos mais tarde, ele abandonou os estudos para se dedicar com exclusividade ao grande sonho. Ele sabia que Durham, no Estado da Carolina do Norte, não era o lugar ideal para se obter um grande sucesso no mundo musical. Para conseguir isso, ele teria de se transferir para Nova York, Los Angeles ou Nashville. As duas primeiras opções eram lugares distantes demais, de modo

---

* "A Maioria das Pessoas na Varanda dos Fundos" (N do T.).

que decidiu ir morar em Nashville. Concentrando-se atentamente em cada passo que seria necessário para atingir suas metas, comprou uma passagem de ônibus e partiu para a capital musical dos Estados Unidos.

Chegando lá, Don teve de encontrar um alojamento barato. Ele precisava esticar ao máximo seus parcos recursos enquanto trabalhava na concretização do seu sonho. Ele comprou um carro usado e, durante meses, dormiu dentro dele. Ele precisava de um trabalho noturno para ficar com o horário comercial livre para poder visitar as gravadoras e as editoras musicais de Nashville e lhes mostrar seu material. Por isso, aceitou um trabalho no período noturno do centro de computadores Vanderbilt. Durante esse período, ele entendeu que provavelmente seria muito difícil fazer fama e fortuna no mundo da música tocando tamborim, de maneira que decidiu que seria melhor aprender a tocar guitarra. Ele também percebeu que certo trabalho com sua emissão vocal seria apropriado. Ele era um homem que se concentrava no que seria necessário para chegar aonde queria chegar. Ele estava planejando o seu trabalho e depois trabalhando o seu plano. À medida que os meses foram passando, ele continuou se dedicando a isso com afinco, freqüentando os clubes onde podia encontrar os músicos profissionais, sempre compondo canções, treinando, batendo em portas e recolhendo todas as migalhas possíveis.

> A diligência é a mãe da sorte. *Miguel de Cervantes*

Neste ínterim, eu me formei na Carolina e fui fazer pós-graduação em Yale. Certo dia, recebi um telefonema em New Haven de um amigo em Durham, que também conhecia Don. Ele me disse: "Tom, ouça isto" – e encostou o fone no seu aparelho de som. Ouvi alguns segundos de música de boa qualidade. Um bom cantor, uma boa música. Meu amigo voltou a falar, dizendo: "É Don. Na Capital Records. Está entre os mais vendidos. Não é inacreditável?"

Era inacreditável. Uma canção composta e gravada por Don. Na Capital Records. No rádio. Na lista dos mais vendidos. Meu amigo Don conseguira chegar lá. Ele era um sucesso.

Quando fui passar minhas férias seguintes em Durham, perguntei muito sobre Don. Eu esperava poder me encontrar com ele e dar-lhe os parabéns pelo seu surpreendente, gratificante e inesperado sucesso. Ele apostara alto e ganhara. Um amigo me contou que Don continuava em Nashville e quis saber se eu já ouvira uma de suas músicas cantadas por Kenny Rogers. Perguntei o nome da música e meu amigo me disse que era *The Gambler.*

The Gambler faz parte da história da música *country*. Foi a faixa-título de um dos discos mais vendidos dessa categoria em todos os tempos. Também foi a música-tema para três dos filmes de maior índice de audiência para a televisão: *The Gambler*, partes I, II, e III, estrelado por Kenny Rogers e Linda Evans. Meu velho amigo Don Schlitz desde então acumulou sucessos e mais sucessos, chegando pelo menos umas *50* vezes à lista dos mais vendidos, ganhando mais prêmios do que eu seria capaz de contar, e encontrando uma recompensa financeira superior a qualquer um dos seus mais extravagantes sonhos de adolescência. Tudo isso como resultado da sua concentração em cada passo necessário para atingir sua meta. Um sonhador. Uma pessoa de fé. Um mestre da concentração. Um mestre do sucesso.

Tenho apenas uma única pergunta que, como pesquisador filósofo, eu gostaria de formular a Don quando o encontrar da próxima vez: Será que ele gostaria de montar uma banda comigo?

Um homem capaz de planejar seu trabalho e de trabalhar seu plano nesse nível é um modelo para se compreender o que é necessário. Precisamos de exemplos como este que nos sirvam de orientação para uma apreciação mais profunda da importância da concentração e do esforço para qualquer forma desafiadora de sucesso. É muito raro que as coisas boas simplesmente aconteçam. Nós é que criamos as nossas oportunidades. Fazemos com que elas surjam planejando e agindo da maneira correta no momento certo. Às vezes, precisamos esquecer as probabilidades que não nos são favoráveis e seguir o caminho que nos é indicado pelo coração. A boa sorte acontece aos que se preparam para ela e que estão se movimentando na direção certa. Neste capítulo, quero apresentar uma proposta simples, mas cuidadosamente estruturada, para se obter o tipo de concentração do qual necessitamos para avançar e para conquistar nossas metas e objetivos. E para aproveitar outro tipo muito usado de estratagema retórico, desenvolvi um pequeno acróstico que, acredito, possa nos ajudar.

COMO PLANEJAR PARA O SUCESSO

Se você quer conseguir sucesso em alguma coisa, você precisa do *PLAN* [Plano]:

Prepare-se para a jornada.
Lance-se em ação.
Adapte-se ao longo do caminho.
Não deixe de se associar com os que sabem das coisas.

Examinando cada componente do PLAN básico, seremos capazes de reconhecer como nos concentrar em tudo o que é necessário construir para o sucesso.

Prepare-se para a jornada

Qualquer objetivo que valha a pena ser perseguido é uma jornada, um processo, uma aventura. E qualquer jornada realizada de forma inteligente requer preparativos. Não é uma boa idéia inscrever-se numa maratona sem ter se preparado para ela. Os sucessos mais satisfatórios em corridas de maratona são construídos por semanas ou meses, às vezes até mesmo anos de preparativos. Encontrar os melhores calçados possíveis, aprender e praticar os exercícios de alongamento, comer a dieta correta, correr inicialmente algumas milhas por dia e depois aumentar a distância com o passar do tempo. Ler livros especializados, conversar com corredores experientes, conhecer o percurso antes da prova. Estas e outras atividades preparam uma pessoa para os enormes desafios físicos e psicológicos implícitos na participação de uma grande corrida. Tudo isso serve para aumentar a possibilidade de que o atleta que participa pela primeira vez de uma maratona consiga alcançar a linha de chegada. Os preparativos estabelecem as bases necessárias para o sucesso.

É possível ter sucesso em alguma coisa sem os preparativos? Eu acho que a verdade é simples: não. É possível conseguir certo sucesso em algumas atividades sem preparativos conscientes e intencionais. Do mesmo modo que é possível ganhar na loteria com o primeiro bilhete comprado. É possível, mas não é provável. Qualquer sucesso requer certa dose de preparativos. Sempre que alguém alcança qualquer sucesso real numa atividade, houve algo no seu currículo passado que o preparou para esse sucesso. Não existe sucesso sem preparativos. O sucesso provável requer preparativos intencionais, conscientes e bem-pensados. Muitos tipos de sucesso parecem depender da sorte. Mas, como afirma um manual de sucesso escrito no século XVII e que citarei muitas vezes neste capítulo (*The Art of Worldly Wisdom*, de Baltasar Gracián): "Estar preparado é a mãe da sorte." As pessoas que têm consistentemente mais sorte também são as que se prepararam mais e melhor.

Um homem sábio irá criar mais oportunidades do que encontra.

Francis Bacon

Outra história do mundo da música. Desta vez, extraída diretamente dos jornais. Freqüentemente, a verdade é muito mais estranha do que a ficção. Um músico chamado Fish estava atravessando uma rua em Nova York quando foi atropelado e derrubado por uma limusine. O principal vocalista do grupo *The Who*, Roger Daltrey, desceu da limusine, correu até onde estava o pedestre caído, ajudou-o a se levantar e perguntou se estava tudo em ordem. O atônito Fish estava bem, mas preocupado com uma fita para demonstração que tinha no bolso. Daltrey o convidou para subir no automóvel, onde poderia ouvir a fita, apenas para tranqüilizá-lo, mas ficou espantado com o que ouviu. A música era, nas palavras de Daltrey, "algo incrível, absolutamente incrível". Como resultado desse encontro, Fish e a sua banda, *The Raw Poets*, conseguiram um contrato de gravação, com a participação de Daltrey em algumas faixas. Mais tarde, quando lhe perguntaram se ele poderia dar algum conselho a outros jovens músicos cheios de esperança, Fish respondeu: "O mais fácil é ser atropelado por uma limusine que esteja transportando algum astro famoso."

Que sorte! Mas sem o talento e sem os preparativos feitos antes por este feliz pedestre desastrado, esta estranha situação não teria apresentado a mesma oportunidade que acabou fornecendo para o seu futuro musical. Fish estava preparado para o grande avanço e também estava preparado para aproveitar as oportunidades que surgissem no seu caminho. Este é apenas mais um caso do poder dos preparativos. Como escreveu o suíço Friedrich Dürrenmatt em sua peça teatral *Os Físicos*: "Quanto mais os seres humanos avançarem seguindo um plano, tanto maior será a probabilidade de eles serem atingidos por acidentes e acasos", o que, no caso específico de Fish, é uma metáfora muito apropriada para transmitir esta importante verdade.

Eu já constatei o poder dos preparativos na minha própria vida. Quando estava na universidade, decidi que seria um pensador, e também alguém que fizesse alguma coisa, um filósofo capaz de deixar sua marca no mundo. Passei a fazer cursos e a ler livros que me preparassem para esta meta. Matriculei-me no melhor curso de pós-graduação que pude encontrar e que se encaixasse em minhas metas. Conversei com pessoas de muita sabedoria. Eu me esforcei muito em dois diferentes departamentos em Yale e me tornei a segunda pessoa da história dessa universidade a conseguir um Ph.D. conjunto em Estudos Religiosos e em Filosofia, para ter a certeza de que estava me dedicando a todas as questões de real importância. Durante anos, eu me preparei para lecionar e escrever, para descobrir, aprender e fazer palestras.

Aceitei meu primeiro emprego em tempo integral na Universidade de Notre Dame por estar convencido de que esse lugar tinha a intenção de se tornar o melhor lugar do mundo na minha área de especialização. Eu sabia que para poder exercer o tipo de impacto que queria ter sobre o mundo, eu precisaria estar num lugar como este.

Assim que cheguei ao campus, comecei a escrever e a publicar numerosos ensaios e livros, procurando realizar trabalhos pioneiros no meu setor. Como todos os pensadores e escritores, passei inúmeras horas encerrado nos limites solitários da minha sala, compondo o trabalho que eu me considerava chamado para fazer. Mas para conseguir o amplo impacto que desejava intensamente provocar, percebi que não poderia fazê-lo sozinho. E assim comecei a orquestrar empreendimentos conjuntos paralelos ao meu trabalho independente: uma conferência de pesquisas internacionais; dois projetos de livro reunindo ensaios encomendados a alguns dos mais destacados e proeminentes colegas em atuação na minha área; seminários nacionais; e a criação de uma nova série de livros com a finalidade de encorajar a produção de livros originais de estudiosos no mundo inteiro que se interessassem por tópicos cuja exploração eu queria incentivar. Passei a escrever cartas, a freqüentar reuniões e a dar telefonemas quase diários para estabelecer novas redes de comunicação entre estudiosos espalhados pelo país inteiro. A cada passo do processo, eu queria fazer o bem. E a cada passo do processo, eu me preparava para a oportunidade de fazer um bem ainda maior.

Um exemplo específico. Há algum tempo, eu tinha consciência da necessidade de que determinado tipo de livro fosse publicado. Por isso, estabeleci uma meta para mim. Uma das editoras de mais prestígio do mundo, a Oxford University Press na Inglaterra, tinha uma famosa série de livros chamada *Oxford Readings in Philosophy*. Cada volume era uma antologia, uma coletânea de alguns dos melhores trabalhos anteriormente publicados num determinado campo ou a respeito de um assunto específico, selecionados e organizados por um líder reconhecido do setor. Decidi que queria organizar um livro para essa série a respeito de um tema central cuja exploração futura eu queria promover. Eu queria organizar um livro a respeito do conceito de Deus. Mas eu era muito, muito mais jovem do que a maioria dos outros editores dessa série em Oxford. No entanto, todos os meus árduos trabalhos realizados durante meus primeiros anos como filósofo em Notre Dame tinham-me colocado numa posição que me permitia realizar bem um tal empreendimento, além de fornecer dados necessários para alegar isto. Eu era um membro muito ativo do melhor departamento de filosofia do mundo, onde muitos trabalhos novos e excitantes estavam sendo feitos a respeito do tema de meu interesse. Mas percebi que mais preparativos eram necessários antes que pudesse oferecer a idéia ao pessoal em Oxford.

Escrevi uma proposta referente ao livro que imaginava, explicando sua necessidade e descrevendo como seria quando estivesse pronto. E elaborei um plano. Enviei cópias dessa proposta para a maioria dos filósofos conhecidos e bem-estabelecidos que davam aulas a respeito do assunto específico que seria abordado no livro e pedi que eles, caso concordassem comigo quanto à necessidade de um tal texto e caso achassem que eu seria capaz de organizá-lo, me enviassem uma carta de apoio dizendo isso. Eram as mesmas pessoas que eu tinha convidado para a grande conferência de pesquisas que organizara; estudiosos cujas contribuições em termos de novos ensaios estimulantes eu solicitara para livros anteriores, e pessoas com as quais estava em contato regularmente. Essas pessoas me conheciam e conheciam também o meu trabalho e estavam preparadas para considerar favoravelmente esta nova idéia.

Cartas de apoio entusiasmado começaram a chegar diariamente pelo correio. Quando finalmente escrevi para Oxford, oferecendo-lhes meu projeto caso se interessassem por ele, incluí cópias de todas as cartas assinadas por esses importantes professores universitários, que se encarregariam de criar um mercado em potencial para o livro. Eu sabia que estava enfrentando uma situação difícil com essa editora e também sabia que precisava me preparar da melhor maneira possível. E quando a editora encarregada de todas as edições filosóficas em Oxford me respondeu, ela explicou que, com a proposta por escrito que eu fazia e com a pilha de cartas de apoio sem precedentes que incluíra, eu não lhe deixava outra opção – ela *tinha* de aceitar o projeto para a publicação e acrescentou que o fazia com grande entusiasmo. Sucesso. Graças aos preparativos adequados.

Nada tem tanto sucesso quanto o excesso. *Oscar Wilde*

Eu me prolonguei nesta história porque, de uma maneira bastante simples, ela mostra muita coisa a respeito do papel que os preparativos desempenham no sucesso. Considere como todas as peças do quebra-cabeça se encaixam. Primeiro, escolhi o que achei ser uma meta elevada e um desafio difícil: a publicação de um determinado tipo de livro por uma editora famosa e conceituada. Era uma meta acima da minha idade e da minha condição de relativo novato na profissão, mas também era um objetivo para o qual a minha educação, os meus interesses e as minhas realizações anteriores tinham me preparado sob muitos aspectos. Mas eu sabia que precisava, além disso tudo, preparar um plano específico de ataque, caso contrário seria impossível que obtivesse sucesso junto à editora nessa ocasião. Por isso, elaborei uma estratégia específica. Uma editora quer vender livros. Portanto, se eu conseguisse convencê-la de que haveria um grande mercado para o meu livro, ela certamente se interessaria. Mas eu não podia simplesmente *dizer* à editora que existia uma demanda por esse tipo de livro. Por que os editores haveriam de me ouvir e acreditar nas minhas palavras? Além disso, mesmo supondo que eu os conseguisse convencer de que um livro sobre aquele assunto deveria ser incluído na conhecida série deles, uma tarefa adicional e separada seria persuadi-los de que eu era a pessoa mais indicada para prepará-lo.

Ao refletir sobre o que poderia ser feito para que isso acontecesse, tive a idéia de abordar inicialmente todos os grandes professores que se utilizariam do tal livro. Se conseguisse convencê-los, eles todos, em conjunto, me ajudariam a convencer a editora. Por isso estabeleci como minha meta preliminar convencê-los da minha idéia. Para tanto, eu necessitava de uma proposta muito bem escrita, descrevendo a minha idéia do livro. Mais uma meta, bem mais próxima e imediata. Comecei, então, a redigir a proposta, que terminei depois de pouco tempo. Sucesso Número Um. Enviei então as propostas aos especialistas, cada uma delas acompanhada por uma carta pessoal. As respostas começaram a aparecer. Sucesso Número Dois. Juntei a proposta e as cartas de apoio e enviei tudo para Oxford. Algumas semanas mais tarde recebi a reação que almejava. Sucesso Absoluto. Os preparativos serviram para pavimentar o caminho. Os preparativos representaram a grande diferença: minha vida em termos gerais e os preparativos de trabalho e, depois, os preparativos específicos através da determinação e da conquista das metas intermediárias. Tudo custou muito trabalho, mas, como diz um velho provérbio dinamarquês: "Quem quer pular alto precisa de uma longa corrida de impulso." Fui capaz de concentrar os meus esforços no que seria necessário para atingir minha meta final. E, com o resultado desses esforços, atingi o alvo na mosca. E depois, é claro, a publicação do livro em questão se tornou uma contribuição para minha meta pessoal de ser o tipo de filósofo que é capaz de fazer alguma coisa significativa neste mundo.

> Sempre que esquemas são determinados antecipadamente, é surpreendente a quantidade de vezes que as circunstâncias se encaixem neles.
>
> *Sir William Osler*

Tudo o que fazemos pode ser, de uma maneira ou de outra, um preparativo para aquilo com que somos capazes de contribuir nesta vida. O bem que fazemos, e até os erros que cometemos, podem nos preparar para bens maiores. Mas não sou capaz de exagerar a importância que os preparativos deliberados, pensados, específicos e criativos têm para qualquer sucesso que pretendamos atingir.

Todos os grandes técnicos de futebol da Universidade de Notre Dame já enfatizaram a importância dos preparativos para cada partida. Um bom político se prepara de forma elaborada para sua campanha eleitoral. Um advogado competente se prepara para o julgamento. Um alpinista se prepara para enfrentar os desafios que surgirão pela frente. Um professor prepara suas aulas. Precisamos aprender a apreciar mais a importância que os preparativos têm para todos os grandes projetos de nossas vidas.

Prepare-se para aproveitar ao máximo tudo o que você é! Prepare-se para se tornar o melhor que puder! Prepara-se para fazer tudo aquilo que é capaz de realizar de uma forma única e depois prepare-se para sentir a sensação de incrível satisfação que o verdadeiro sucesso sempre provoca em sua vida.

Os preparativos de sua viagem em direção à realização de qualquer meta, tal como o processo inicial de determinação do objetivo, podem ser um excelente exercício do autoconhecimento. É algo que requer certo isolamento e que se beneficia do silêncio e da concentração. Encontre um lugar onde possa ficar sentado em silêncio, pensando. Ou então encontre um lugar para caminhar sozinho e refletir. Depois anote os seus pensamentos. Qual é o grande desejo do seu coração? O que é que você deseja que aconteça? Como você imagina seu futuro? O que será necessário para transformar esse sonho em realidade? O que conseguirá aproximá-lo desse objetivo? Estabeleça algumas metas preliminares, algumas metas para o meio do caminho. Trabalhar para alcançá-las servirá como preparativo para os objetivos maiores. E essas metas preliminares também podem ser alcançadas em etapas. Analise tudo o que será necessário para isso. Mantenha a sua atenção. Concentre-se. E, caso necessário, consulte outras pessoas nas quais confia.

Não permita que qualquer distração desvie a sua atenção dessas etapas de preparação. O que existe na sua vida atual ou passada que pode servir de base para tentar atingir essas metas preliminares? O que precisa ser modificado? Em que pontos você tem a impressão de que é necessário começar da estaca zero? Sempre existe algo de bom no seu passado que possa servir de base. E sempre existe algo no futuro imediato que você pode fazer para se aproximar um pouco mais das metas finais, por mais remotas que elas ainda continuem a ser. Qual deve ser o próximo passo e qual a melhor maneira de se preparar para ele?

Quando deixamos de sonhar e nos lançamos no trabalho real dos preparativos para nossa viagem, muitos de nós se deparam com um grande problema. De repente, ficamos muito mais conscientes das nossas limitações do que dos nossos pontos mais fortes. "Se eu fosse mais atraente." "Se tivesse tido uma educação melhor." "Se fosse mais esperto." "Se tivesse nascido com mais recursos." "Se vivesse numa outra região do país." "Se conhecesse as pessoas certas." "Se não tivesse tantas responsabilidades agora, coisas que me tomam tanto tempo." A lista das frases que começam com a palavrinha "se" é interminável. Estes são os limites que nos prendem. Que nos impedem de levantar vôo. *Se* deixarmos que isso aconteça!

Todos temos limites. Mas não existe um único ser humano que viva, respire, pense e atue que também não tenha pontos fortes, pontos que possam servir de base para os preparativos do sucesso. Henry Kissinger afirmou certa vez que os presidentes dos Estados Unidos que ele conheceu eram todos pessoas que aprenderam a não se conformar com suas limitações, fazendo questão de identificar seus pontos fortes e de usá-los em sua busca do sucesso. Algumas limitações são apenas aparentes. Outras apenas temporárias. Um pouco de esforço e de persistência conseguem afastá-las. Mas alguns dos nossos limites são apenas parte do que nos define como os indivíduos únicos que somos. Todos temos limites e não existe motivo algum para nos sentirmos embaraçados com isso. No entanto, as pessoas – na maior parte das vezes – superestimam seus limites e subestimam seus pontos fortes. Não existe nada a ganhar, mas muito a perder, com essa distorção extremamente comum. Todos precisamos aprender a mudar nosso foco de atenção. Além de nos preparar para lidar com nossas limitações, precisamos também nos preparar para agir a partir dos nossos pontos fortes na medida em que cartografamos o caminho em direção ao sucesso do qual necessitamos.

Pouco importando quais sejam as suas metas, lembre-se do PLAN! Prepara-se para a viagem: analise, visualize, estabeleça as prioridades e as estratégias. Estude o campo das suas aspirações. Aproveite a experiência dos outros. Estabeleça o trajeto que irá percorrer com a ajuda de livros, revistas, jornais e conversas pessoais com qualquer pessoa que possa estar familiarizada com as necessidades implícitas na concretização de suas metas. O que foi feito em outras ocasiões? Isso funcionou? O que está sendo feito agora? É algo promissor? O que não foi tentado ainda? Por que não foi tentado? Onde você conseguirá o próximo ponto de apoio necessário para um verdadeiro progresso em direção ao nível seguinte de desenvolvimento?

Muitas pessoas acham que a chave do sucesso é o trabalho com esforço. E isso é importante, muito importante. Porém, mais importante ainda é um trabalho com inteligência. Arquimedes, o famoso matemático da Grécia Antiga, inventou a alavanca e a roldana. Impressionado com a sensação de importância dos princípios descobertos por ele, ele teria afirmado: "Se me derem um ponto de apoio, eu sou capaz de movimentar a terra toda." Certo dia, o governante Hiero desafiou o pensador a provar o que dizia ou calar a boca. Os marinheiros de Siracusa estavam necessitando de ajuda para os reparos num grande navio da frota. O que o grande Arquimedes podia fazer naquele caso? Sabemos que, com muita engenhosidade, ele planejou e preparou um conjunto de roldanas e rodas dentadas, sendo assim capaz de retirar a grande embarcação da água e colocá-la em terra firme, onde foram realizados os reparos necessários. Para Arquimedes, trabalhar com inteligência era tão importante quanto trabalhar com muita intensidade e esforço. Como disse certa vez o grande filósofo Descartes: "Não é suficiente ter uma cabeça boa. O mais importante é usá-la bem."

> "Isso apenas mostra o que pode ser feito com um pouco de esforço a mais", disse Eeyore. "Você está vendo, Pooh? Você está vendo, Piglet? O cérebro primeiro e depois o Trabalho Duro." De *Winnie-the-Pooh*

Os preparativos com inteligência podem fazer os trabalhos difíceis se tornarem muito mais fáceis. Nos nossos preparativos para qualquer nova tarefa, precisamos descobrir quais são as roldanas e as rodas dentadas que podem nos fornecer as vantagens das quais necessitamos. E qual é o lugar onde devemos ficar parados? Precisamos saber como trabalhar com inteligência em direção às nossas metas e objetivos. Como aproveitar ao máximo tudo o que temos, o que somos e o que sabemos. Qualquer conhecimento é uma vantagem. E com o conhecimento certo do que necessitamos, até mesmo os menores preparativos seguintes podem levar a grandes resultados.

Eu tenho uma amiga que é uma mulher muito criativa. Com mais de cinqüenta anos de idade, ela já realizou muitas coisas com sucesso. Ela desenvolveu atividades artísticas em vários campos diferentes, tem sido organizadora de eventos, consultora, uma administradora universitária. Atualmente ela escreve, e o faz muito bem. Todos os dias ela caminhava vários quarteirões de sua casa ao campus universitário, onde tinha acesso a um computador, para escrever seus textos. Certa noite, lhe ocorreu que poderia conseguir fazer muito mais se investisse na compra de um computador próprio, de maneira que pudesse escrever em casa, sempre que se sentisse inspirada. Ela levantou um empréstimo e comprou o que necessitava, e isso permitiu que levasse seu trabalho literário ao nível seguinte. Fazendo esse investimento, ela provou a si mesma que estava se levando a sério como escritora. Além disso, tornou muito mais conveniente o processo de escrever. Foi uma coisa simples sob vários aspectos, mas um passo muito importante no trajeto dela.

Coisas pequenas podem ter um grande significado. A carta de valor mais baixo numa jogada vencedora é mais importante do que a mais valiosa numa jogada que não se concretiza. Os grandes sonhos podem ser assustadores quando enfrentamos a luz do dia e nos preparamos para os trabalhos necessários para a sua concretização. Ganhamos confiança e ganhamos controle quando compreendemos que as primeiras coisas que precisamos são as coisas pequenas, necessárias para nos movimentarmos na direção correta.

Eu gostaria de citar um sábio zen, Jiantang, que certa vez declarou: "Um sábio ancião disse: 'Os que planejam o futuro precisam verificar primeiro o que está perto. Os que almejam coisas grandes precisam ser cuidadosos com as coisas pequenas." E sem fazer uso excessivo da filosofia zen, eu gostaria de acrescentar ainda as seguintes palavras de Lingyuan: "Quando se corta e lapida uma pedra, o progresso não é visível, mas com o passar do tempo, o desgaste ocorre. Quando se planta e se cuida de uma árvore, não vemos como ela aumenta de tamanho, mas com o passar do tempo, ela cresce."

Prepare-se para o sucesso em coisas pequenas e, a seu tempo, você presenciará grandes resultados. É uma coisa quase mágica.

Mãos à obra!

Os preparativos são muito importantes. Prepare-se, mas, depois, MÃOS À OBRA! Tome muito cuidado com o perigo da *paralisia da análise*, conhecida também como Hesitação dos Preparativos. É possível gastar tanto tempo preparando uma viagem que você acaba não a fazendo. É importante ser capaz de pensar a respeito dos melhores meios para atingir as metas que deseja. É crucial ser capaz de analisar sua situação, seus pontos fortes, os desafios que terá de enfrentar, os obstáculos que surgirão na sua frente, todas as coisas necessárias para concretizar seus sonhos. Uma análise cuidadosa irá decompor as grandes metas, transformando-as em componentes menores e mais manuseáveis, cuja soma posterior será o grande sucesso. Mas você é vitimado pela paralisia da análise quando fica com medo de entrar em ação antes de repensar as coisas outra vez, e mais uma, e outra mais, pois sempre existe a possibilidade de ter deixado de dar atenção a alguma coisa importante. Nem a análise nem os preparativos são uma meta válida e que se esgote por si mesma. Eles são meios para chegar ao fim que é a conquista de suas metas. Não se pode permitir que estes meios adquiram vida própria, anulando qualquer movimento real em direção àquelas metas. Ginástica de alongamento, corridas, treinamentos com pesos e outros exercícios físicos são muito importantes para os jogadores de futebol e de basquete. Mas se eles se dedicarem apenas a essas coisas, estariam deixando de praticar o esporte. Da mesma forma, muita estratégia sem nenhuma ação acaba resultando num exercício excessivamente árido.

Quem quer mas não age dá origem à pestilência. *William Blake*

Ação! Ação! Ação!
Demóstenes (quando lhe perguntaram quais os três elementos fundamentais da sua arte)

Há dois tipos de pessoas neste mundo: as que observam as coisas acontecendo e as que fazem as coisas acontecerem. Neste mundo já existe espectadores em quantidade mais do que suficiente. Necessitamos, isto sim, de mais atores, de mais participantes, de mais agentes de catalisação, de realizadores, de pessoas que modifiquem as coisas, que dêem, que façam, que contribuam e que tenham iniciativa.

Segundo *The Art of Worldly Wisdom*, "o sábio faz antes o que os tolos fazem depois". Um excesso de preparativos é quase tão ruim quanto a falta deles. Estabeleça os preparativos e depois conquiste o dia! As traças do tempo corroem os tecidos de nossas vidas a não ser que entremos em ação e procuremos fazer com que as coisas aconteçam. Não espere que a oportunidade bata à sua porta. Saia em campo, faça alguma coisa e bata você mesmo nas portas. Assim é que as oportunidades podem ser encontradas. Não hesite, comece!

Bill Moyers, quando ainda estudava na Universidade Estadual do Norte do Texas, teve a petulância de escrever uma carta a Lyndon Johnson oferecendo-se para ajudá-lo numa campanha eleitoral. O jovem Moyers queria ajudar a conquistar os votos no Texas. Essa iniciativa o lançou na vida pública. Após um período de tempo surpreendentemente curto, ele se tornou secretário de imprensa do presidente dos Estados Unidos, e depois comentarista de notícias na televisão, e depois, provavelmente, a figura mais importante da mídia de seu país. Durante anos, Bill Moyers esteve numa posição que lhe permitiu fazer muita coisa boa. E tudo começou com uma simples carta que escreveu. Tudo começou com a iniciativa. Com a ação.

Já tive oportunidade de vivenciar isso muitas vezes na minha vida. Meus pais me criaram para "ter iniciativa" e para assumir a iniciativa quando alguma coisa precisa ser modificada, quando alguma coisa precisa acontecer. Quando você vir que alguma coisa está errada, diga isto, diziam-me eles. Quando puder consertar o que estiver errado, faça-o e continue em seu caminho. Quando vir uma oportunidade, aproveite-a. Quando tiver uma idéia, manifeste-a. E depois experimente-a. É a roda que range que acaba sendo lubrificada. Quem não arrisca, não petisca. Se você não pedir, nada lhe será dado. Arrisque-se, faça algo acontecer. Se não for agora, quando será? Se não for você, quem será?

Nós dispomos apenas de um período limitado de tempo neste mundo para realizar o bem que estamos aqui para realizar. Não faz sentido ficar à deriva. Vagar sem meta. Adiar as coisas. Não faz sentido não entrar em ação. Precisamos usar bem o tempo que temos à nossa disposição.

> As coisas nunca acontecem pouco a pouco. *Santo Agostinho*
>
> Afaste-se da postergação! *Horácio*

Muitos dos relacionamentos mais importantes da minha vida se firmaram porque tomei alguma iniciativa que exigiu certa dose de coragem, por menor que fosse, da minha parte. Eu não deixava que as coisas me levassem no seu fluxo, mas assumia o risco. Eu iniciava a ação com um telefonema, uma carta ou uma conversa pessoal. E, na maioria das vezes, isso não foi fácil. Mas muitas vezes valeu a pena. E muito!

Nunca tente escapar usando aquela frase extremamente simples: "Mas quem sou eu para fazer isso?" Se você tiver algum preparo em sua vida para realizar uma contribuição, concretize-a. É possível que alguma outra pessoa possa fazer isso melhor, mas também é possível que essa outra pessoa nem sequer tente enquanto não vir a sua tentativa. E é possível que elas se apresentem para ajudar você. E talvez, na medida em que assumir a iniciativa e agir, você esteja melhorando os seus preparativos e a sua habilidade em contribuir ainda mais, de modo que, no final da história, você tenha se transformado na pessoa mais indicada para resolver essa tarefa.

Depois de ter planejado o seu trabalho, você precisa se lançar em ação e trabalhar o seu plano. E novamente, *The Art of Worldly Wisdom* nos diz que "as pessoas medíocres que se esforçam conseguem avançar mais do que as brilhantes que não o fazem", acrescentando mais adiante: "O trabalho faz o valor." Nenhum trabalho jamais foi realizado sem esforço. Por isso, tome a iniciativa! Faça o esforço! Comece a trabalhar! Vale a pena fazer isso.

Adapte-se ao longo do caminho

Uma certa quantidade de preparativos deve anteceder qualquer ação inteligente. Mas grande parte dos planejamentos, dos preparativos e da estratégia necessária para atingir as suas metas somente pode ser feita quando você já está a caminho. Exatamente como a "bomba inteligente" ou o míssil de condução térmica, que ajusta sua rota ao se aproximar do alvo, todos necessitamos da flexibilidade mental para podermos alterar nossos planos e ajustar nossos focos de atenção quando nos movimentamos na direção da concretização dos nossos objetivos.

Às vezes dizem que um plano ruim é melhor do que plano nenhum. Mas isso só é válido se o plano está nos colocando em movimento e somos capazes de nos adaptar, modificando o plano, aprimorando-o mais e melhorando-o no decorrer do percurso. Se estamos no mundo fazendo coisas, certas ou erradas, o mundo nos fornecerá todos os tipos de retorno, de recibos. Freqüentemente, essas são informações que não estavam à disposição nos estágios iniciais dos nossos preparativos para o sucesso. São informações que vão sendo produzidas à medida que agimos. Elas podem se encaixar nas nossas estratégias originais, fornecendo-nos os detalhes que nos eram desconhecidos anteriormente, ou podem nos indicar que precisamos optar por rotas inteiramente novas, em coisas grandes ou pequenas. Nos *Dizeres Morais* de Publilius Syrus, escritos no primeiro século da era cristã, encontramos a observação: "Plano ruim é aquele que não admite modificação." De fato, este seria um plano extremamente ruim.

Uma das pequenas ironias da vida é que, no início de qualquer nova aventura ou empreendimento, nunca sabemos tanto quanto gostaríamos de saber a respeito de para onde estamos indo, nem sabemos exatamente o que deveríamos fazer para chegar lá. Aprendemos essas coisas apenas no decorrer do processo. E se estivermos dispostos a mudar de rota, podemos nos beneficiar imensamente de tudo o que aprendemos. Há informações que não podemos ter enquanto não estivermos envolvidos no processo da conquista de nossas metas. São informações reveladas pelos nossos esforços para superar os obstáculos que aparecem no meio do caminho. E é uma visão de novas possibilidades que só percebemos quando nos movimentamos na direção dos nossos sonhos. Algumas coisas que brilhavam a distância podem ser opacas quando nos aproximamos delas, e outras coisas que a distância pareciam desinteressantes começam a brilhar intensamente à medida que nos aproximamos delas.

> Nossa vida é como uma viagem na qual, à medida que avançamos, a paisagem vai ficando diferente do que parecia ser inicialmente e que volta a se modificar, quando nos aproximamos.
>
> *Arthur Schopenhauer*

Por esse motivo, precisamos adotar uma grande abertura para ajustar nossas rotas à medida que avançamos na vida. Um dos grupos surpreendentemente bem-sucedidos na vida norte-americana mais recente tem sido o dos sobreviventes dos campos de concentração nazistas da Segunda Guerra Mundial. Num livro da autoria do dr. William B. Helmreich (*Against All Odds: Holocaust Survivors and the Successful Lives They Made in America*), esse grupo é comparado com os judeus europeus da mesma faixa etária que vieram para os Estados Unidos antes da guerra. Dispondo, em média, de menos educação, mesmo assim os sobreviventes conseguiram mais sucesso em suas carreiras e conseguiram rendimentos financeiros maiores. Eles também contribuíram mais em trabalhos comunitários voluntários. Ao tentar identificar as qualidades que os distinguiam e que os transformaram em pessoas tão bem-sucedidas, depois de terem sofrido traumas tão profundos, o dr. Helmreich afirma que um lugar de destaque na lista corresponde a uma disposição maior em assumir a iniciativa num novo empreendimento e uma maior habilidade em se ajustar e se adaptar às circunstâncias em modificação.

A biologia do século XX também segue nos ensinando que tal como a adaptação é vida, a vida também é adaptação. Certamente não existe vergonha alguma em se optar por uma mudança positiva de rota. No entanto, muitas pessoas parecem achar muito difícil qualquer alteração dos seus planos à luz de novas informações. Elas preferem dar continuidade aos seus planos defeituosos, mostrando-se excessivamente teimosas, orgulhosas ou embaraçadas, não querendo admitir que estão erradas ou que precisam repensar suas metas ou suas estratégias, seus meios para alcançar aquelas metas. Mas como Baltasar Gracián afirmou sucintamente há três séculos: "Existe uma maneira de se ver a luz: o mais rapidamente possível."

Não é um sinal de fraqueza, mas de força, repensar o caminho ou as políticas a serem adotadas. A pessoa sábia compreende que os melhores planos se baseiam em conhecimentos incompletos. E a pessoa alerta coleta mais conhecimentos à medida que vai colocando seus planos em ação. Só faz sentido rever nossos planos à luz das experiências que estamos vivenciando.

Na maior parte das vezes, a pessoa incapaz de fazer isso, se vê encurralada pela própria insegurança. Ela não vivenciará o sucesso satisfatório do qual é capaz a não ser que possa abrir mão da ilusão, segundo a qual excelência é sinônimo de onisciência, e a não ser que esteja disposta a aproveitar ao máximo a sua perspectiva limitada mostrando-se aberta a novas constatações e às mudanças que elas podem trazer consigo. Quando tentamos viver nossos sonhos, um *feedback* constante está à nossa disposição, desde que fiquemos de olhos sempre abertos para reconhecê-lo.

Espere o inesperado. Este é um dos melhores conselhos a respeito da vida que qualquer pessoa pode nos dar ou que podemos vivenciar. Nosso mundo está sempre se modificando num ritmo cada vez mais acelerado, é tão complexo e dinâmico, que seria espantoso se não fôssemos surpreendidos regularmente por coisas que aparecem no nosso caminho. Precisamos estar preparados para reviravoltas não-antecipadas nos acontecimentos que nos levam a lugares que nunca tínhamos planejado conhecer. Precisamos ficar preparados para desvios no nosso caminho rumo ao sucesso. Raramente existe uma linha perfeitamente reta que nos conduza do ponto A ao ponto Z. Com toda a certeza, teremos de nos desviar um pouco para a esquerda e depois para a direita. Mas com uma visão clara de nossas metas, podemos incluir os desvios nos nossos planos à medida que formos avançando.

Não devemos ficar frustrados com o inevitável. E as surpresas sempre são inevitáveis. Algumas mudanças nos nossos planos são inevitáveis. Nunca sabemos antecipadamente tudo o que a vida colocará no nosso caminho. Outro dia, uma frase escrita no pára-choque do caminhão de uma empresa de construções me informou que A MERDA ACONTECE. Desagradável foi o fato de o caminhão estar estacionado diante da minha casa. E também o fato de a frase representar um comentário bastante exato dos acontecimentos ocorridos durante o trabalho de reformas que estávamos fazendo. Na sua formulação grosseira, a frase declarava uma verdade muito comum no mundo dos assuntos humanos. E é uma verdade da qual todos precisamos ser constantemente lembrados, se bem que sou forçado a admitir que, se estivesse sendo levado para uma operação num hospital, eu odiaria ver essa declaração escrita na porta do centro cirúrgico. Nesse contexto, a verdade poderia, literalmente, ser dolorosa.

Com uma visão clara, uma grande confiança, um bom plano e uma flexibilidade tática que nos permita fazer os ajustes que forem necessários, podemos lidar com qualquer coisa que a vida coloque no nosso caminho. E é impossível exagerar a importância que a visão e a confiança têm para isto. Pessoas sem uma clara visão do que querem e de para onde estão indo freqüentemente permitem que complicações, dificuldades e desvios as conduzam em direções erradas. Pessoas sem autoconfiança em quantidade suficiente por vezes permitem que as surpresas impeçam a continuidade de sua viagem. E isso é muito ruim. Não devemos permitir que o inesperado nos abale demais. Uma surpresa não é necessariamente um retrocesso. E mesmo um retrocesso nem sempre é ruim. Na verdade, um retrocesso ou um atraso nos nossos planos pode até mesmo gerar algo de bom e inesperado para nós.

Afirmo isso tendo vivenciado essa verdade inúmeras vezes. Depois de ter escrito o primeiro rascunho completo desses parágrafos que abordam a questão dos desvios e retrocessos inesperados, perdi todas as páginas manuscritas. Este foi um retrocesso particularmente irônico e inesperado. Durante três dias, procurei o texto desaparecido em todos os lugares imagináveis, tanto em casa como no trabalho. E não consegui encontrá-lo, se bem que encontrei muitas outras coisas. Coisas das quais eu me esquecera, e coisas que eu pensava ter perdido definitivamente há muito tempo. Mas todo esse trabalho de procura acabou consumindo o tempo que eu tinha planejado usar para continuar com a elaboração do texto. Desvios. Atrasos. Eu me preocupei. Os primeiros sintomas de pânico começaram a surgir no meu interior. Mas depois me lembrei da perspectiva contida nestas páginas. "Médico, cure a si mesmo", ouvi uma pequena voz dizendo no meu interior. Eu me acalmei. Um pouco. Um amigo ficou sabendo do meu problema e se prontificou a realizar uma busca num grande depósito de lixo atrás do prédio onde trabalho, abrindo grandes sacos de plástico preto e examinando todo aquele monte de detritos e papel. Algumas horas mais tarde, ele bateu à porta e me entregou as folhas de papel ligeiramente amassadas e um tanto "perfumadas" que tinham se perdido. Fora um esforço considerável da parte dele e uma grande experiência para mim. No decorrer desses acontecimentos aprendi algumas lições e adquiri uma compreensão que não teria tido se as coisas tivessem corrido tranqüilamente e se eu não tivesse perdido aquelas páginas: lições que me ajudaram na elaboração deste livro e compreensões que me ajudaram na minha vida.

De fato, o que na época parecia ser muito ruim, acabou revelando ser muito bom. Afinal de contas, um desvio nada mais é do que um caminho diferente para se chegar ao lugar para onde estamos indo. Geralmente, apenas não conseguimos enxergar isso dessa maneira, a não ser que tenhamos a meta claramente definida em nossa mente; precisamos também compreender a imprevisibilidade inevitável envolvida em qualquer jornada interessante. É possível que isso nos faça gastar mais tempo do que pretendíamos. Mas, por outro lado, o desvio pode nos conduzir por uma estrada panorâmica, permitindo que vejamos coisas que normalmente não teríamos tido a oportunidade de apreciar. E a utilização desse outro caminho pode servir para melhorar nossas habilidades. Na minha própria vida, muitas vezes me vi chegando a um destino e pensando: "As coisas não correram tal como foram planejadas. Que bom." Nas nossas vidas, uma visão clara, uma forte confiança e um planejamento capaz de absorver modificações podem contribuir para evitar que os desvios se tornem becos sem saída, podendo nos manter nas melhores rotas possíveis para concretizações que sejam boas para nós.

Quão grandes são os seus problemas? Quão difíceis são as dificuldades que você enfrenta à medida que trabalha para atingir suas metas? É impressionante constatar até que ponto a resposta a essas perguntas sempre é uma questão de perspectiva. Em grande escala, nossos problemas são apenas tão grandes quando permitimos que sejam. Nossos problemas são apenas tão sérios quanto percebemos que são. Certo dia, ao entrar no prédio da administração da Notre Dame, o edifício com a famosa cúpula dourada, encontrei um dos técnicos mais velhos de futebol, um homem maravilhoso que eu não via há vários meses. Perguntei-lhe como estava. Com um sorriso largo, ele respondeu: "Eu estou muito bem, Tom, e você?" Começamos a caminhar do térreo até o quarto andar, subindo pelos lances muito íngremes da escadaria, conversando o tempo todo. Quando chegamos lá em cima, eu estava ofegante, mas ele parecia normal, excluindo-se a impressão de que arrastava uma perna.

Eu disse: "Você parece estar mancando um pouco. Teve algum problema com a perna?"

Ele ergueu os ombros e respondeu: "Nada grave, Tom. Há uns meses tive um pequeno problema e tiveram de extrair um dos meus pulmões. Mas eu já estou perfeitamente bem. A única seqüela da coisa toda é que estou mancando um pouco. Mas me sinto muito bem." E novamente aquele sorriso largo.

Este, disse para mim mesmo, é um homem de ferro. Todos esses degraus e conversando o tempo todo. Eu sou 20 anos mais jovem e mal consegui fazer isso. E ele só tem um pulmão! Mas o que me impressionou mais do que sua incrível boa forma física, foi sua extraordinária atitude positiva. O que para a maioria de nós teria sido algo totalmente catastrófico, para ele não era uma Grande Coisa. Apenas um pequeno inconveniente.

Nada acontece às pessoas sem que elas tenham sido preparadas pela natureza para suportar. *Marco Aurélio*

Há muito tempo, Sófocles observou que "não há sucesso sem esforço e dificuldade". Mas podemos sobreviver a dificuldades enormes e superar os piores problemas se os abordarmos com a atitude correta. Nós nos vemos como vítimas ou como vencedores? A vida está repleta de problemas. Nós nos vemos como pessoas capazes de resolver os problemas? Somos capazes de transcender os problemas que freqüentemente temos de enfrentar? Eu acho que podemos. Todos dispomos dos recursos para nos erguermos acima dos problemas, para aprender com as dificuldades que enfrentamos e para fazer as alterações nos nossos planos que forem exigidas pelas novas circunstâncias. Como esse treinador de futebol, podemos continuar apesar das piores adversidades. E é isso que deveríamos fazer.

Até mesmo os maiores fracassos nem sempre são o que parecem ser. Um conselho surpreendente, dado às vezes por pessoas de grande sucesso, é o seguinte: "Fracasse logo e fracasse muitas vezes." Isso pode parecer estranho, mas a explicação é simples. Quem nunca passou por um fracasso não está penetrando em territórios novos. Qualquer pessoa que assuma os riscos necessários para um verdadeiro crescimento um dia irá fracassar. E, tipicamente, sempre aprendemos muito mais com os fracassos do que com as vitórias. Portanto, se para crescer você precisa fracassar, e, se para aprender muito você precisa fracassar muito, então fracasse logo e fracasse muitas vezes.

Obviamente, o sucesso é sempre melhor do que o fracasso. Principalmente no fim. Mas, no final, qualquer sucesso verdadeiro provavelmente terá se originado a partir de uma série de fracassos ocorridos ao longo do percurso, fracassos grandes e pequenos. Portanto, não devemos temer o fracasso. O único fracasso que é realmente terrível e que deve ser evitado custe o que custar é o fracasso em aprender coisas a partir dos nossos fracassos. Pessoas limitadas num mundo complexo ocasionalmente darão um passo em falso. O segredo está em recuperar o equilíbrio, corrigir a rota e continuar.

Com essa perspectiva, podemos evitar dois dos obstáculos mais comuns ao sucesso: o medo de enfrentar o fracasso e o desânimo que muitas vezes acompanha essa experiência. Ter a confiança para o sucesso exige ter a coragem de fracassar. E continuar pelo caminho em direção às nossas metas exige não perder a coragem quando parecemos não estar conseguindo o que almejamos. Precisamos pensar nas pessoas bem-sucedidas como sendo aventureiros que têm sucesso na correção de si mesmas, cartógrafos da experiência que fazem e refazem os mapas à medida que avançam, avançando como pioneiros por territórios ainda não demarcados. Os fracassos nem sempre são muros intransponíveis; muitas vezes, são apenas redutores de velocidade instalados ao longo da estrada da vida. Eles servem para nos desacelerar ocasionalmente, e para que façamos uma espécie de balanço de nossas atividades, mas não devem nos deter completamente, nem fazer com que desistamos de nossas metas. Precisamos continuar avançando, por mais lento que às vezes possa ser o nosso progresso. Como Confúcio disse certa vez: "Não importa quão lentamente você avance, desde que não pare no caminho."

Precisamos aprender quando diminuir a velocidade, quando aguardar um pouco com paciência e quando devemos retomar o avanço. Quando tentar novamente e quando alterar a rota. Às vezes precisamos persistir e continuar, e outras vezes é melhor repensar como fazer para nos aproximarmos mais de nossas metas. Como Mark Twain nos lembrou, se você acumular fracasso sobre fracasso, chegará um momento em que deverá considerar a possibilidade de desistir do que está tentando fazer. Mas é claro que a desistência recomendada por Mark Twain deve ser provisória e específica antes de ser final e generalizada. Quando tento realizar alguma coisa de uma determinada forma e enfrento sucessivos bloqueios, talvez eu deva concluir que este não é o modo ideal de prosseguir no momento. Ou então posso tomar a decisão de não tentar este caminho em particular para me aproximar das minhas metas mais distantes. Um outro caminho é melhor. As circunstâncias devem determinar exatamente como aprendemos com os nossos passos em falso e até que ponto devemos reformular nossas rotas. É impossível criar para si mesmo regras gerais. Às vezes, basta uma pequena mudança na rota ou no método adotado. Em outras ocasiões, um afastamento mais radical pode ser necessário para garantir um verdadeiro progresso em direção à concretização de nossas metas.

Os maiores fracassos freqüentemente também são aqueles cujas lições extraímos com mais dificuldade. Eles podem exigir uma revisão em larga escala do que pensamos. E também grandes doses de paciência. Reagindo a pequenos erros cometidos, muitas vezes nos adaptamos de modo quase automático, praticamente sem perceber até que ponto estamos improvisando. Quanto maior for o problema, tanto mais esforço precisamos fazer para aprender tudo o que precisamos saber. Precisamos de um período calmo para refletir. Precisamos abafar o barulho estridente feito por queixas interiores e exteriores, por frustrações e explicações apressadas. Precisamos de uma dose saudável de silêncio. De calma interior. De equilíbrio. Muitas vezes, essa é a condição necessária para qualquer processo válido no sentido de repensar o caminho que adotamos. O que aconteceu? Por quê? O que devemos fazer? E como devemos fazer isso? Precisamos de tempo para analisar claramente o problema, para reavaliar os recursos à nossa disposição, para reorganizar de forma criativa as possibilidades e para escolher o próximo passo a ser dado. Um influente mestre hindu, Swami Paramananda, certa vez escreveu: "O silêncio e a paciência caminham lado a lado. O silêncio dispõe de um maravilhoso poder de criação." Ele também tem um maravilhoso poder de cura. Ele pode fazer com que resolvamos os problemas e renovemos nossas forças. Com um período calmo para pensar, com os recursos da paciência e do silêncio, podemos aprender coisas até mesmo nos nossos maiores erros e fracassos. Podemos fazer as mudanças que forem necessárias.

> Pouco importa quantas vezes você tenha sido derrotado. Saiba que você nasceu para a vitória. *Ralph Waldo Emerson*

Uma das fontes mais comuns de frustração na vida é a insistência em se aplicar um instrumento, uma técnica ou um método que tenha funcionado bem num contexto num outro contexto, em relação ao qual ele possa não ser apropriado. Sempre podemos ver ao redor pessoas que estão presas a esse tipo de raciocínio: "Eu tenho um martelo; e tudo são pregos." Às vezes, desenvolvemos técnicas elaboradas ou poderosas que simplesmente não são necessárias nas nossas atuais circunstâncias, que podem até ser destrutivas agora. Como o chefe dos bombeiros de uma pequena comunidade costuma aconselhar aos seus comandados: "Antes de derrubar uma porta com o machado, tente a maçaneta." A flexibilidade de nos ajustar ao longo do caminho permitirá o uso da energia de forma mais eficiente para fazer o que realmente precisa ser feito.

Outro aspecto do ajuste é a capacidade de dizer não. Dizer não aos seus planos anteriores se você precisar mudar de rota; dizer não a outras pessoas quando os pedidos ou as expectativas delas impedirem que você progrida e adapte seu caminho de acordo com o que sua experiência lhe mostra que deve ser feito. Freqüentemente, você também precisa dizer não a coisas que, num momento anterior, você teria entendido como sendo oportunidades maravilhosas e indícios garantidos de sucesso. Se você quiser vivenciar a melhor sorte possível, não deve consumir antecipadamente toda a sua sorte.

Uma perspectiva ampla das metas é compatível com a flexibilidade da mente. Na verdade, eu acho que ela até exige isso. O que ainda ontem considerávamos como sendo uma coisa muito boa, pode ser uma distração hoje e um obstáculo amanhã. Se abordarmos a vida com flexibilidade, teremos a melhor chance de adaptar e ajustar nossa rota de uma forma saudável e compensadora.

111

Todos nós temos uma fascinante habilidade mental que muitos psicólogos chamam de "sistema de ativação reticular". É a habilidade de formar um padrão ou uma rede de expectativas que geram um rede para a captação de novas percepções e de novas idéias relevantes para nossas metas e objetivos. Você alguma vez saiu para comprar um carro novo? Você está pensando num Oldsmobile e, de repente, como que por um passe de mágica, passa a ver uma grande quantidade de Oldsmobiles a caminho do trabalho e também quando volta para casa. Você nunca tinha reparado na existência deles antes. Você quer um Saab e, de repente, aparecem modelos Saab por todos os lados. Isso pode parecer algo estranhamente bizarro. Mas não se preocupe. Nada de estranho ou de cósmico está acontecendo. Carros da marca e do modelo certo não estão simplesmente surgindo a partir do nada, aparecendo por todas as ruas da cidade, com o objetivo de encorajá-lo ou de deixá-lo assustado. No decorrer do processo da decisão de comprar, de estudar e de considerar, você apenas acabou reprogramando seu cérebro com sucesso para ver coisas que já estavam ao seu redor o tempo todo. O seu sistema de ativação reticular simplesmente passou a perceber todos os modelos Oldsmobile ou Saab. Dos incontáveis estímulos que o seu cérebro recebe diariamente, você decidiu, sem que tenha consciência total de que é isso o que está acontecendo, permitir que essas percepções fiquem na rede de captação. Isso acontece tanto com sinais visuais e auditivos como com idéias. A semente de um pensamento, que normalmente poderia ter caído em chão pedregoso, cai agora num solo fértil, cresce e se transforma numa nova idéia. À medida que você avança rumo às suas metas e tem novas experiências, você vai reprogramando continuamente esse sistema de experiência mental de tal forma a ser sempre capaz de ver o que nunca tinha visto antes e a pensar o que nunca lhe havia ocorrido antes. Graças à sua rede constantemente ajustada, você é capaz de captar e capturar o sucesso de uma maneira que nunca tinha sido possível antes.

Não podemos saber de tudo o que precisamos saber para alcançar o sucesso quando nos lançamos inicialmente em direção às nossas metas. Mas isso não chega a ser um grande problema porque os nossos sistemas de ativação reticular nos ajudarão a descobrir, a aprender e a fazer os ajustes necessários à medida que formos avançando. O próprio processo se torna nosso aliado desde que fiquemos alertas e flexíveis ao longo do caminho.

Não deixe de se associar aos que sabem das coisas

Nas nossas tentativas para conseguir uma atenção concentrada no que é necessário para atingir a nossa meta, no esforço de adotar o PLAN para

112

conseguir uma estratégia com a finalidade de chegar lá, nunca podemos nos esquecer da importância potencial que as outras pessoas podem ter em relação à nossa busca. E a cada passo precisamos sempre reconhecer os valores da associação com os que já sabem o que devemos aprender ou cuja experiência possa nos ajudar a encontrar os novos conhecimentos de que necessitamos para o progresso que pretendemos.

Quando meu pai estava com 17 anos de idade, ele deixou a propriedade rural da família em Cameron, no Estado da Carolina do Norte (nos arredores de Sanford, a capital mundial dos tijolos) e partiu para a cidade grande, que, no seu caso, foi Baltimore, em Maryland. Ele foi para a Martin Aircraft Company e se candidatou a um emprego. Quando lhe perguntaram o que ele queria fazer, respondeu: "Tudo."

Tudo? Ninguém jamais tinha respondido assim. O que ele queria dizer? Meu pai explicou que realmente gostaria de aprender a fazer todos os serviços na fábrica. Ele gostaria de ficar num departamento, aprender o que se fazia lá e, quando o supervisor achasse que seu trabalho era tão bom quanto o de todos os demais, ele passaria para outro departamento, onde o processo se repetiria. O responsável pelo setor pessoal concordou com esse estranho pedido e quando o jovem H. T. Morris estava com 20 anos de idade, já tinha passado por todos os setores da fábrica e estava trabalhando no departamento de projetos, ganhando um salário fantástico. O que outros necessitavam de uma semana para fazer, ele fazia em dois ou três dias e, por causa do seu sucesso excepcional, teve a estranha honra de ver o governo dos Estados Unidos declarar oficialmente que nenhum jovem de 20 anos seria capaz de saber tudo o que a Martin Aircraft afirmava que ele sabia.

Como é que ele fez isso? Como foi que ele conseguiu atingir sua meta de aprender quase todos os trabalhos daquela fábrica enorme e complexa em apenas três anos, e isso *quando ainda era um adolescente*? Ele me explicou quando eu era garoto. Foi simples, disse ele. Sempre que chegava a um novo departamento, ele procurava os "sábios anciãos", ou seja, os velhos e experientes que faziam aquele trabalho há uma eternidade e que já tinham visto tudo, os mestres cuja reputação de conhecimentos e de especializações faziam parte da história oral do lugar, a matéria-prima dos boatos, os integrantes da mitologia da fábrica. Eram as pessoas que os novatos geralmente evitam como a uma peste, por medo de fazerem má figura ao lado deles por serem meros principiantes. Mas que mal há em se aparentar o que realmente se é? Estas eram as pessoas que meu pai procurava, cuja companhia cultivava, perguntando-lhes tudo o que lhe viesse à mente. E eles não apenas lhe revelavam como as coisas funcionavam, o que precisava ser feito, quem

113

era o melhor em que tarefa, eles também lhe *mostravam* pequenos truques, atalhos, inovações, pequenos procedimentos que tinham desenvolvido e pelos quais ninguém se interessara antes. Eles gostavam desse jovem curioso e interessado e se mostravam dispostos a ajudá-lo a aprender as coisas, os "macetes" especiais.

> A sabedoria é algo que deve ser aprendido com alguém que seja sábio.
>
> *Eurípedes*

Aos 17 anos de idade, meu pai compreendeu instintivamente o valor de se associar com os que sabem das coisas. Ele se tornou um aprendiz. E todos aqueles sábios passaram a ser seus mentores. Os novos funcionários, que evitavam aquelas lendas vivas, eram obrigados a aprender a partir da estaca zero ou de outros que mal sabiam o que ensinar. Procurando diretamente os mais experientes, o jovem novato conseguiu acelerar consideravelmente o seu processo de aprendizagem, aprendendo apenas a melhor maneira de realizar as tarefas necessárias e coletando indicações a respeito de maneiras pelas quais poderia desenvolver para si mesmo formas ainda melhores de funcionamento. Ele transformou sua jornada num esforço grupal, num empreendimento de equipe. Ele se associou com os melhores e se colocou numa posição na qual podia ver e fazer o que ninguém mais conseguia.

A maioria das pessoas bem-sucedidas gosta de ampliar seus sucessos através de outras pessoas. Durante a década de 80, um dos mais interessantes bilionários norte-americanos era Sam Walton, jovem de uma área rural que fundou a rede de lojas de descontos Wal-Mart. Uma das coisas que mais lhe davam orgulho era a quantidade de funcionários que ele transformara em milionários. O sucesso dessas pessoas, sob muitos aspectos, era o dele também.

Obviamente, há algumas pessoas poderosas e bem-sucedidas que agem como ciumentos guardiães de seus sucessos e do *status* alcançado, achando que podem permanecer nos seus postos apenas enquanto conseguem impedir o avanço dos demais. Essas são pessoas que adotam uma atitude do tipo "ninguém me ajudou e por isso você precisa descobrir sozinho como agir". No entanto, muitas das melhores pessoas em todos os setores sempre se mostram dispostas a ajudar os outros. E isso nem sempre acontece por puro altruísmo. Elas gostam de multiplicar suas façanhas, usando seus conhecimentos, poderes e capacidades para encaminhar outras pessoas a um nível de sucesso que elas normalmente não conseguiriam atingir sozinhas, pelo menos não por muito tempo.

Pouco importa quais são as suas metas e objetivos; inclua no seu plano a associação com aqueles que sabem das coisas. Modele seus esforços segundo os deles, ajustando e melhorando na medida do possível. Isso causará uma grande aceleração no seu progresso, além de tornar sua viagem muito mais agradável. Há uma sensação de companheirismo entre as pessoas que realmente se importam com o que estão fazendo. Não perca a oportunidade de participar dessa confraria e de colher todos os benefícios que ela pode lhe proporcionar.

> Sócrates teve um aluno chamado "Platão". Platão teve um aluno chamado "Aristóteles". E Aristóteles teve um aluno chamado "Alexandre o Grande".

Uma associação correta exige o dom da conversação e também encontros regulares, ou seja, algo que, conforme já observamos, está entre as artes quase extintas dos tempos atuais. Já foi dito que a conversa é coisa sem valor. Mas uma conversa com a pessoa certa e no momento certo pode ser extremamente valiosa. Vale a pena conversar com as melhores pessoas que existem por aí. E também vale a pena fazer tudo o que for necessário para que essas conversas aconteçam. Independentemente de quais possam ser as suas metas, é do seu interesse cultivar-se como um indivíduo bem-informado e um parceiro em potencial para conversas a respeito de uma vasta gama de assuntos, que incluam os interesses humanos nos setores da arte, da política, da história, dos acontecimentos atuais, dos esportes, da literatura e da filosofia, para citar apenas alguns. Os benefícios desse cultivo de si mesmo são múltiplos. Você se transforma numa pessoa melhor. Você desenvolve uma vida interior mais rica. Você se entrega a pensamentos mais criativos dentro da gama das metas que almeja alcançar. E você se torna alguém muito mais interessante, cuja companhia será bem aceita pelos demais. Você também se torna uma pessoa mais atraente, uma pessoa cujo convívio e cuja conversa serão apreciados pelos demais, mesmo por aqueles que, no momento, têm em seus currículos mais realizações e sucessos do que você. Aliás, principalmente por pessoas desse tipo. E, evidentemente, são essas as pessoas cujas conversas e cujo convívio lhe serão mais importantes enquanto faz o possível para atingir um novo nível de realizações em busca da conquista de suas próprias metas.

E se as suas metas forem metas de equipe – objetivos para um escritório, uma família, um círculo de amigos, uma empresa ou um departamento numa grande empresa, uma equipe atlética ou até uma comunidade – a

115

conversa e a comunicação passam a ter uma importância adicional. Não tente fazer as coisas sozinho. A liderança não é como amarrar um touro bravo e arrastá-lo até aonde você quer. Objetivos de equipe, metas das pessoas no grupo, são coisas que envolvem um esforço em equipe. Do mesmo modo que você deve realizar o seu planejamento, você também precisa aprender com a força e as experiências, com as esperanças e os sonhos dos demais envolvidos. Você precisa se associar a eles, deixando uma clara comunicação de onde vocês estão como grupo, onde deveriam estar e como você acha que podem chegar lá. As grandes lideranças nunca são ditatoriais. Elas funcionam pela inspiração, pela organização e pela conversa. Elas envolvem valores e também recursos compartilhados. Você ajuda outros a ajudá-lo a chegar aonde você precisa estar. Há muitas maneiras pelas quais você pode ajudar outras pessoas. E há muitas maneiras pelas quais elas podem ajudar você. Associe-se aos que sabem e, assim, todos chegarão aos lugares aonde querem chegar.

Resumindo, este é o esquema do PLAN:

*P*repare-se para a jornada.
*L*ance-se em ação.
*A*dapte-se ao longo do caminho.
*N*ão deixe de se associar aos que sabem das coisas.

Este é o procedimento para adquirir o grau de concentração nos pensamentos e na ação que todos nós necessitamos para atingir novas metas na nossa busca pelo sucesso. Trata-se de um procedimento fácil de ser esquematizado e que resulta em efeitos extremamente poderosos. Graças à sua utilização, podemos nos tornar mestres da terceira condição para o sucesso, a concentração que precisamos quanto aos elementos necessários para atingirmos nossas metas.

4
A coerência
no que fazemos

Condição Número Quatro: Precisamos de uma coerência pertinaz ao perseguir a nossa visão, de uma persistência determinada em pensamentos e ações.

Vivemos na maior de todas as sociedades já registradas no decorrer da história da existência humana, com as mais variadas oportunidades e com os mais profundos recursos para o sucesso. Considerando-se isso, como se explica o fato de existirem tantos fracassos do tipo beco sem saída? Por que tantas pessoas se consideram fracassadas? E por que tantas delas estão certas nesse julgamento? Por que tantos empreendimentos construídos em torno de boas idéias fracassam? E por que tantos que conseguem não naufragar mesmo assim não atingem o grau de excelência do qual poderiam ser capazes?

Há alguns anos, realizei uma pesquisa informal a respeito das causas dos fracassos pessoais, profissionais e de organização na atual sociedade norte-americana. Fiquei muito surpreso com o que descobri. Cheguei à conclusão de que uma das fontes mais poderosas e difundidas de fracasso atualmente é uma forma de dano a si mesmo. Um comportamento autodestrutivo. Pensamentos e ações incoerentes com as metas e objetivos acalentados pelas pessoas. Decisões e padrões de atividade não sincronizados com o que deveria estar servindo como orientação para as deliberações e condutas adotadas.

117

Um vendedor que sonha com a possibilidade de progredir no seu local de trabalho mostra-se grosseiro com os clientes, freqüentemente chega atrasado na loja ou se mostra descuidado nas anotações que faz. Um marido negligencia a mulher (ou vice-versa). Um homem que precisa e quer um emprego passa todo o seu tempo diante da televisão ou batendo papo com amigos. Uma empresa que tenta estabelecer associações de confiança com fornecedores e clientes adota constantemente pequenos truques que lhe permitam levar uma aparente vantagem momentânea. Uma pessoa que jurou deixar de fumar faz questão de deixar alguns maços em casa e no porta-luvas do carro. E, obviamente, nada é capaz de atiçar mais o apetite do que a decisão de se submeter a uma dieta.

O PROBLEMA BÁSICO

As pessoas freqüentemente se comportam de modo incoerente com seus sonhos e valores. Chega a ser impressionante a freqüência com que isso acontece. Aliás, acredito que todos nós nos envolvemos em coisas desse tipo em uma ou outra ocasião de nossas vidas. Independentemente de as coisas serem grandes ou pequenas, todos nós, em algum ponto de nossas vidas, agimos de modo incoerente com nossos valores e objetivos. E, ao fazermos isso, colocamos obstáculos no nosso caminho, obstáculos que atrapalham nosso progresso em direção às metas que pretendemos alcançar.

Há vários anos, tomei a decisão de que queria me tornar um autor melhor. Durante meses e meses, li todos os livros que consegui encontrar a respeito de dicas de como escrever melhor. Conversei com bons autores. Despendi tempo imaginando como seria a minha vida se eu fosse um autor de sucesso, produzindo livros fascinantes, repletos de frases brilhantes. Mas, durante todos esses meses, havia uma coisa que eu não fazia. Eu não me sentava para escrever. Uma das verdades básicas a respeito de se tornar um escritor melhor é que você não pode atingir esse objetivo sem escrever. Mas, evidentemente, isso é verdade em relação a todas as coisas. Um jogador de basquete não irá melhorar seus lances livres se não praticar muito esses arremessos. Um guitarrista precisa ensaiar ou se apresentar regularmente. Um dançarino precisa dançar. Eu estava fazendo uma porção de coisas como apoio ao meu objetivo. Porém, em relação ao ponto mais importante, estava me comportando de forma incompatível com essa meta. Quando finalmente compreendi isso, fiquei atônito. E comecei a escrever outra vez.

Noutra ocasião, eu estava trabalhando muito num livro durante os meses de verão. Eu escrevia praticamente o dia inteiro na minha sala em

Notre Dame, e muitas vezes prosseguia até altas horas da noite. Eu mal conseguia ver meus filhos, que estavam em idade pré-escolar, apesar de ser uma pessoa com sólidos "valores familiares". Sempre achei que seria muito importante participar da criação dos filhos e reservar bastante tempo para brincar com eles. No entanto, com minha programação de trabalho, eu estava agindo de forma incompatível com esses valores. Ninguém me impusera aquele ritmo de trabalho. Eu estava voluntariamente conduzindo a minha vida cotidiana de forma incompatível com valores importantes para mim. O entusiasmo pelo livro que estava escrevendo fez com que eu me esquecesse dessas coisas. Eu me via preso a um padrão de atividades, negligenciando o que realmente era muito mais importante para mim. Quando, de repente, tomei consciência desse conflito, modifiquei radicalmente meus padrões. Comecei a acordar quase todos os dias às quatro da manhã e a chegar ao meu local de trabalho por volta das cinco. Dessa forma, conseguia trabalhar sem qualquer interrupção durante horas a fio, como deve ser fácil de imaginar, e geralmente terminava o trabalho do dia por volta do horário do almoço. Dessa maneira, conseguia passar as tardes com meus pimpolhos. Consegui restabelecer uma coerência entre todos os meus objetivos e valores.

Tenho mais uma confissão a fazer, e esta é um pouco mais difícil. Gosto de comer bem e tenho certa fraqueza: sou condescendente comigo mesmo nessa área. Nos últimos meses, saboreei delícias culinárias, possivelmente além dos limites da moderação e, como conseqüência, estava começando a perceber um pouco menos de espaço sobrando em várias calças, jaquetas e camisas. Cheguei até a considerar seriamente a hipótese pouco plausível de que a tinturaria e a lavanderia estivessem conspirando para fazer com que as minhas roupas encolhessem. Finalmente, quando já não podia continuar sustentando essa minha imaginação desenfreada, essa tentativa rotineira de enganar a mim mesmo, percebi que teria de mudar meus hábitos alimentares, aumentar os exercícios físicos e me livrar de pelo menos uns cinco quilos. Pelo menos.

Determinei minhas metas, elaborei um plano e comecei a agir com muita confiança. Caminhadas na estrada. Trabalho com pesos. Flexões abdominais. Essas e várias outras coisas igualmente desagradáveis me colocaram no caminho certo. Como explicar, então, que, por ocasião da próxima visita ao supermercado, levei para casa uma caixa de bombons? Eram bombons de baixas calorias e de baixo teor de gorduras, mas eram *bombons*. Será que eu realmente precisava de bombons? Será que o fato de comprar aquela caixa me ajudava de alguma maneira a alcançar os objetivos que tinha determinado para mim? De modo muito persuasivo, lembrei a mim mesmo que eram bombons *extremamente pequenos*, bombons quase inofensivos. E, pensando nisso, cheguei em casa e comi toda a caixa daqueles bombons extremamente pequenos e quase inofensivos.

Esta é uma forma de comportamento incoerente que continuo tentando expurgar da minha vida. E como é a sua situação? Quais incoerências você já percebeu em sua vida? Você notou a existência de algum padrão incoerente de pensamentos ou de ações? De comportamentos que não estejam sincronizados com seus valores e objetivos? Alguma incoerência persistente que atrapalhe o seu progresso?

Você está completamente satisfeito com a maneira como se relaciona com os membros da sua família? Com os colegas de trabalho? Com os vizinhos? Você acha que todos os seus hábitos são apropriados em relação ao que você julga ser importante? Você se aferra a decisões que tomou a respeito das mudanças que julga serem necessárias? Você emprega seu tempo de forma apropriada? E o seu dinheiro? Seus pensamentos e emoções são compatíveis, diariamente, com os seus mais profundos valores e comprometimentos? Você está se empenhando de forma suficiente nas coisas realmente importantes? Você vive coerentemente de acordo com as suas expectativas quanto à vida que gostaria de ter? Você está realmente fazendo o que acredita ser o melhor a ser feito e está evitando tudo o que acha que seria melhor evitar?

Caso as respostas que encontrar para algumas dessas perguntas sejam um tanto embaraçosas, não entre em desespero. Todos nós passamos por fases de incoerência. Todos, às vezes, tropeçamos em padrões derrotistas de atividades ou de pensamentos. Desperdiçamos tempo e esbanjamos recursos, deixamos de dar a devida consideração aos que nos são importantes. Muitas vezes, desapontamos a nós mesmos. Isso acontece até mesmo com os melhores dentre nós. Numa passagem muito conhecida do Novo Testamento, o apóstolo Paulo expressa grande frustração e perplexidade depois de constatar isso em aspectos de sua própria vida. Angustiado, ele explica: "Porque não entendo o que faço. Não faço aquilo que quero e faço o que não quero... Realmente, não faço o bem que quero, mas o mal que não quero."

Esta passagem, incluída no sétimo capítulo da carta que São Paulo enviou aos romanos, culmina com a exclamação dele: "Como sou infeliz!" Na mente do apóstolo, sua incoerência está associada com a frustração, com a angústia e com a mesquinharia. Como observador do seu próprio comportamento, ele está abismado. Aos seus próprios olhos, ele está com problemas.

No início do século XVIII, o famoso escritor e editor britânico Joseph Addison escreveu: "Nada que não seja um verdadeiro crime faz com que um homem pareça ser tão desprezível e pequeno aos olhos do mundo quanto a inconstância." Inconstância. Incoerência. Fracasso em manter a fidelidade aos próprios ideais e valores. Fracasso em agir apoiando os compromissos assumidos. Independentemente de se saber se isso provoca ou não um mal real, sempre envolve um comportamento contrário aos nossos objetivos. Na medida em que o sucesso é uma coisa boa, isso certamente é uma coisa ruim.

> O segredo do sucesso é a constância na finalidade.
>
> *Benjamin Disraeli*

É inevitável que, em qualquer caminho em direção ao sucesso, num ou noutro momento, enfrentemos obstáculos. Este é um fato sobre o qual temos pouco controle. Mas sobre o que temos uma dose considerável de controle é saber se somos ou não responsáveis por eles. Será que somos mesmo nossos piores inimigos? Será que estamos impedindo nosso próprio progresso? Será que estamos jogando rochas enormes no meio dos nossos caminhos? Será que estamos esbanjando nossas energias e derrotando nossas próprias causas? Aos olhos de Addison e do mundo é "desprezível e pequeno" deixar de ter controle quando precisamos fazê-lo para evitar o tipo de obstáculo que mais devemos evitar – o obstáculo com respeito a prejudicar a si próprio, que envolve uma atitude derrotista e destrutiva.

O VALOR DA COERÊNCIA

Mas é evidente que nem todos parecem concordar quanto aos valores da coerência na vida humana. E deveríamos ouvir a argumentação de ambos os lados. Afinal de contas, não foi o próprio Emerson que, por exemplo, certa vez caracterizou a coerência como sendo "o duende das mentes pequenas"?

Bem, na verdade, o que Emerson disse foi que "uma coerência tola é o duende das mentes pequenas, adorado por pequenos estadistas, filósofos e clérigos". Isto nos dá a impressão de que ele não tinha qualquer tipo de problema com a coerência em si; era apenas a "coerência tola" que ele deplorava. E prefiro ignorar a insinuação que faz quanto aos filósofos. Mas na fase seguinte da sua famosa passagem no ensaio intitulado *Self-Reliance* [Confiança em Si Mesmo], ele afirma de forma bastante direta e generalizada que "com a coerência uma alma grande simplesmente nada tem que ver".

Oscar Wilde associou-se bastante aos críticos e escreveu: "A coerência é o último refúgio dos que não têm imaginação." E o famoso e importante escritor Aldous Huxley freqüentemente é citado por ter dito que "a coerência é contrária à natureza, contrária à vida. As únicas pessoas completamente coerentes são os mortos".

Será que a coerência é uma condição para o sucesso ou será que é uma propriedade das mentes pequenas, das almas minúsculas, dos desprovidos de imaginação e dos mortos? Apesar da aparente discordância que existe quanto a isso tudo, acredito que a verdade possa ser facilmente encontrada.

Há dois padrões de comportamento muito diferentes entre si que às vezes são conhecidos como "coerência". Um deles é o objeto da crítica de Emerson, da observação de Wilde e da brincadeira de Huxley. Esta é a ausência de pensamentos ou rigidez obstinada da pessoa incapaz de se adaptar ou de se ajustar à mudança dos tempos, a circunstâncias diferentes, ou a personalidades variadas. Esta é a inflexibilidade dos desprovidos de imaginação, a rigidez dos mortos. Em vez de funcionar como uma condição que facilite o sucesso, este tipo de padrão comportamental chega a ser quase uma garantia de fracasso ou de mediocridade na maioria dos objetivos, como espero ter deixado claro na análise do capítulo anterior sobre ajustes e adaptações.

Infelizmente, a escravidão improdutiva com relação a formas antigas e já não mais eficientes de fazer as coisas é algo extremamente comum no nosso mundo. Eu gostaria de dar um exemplo bastante trivial mas muito revelador disso, contando algo que aconteceu recentemente comigo. No meu trabalho, tenho um moderno e sofisticado equipamento de *fax* que há pouco tempo precisou de consertos e de manutenção. O especialista técnico, autorizado pelo famoso fabricante, veio ver os problemas e os eliminou em questão de apenas uma hora. Apesar de estar com muito trabalho para fazer, eu lhe ofereci minha mesa para que preenchesse seu relatório, uma tarefa que, imaginei, levaria apenas alguns instantes. Passados uns cinco minutos, olhei para ele e percebi que estava fazendo o que me parecia uma espécie de trabalho artístico, debruçado sobre seus papéis espalhados na minha mesa. Procurando ser simpático, perguntei o que estava fazendo e fiquei bastante surpreso com a resposta.

O formulário do relatório exigia que ele fizesse uma impressão do número de série do meu equipamento. Ele explicou que, anos atrás, as máquinas que ele reparava tinham pequenas placas metálicas com os números de série em relevo. Depois de terminar o relatório, ele o colocava sobre a tal placa e passava o lápis sobre ela, conseguindo assim a impressão exigida. Mas agora, as máquinas têm números de série totalmente planos, impressos com tinta. Mas o pessoal de apoio técnico e de manutenção continua fazen-

122

do as "impressões". Como? Eles usam o lápis artisticamente para reproduzir a forma que os números teriam se fossem copiados pelo método antigo. E por isso aquele especialista estava sentado na minha mesa, fazendo um grande esforço para reproduzir a aparência que os números impressos teriam tido! Não é, realmente, o que eu chamaria de uma coerência produtiva com os procedimentos do trabalho.

Um grande sucesso requer criatividade, imaginação e flexibilidade tanto no planejamento da rota a ser percorrida como na implementação desses planos. Mas há um outro lado desta história. Juntamente com uma disposição para mudar sempre que a mudança for apropriada, se quisermos ter sucesso alcançando algo que valha a pena, precisamos ser capazes de nos ater a uma firmeza de propósito que não oscile por causa de qualquer brisa diferente que sopre no nosso caminho. Como o ex-presidente Jimmy Carter declarou no seu discurso de posse, citando um dos seus professores do curso secundário: "Precisamos nos ajustar aos tempos em mudança e, mesmo assim, nos ater a princípios imutáveis."

A inflexibilidade, a rigidez, a escravidão cega ao passado, bem como a repetitividade sem imaginação não merecem o nome de coerência. As palavras "coerência" e "constância" têm a mesma raiz latina, que significa, basicamente, "ficar junto". Será que nossos pensamentos e nossas decisões andam juntos? Será que nossas ações andam juntas? Há uma constância ou fidelidade de propósito nas coisas que fazemos? Estamos mantendo os olhos fixos na estrada? Estamos conseguindo avançar? Se o nosso comportamento for rígido e inflexível, sem levar em consideração novas informações e circunstâncias modificadas, então não acredito que ele possa ser chamado de coerente com qualquer visão de vida ou com qualquer objetivo que valha a pena ter.

Um conceito filosófico do tipo do padrão comportamental que gostaria de recomendar poderia ser a "fidelidade teológica" – a fidelidade a uma meta ou a um objetivo (a palavra grega é *telos*). Outro desses conceitos poderia ser a "fidelidade axiológica" – fidelidade a um valor (*axia*, em grego) ou a um compromisso. Minhas decisões e ações parecem coerentes neste sentido quando efetivamente me aproximam mais dos objetivos que tenho, ou quando representam meus valores ou quando, no mínimo, não impedem a viagem que estou fazendo em direção a essas metas, guiado por estes valores.

A constância é a base das virtudes. *Francis Bacon*

Os maiores filósofos reconheceram o valor deste tipo de coerência para uma vida humana completa e significativa. Até mesmo Emerson, apesar da impressão que suas citações escolhidas possam transmitir. A fidelidade é uma qualidade cuja importância para uma vida de sucesso não pode ser superestimada. Sempre que determino uma meta para mim, sempre que adoto um objetivo ou que assumo um compromisso com uma causa ou com outra pessoa, estabeleço um rumo para as ações presentes e futuras, forneço uma estrutura para minhas tomadas posteriores de decisões. Eu ordeno minha vida, no sentido de colocá-la em ordem. E, obviamente, o oposto de ordem é a *desordem*. Sempre que me comporto sem fidelidade com relação aos meus valores e compromissos, estou introduzindo a desordem na minha vida.

Uma boa ordem é o alicerce indispensável para todas as coisas boas.

Edmund Burke

Um dos erros mais nocivos no mundo moderno tem sido uma tendência a pensar na liberdade unicamente em termos de *liberdade de* e não também – e mais importante – em termos de *liberdade para*. Esse equívoco bastante comum dá a impressão de que liberdade e fidelidade são coisas que mantêm uma tensão entre si. No entanto, nada poderia estar mais longe da verdade. O valor da liberdade consiste em estarmos livres de compulsões externas e de restrições artificiais para podermos ser livres em buscar metas e objetivos que escolhemos, adotando valores que reconhecemos e assumindo compromissos que sejam significativos para nós. Uma "liberdade" de todos os compromissos, valores e metas seria o tipo mais perverso de liberdade imaginável, uma liberdade em relação a tudo o que faz sentido e que tem significado. Isto seria uma rápida queda na desordem da autodestrutividade na mais elevada escala.

Os gregos compreendiam que somos seres essencialmente teleológicos e axiológicos. Todos precisamos procurar objetivos e estruturar nossas vidas de acordo com valores positivos. Temos a necessidade de assumir compromissos. Não podemos nos sentir realizados sem este tipo de ordem ou de estrutura em nossa vida. Esta é nossa *natureza*. Somos mais livres e mais completamente humanos, quando estamos vivendo fiel e coerentemente de acordo com os valores mais elevados que reconhecemos e com as aspirações mais nobres que adotamos. Isto é necessário para um verdadeiro sucesso.

> As idéias precisam encontrar um caminho pelo cérebro e pelos braços de homens bons e corajosos; caso contrário nada mais serão do que meros sonhos.
>
> *Ralph Waldo Emerson*

A coerência desse tipo mais elevado equivale a uma autorização. Nossas metas e valores, os compromissos que assumimos para orientar os caminhos que seguimos pela vida, precisam se refletir nos nossos pensamentos, ações, emoções e atitudes de uma forma coerente para que possam representar algum tipo de diferença sobre o que somos capazes de realizar. Sem esta coerência, nossas maiores visões não passam de meros sonhos. A coerência do tipo correto sempre melhora nossa perspectiva de vermos os sonhos se tornarem realidade. Isto nos encaminha na direção que escolhemos.

Obviamente, isto é tão importante para as organizações quanto para os indivíduos. Um exemplo simples: se o chefe de uma empresa quer encorajar o trabalho em equipe e a confiança entre seus subordinados, é importante que todos os funcionários sejam tratados com respeito. E é absolutamente crucial que isto seja feito com uma coerência fiel. Exatamente o que isto envolve pode ser diferente, em determinados aspectos, do que teria sido necessário há algumas décadas, quando os funcionários e as condições sociais podem ter sido muito diferentes da atual situação. Portanto, o tipo de coerência ao qual me refiro deve incorporar uma capacidade de adaptação às circunstâncias em mutação e aos tempos diferentes. Mas ela toma por base princípios imutáveis de fidelidade a valores fundamentais que devem estruturar tudo o que fazemos.

> Freqüentemente, os que querem ser constantes na felicidade ou na sabedoria precisam mudar.
>
> *Confúcio*

Uma coerência unicamente *orientada para o passado* é o duende das mentes pequenas. Na maioria das vezes, ela é produto do medo. Ou da falta de originalidade. Ou, às vezes, apenas do simples cansaço. Uma coerência orientada para as visões ou para as metas é o oposto. Sua implementação e adoção muitas vezes requer uma dose discernível de coragem, de criatividade e de energia. E é apenas uma coerência baseada na visão que tem implícita uma flexibilidade de tipo produtivo, necessária para se atingir objetivos difíceis em meio a condições desafiadoras. Ser coerente neste sentido significa adotar *qualquer* comportamento que facilite consistentemente a obtenção dos nossos objetivos e que represente nossos valores nas circunstâncias nas quais nos encontramos, *pouco importando* quais elas possam ser. A princípio, a coerência da visão impede a rigidez inflexível e pouco criativa e a repetição cega de padrões de comportamento do passado. É esta coerência de visão que representa a quarta condição do sucesso.

O DESAFIO DA MUDANÇA

Vivemos num mundo de mudanças constantes. A política mundial está se modificando. A economia está se modificando. A rápida inovação tecnológica chega a ter um ritmo que provoca tonturas. As condições sociais e os padrões de estilo de vida estão constantemente registrando alterações inesperadas. Chegamos a um ponto em que é praticamente impossível imaginar quais serão as próximas novidades que cruzarão nossos caminhos.

O antigo filósofo grego Heráclito acreditava que a única constante neste mundo é a mudança. E no século XVII, o cientista e matemático Blaise Pascal certa vez declarou sua firme convicção de que estamos constantemente nos modificando, pouco importando se temos ou não consciência disso. Astutamente, ele acrescentou que, se alguma vez mudasse de opinião a respeito disto, isto seria apenas mais uma confirmação de sua crença.

As mudanças podem ser animadoras. Mas elas também podem ser perturbadoras e inquietantes. Podem até ser ameaçadoras. Principalmente as mudanças que ocorrem de forma inesperada ou indesejada. O escritor britânico Matthew Arnold declarou certa vez: "A mudança desfaz o tecido harmônico do ser humano." Ela pode ser motivo para grandes desorientações. A mudança pode representar um desafio e como qualquer desafio, pode ser considerada tanto um problema como uma oportunidade. Mas ela só se torna um problema quando não estamos preparados para ela. O melhor preparativo para enfrentar a mudança é um conceito claro de para onde estamos indo, uma confiança de que seremos capazes de chegar lá, uma capacidade de nos concentrarmos no que será necessário para cada um dos vários passos e uma firme resolução de sermos teimosamente coerentes na busca da nossa visão.

Quando se trata de lidar com a mudança, são muitas as pessoas que caem num ou noutro extremo. Elas, ou se comportam feito dinossauros, incapazes de se adaptarem e extinguindo-se rapidamente, ou feito camaleões, que se conformam com toda mudança sutil de tonalidade que encontram, de modo que sua única característica distintiva passa a ser uma capacidade de "acompanhar o fluxo". Para sobreviver e florescer com algo distinto e diferente que possa ser oferecido ao mundo, precisamos enfrentar as mudanças à nossa volta com uma firmeza flexível. Precisamos ser firmes nos compromissos mas flexíveis nos métodos. Caso contrário, nas nossas tentativas de singrar pelos mares do sucesso, naufragaremos assim que a primeira turbulência mais séria cruzar nosso caminho. Certa firmeza nos compromissos nos fornece um mapa capaz de nos servir de orientação, mas certa flexibilidade de método nos propicia a capacidade de contornar quaisquer obstáculos que porventura encontremos ao longo do caminho.

Em diversos contextos empresariais, certo medo de mudanças pode se tornar paralisante e autodestrutivo. Uma insistência em continuar fazendo todas as coisas pelo método antigo, uma teimosa recusa a qualquer tipo de adaptação, pode acarretar, em circunstâncias que envolvem uma mudança, um tipo de constância mais conhecido como "estagnação". Por vezes, esse tipo de problema pode ser o resultado de uma situação de liderança que o economista John Kenneth Galbraith certa vez caracterizou como "os delicados conduzindo os delicados". Atualmente, quase todos os líderes enfrentam um caleidoscópio de possibilidades e de realidades imprevisíveis numa base regular. Novas condições, novos problemas e uma profusão de novas técnicas para se lidar com esses problemas aparecem numa freqüência cada vez maior. Realmente, faz pouco sentido esperar que este ano a maior parte das coisas deva ser feita exatamente como no ano passado. Uma decisão que era válida há seis meses pode precisar ser invertida hoje. Desde que as pessoas numa posição de liderança consigam se ater a alguns princípios fundamentais, capazes de guiar suas adaptações a estas condições em modificação constante, e desde que comuniquem claramente e regularmente este compromisso às pessoas que lideram, torna-se muito mais fácil para todos que trabalham neste lugar enfrentar a ansiedade que a mudança cria naturalmente, avançando para novas estratégias produtivas que os mantenham numa trajetória em direção às metas comuns a todos.

> Nenhuma pessoa bem-informada jamais acusou outra de inconsistência por ter mudado de opinião. *Cícero*

Tempos de mudança exigem uma liderança criativa e dinâmica. Mas eles também exigem uma direção responsável. Para encontrar o nosso caminho em meio a tempos de mudança precisamos de equilíbrio e também de um claro senso da direção para onde estamos indo. A coerência de visão que estou recomendando e mencionando como quarta condição de sucesso talvez possa ser mais bem compreendida como a atitude ou tendência comportamental de uma firmeza flexível. Trata-se de uma forma de se ajustar a mudanças tremendas, ao mesmo tempo que se continua mantendo algo imutável. A mudança é mais assustadora e perturbadora para as pessoas quando elas não dispõem de um terreno firme sob seus pés, quando não têm metas determinadas que continuem querendo alcançar, ou valores e compromissos profundos que sirvam como arcabouço para uma reação de sucesso e de enriquecimento a esta mudança. Uma firmeza flexível nos permitirá aproveitar ao máximo as mudanças que encontrarmos pela frente. Uma coerência criativa de visão é o que necessitamos.

INCOERÊNCIA PERSISTENTE:
DIAGNÓSTICO E CURA

O tipo correto de coerência é uma condição importante para o sucesso. A menor das inconsistências é capaz de absorver uma parte da nossa energia, diminuindo qualquer impulso que tenhamos conseguido à medida que avançamos em direção aos nossos objetivos; também é algo que sutilmente causa uma erosão no nível de comprometimento que temos com relação à visão por nós adotada. E tudo isso é bastante fácil de compreender. Um ato incoerente claramente é um ato que não está em harmonia com o sentido dos nossos compromissos. Ele traz consigo uma dose de desordem para nossas vidas. Neste caso, por que agimos de forma incoerente? Como é que a incoerência consegue se estabelecer no nosso comportamento?

Isso acontece de várias formas. Em primeiro lugar, sem sequer termos percebido isto, é possível que tenhamos determinado metas e objetivos incoerentes. Algumas de nossas metas profissionais, por exemplo, podem representar profundos conflitos com um ou mais dos nossos objetivos familiares ou pessoais. É extremamente fácil criar compartimentos estanques em nossas vidas. E isso também pode ser extremamente perigoso. Um conjunto de valores no trabalho e outro conjunto radicalmente diferente em casa é uma receita infalível para a criação de problemas. Mas mesmo quando os nossos valores não são colocados em compartimentos diferentes, isso muitas vezes é feito quanto à consciência das conseqüências. Se você pensar a respeito do seu trabalho apenas dentro dos horizontes do escritório, dos seus colegas e da sua carreira, é muito fácil adotar metas ou até optar por objetivos cujas conseqüências você nem imagina para a sua vida familiar. Conflitos e inconsistência podem facilmente resultar disso.

Pode simplesmente ser impossível conseguir uma grande promoção em dois anos ou escrever um livro em seis meses e, ao mesmo tempo, participar de atividades regulares de estudo e dos acontecimentos familiares na companhia dos seus filhos. É preciso que você tenha de repensar suas metas, ou as programações para atingir esses objetivos, ou as estratégias que adotou para chegar aonde quer chegar. Mesmo nos casos em que não haja nenhuma incompatibilidade inerente entre duas metas, uma compartimentação do raciocínio às vezes pode levar à adoção de prazos, de métodos ou de estratégias que se excluem mutuamente. O sucesso vem da força. A força vem da harmonia. E a harmonia requer certa coerência em todas as coisas. Para atingir o tipo de profunda harmonia de vida que necessitamos entre todas as nossas atividades, precisamos nos esforçar para conseguir uma perspectiva global, abrangendo todas as facetas de nossa vida, resistindo às tentações de compartimentar à medida que formos determinando nossas metas e escolhendo os caminhos a serem adotados para atingir estes objetivos.

> Componha harmonias divinas, mas que sejam sempre novas.
> *Percy Bysshe Shelley*

A incoerência também pode entrar na nossa vida por impulso. Um desejo repentino, uma grande vontade se apossa de nós e nos desvia da rota programada. Normalmente não vemos a aproximação destas coisas, somos cegos para os acontecimentos laterais. Ou então vemos sua aproximação e mesmo assim somos atraídos. Não resta a menor dúvida de que podemos sentir desejos repentinos, intensos e passageiros, que são incoerentes com relação aos nossos valores, aos nossos compromissos e às nossas metas pessoais. E podemos agir em função deles. Essa é uma das maneiras mais comuns pelas quais a incoerência pode aparecer na nossa vida.

E, ironicamente, a incoerência da visão pode resultar daquele tipo de coerência cega, teimosa e repetitiva que já caracterizei anteriormente como sequer merecendo esse nome. Uma forma de comportamento pode ser coerente no melhor sentido com nossos valores, objetivos e comprometimentos num determinado conjunto de circunstâncias. Mas, se essas circunstâncias se modificam e nós não acompanhamos essa mudança, o mesmo comportamento pode se tornar incoerente com respeito às nossas intenções fundamentais. A desatenção às condições de mudanças ou a inflexibilidade em enfrentar estas mudanças pode igualmente provocar uma incoerência do tipo mais importante em nossa vida.

Nunca se deve ignorar pequenas incoerências, achar que elas não são importantes. As incoerências sempre são importantes. Mas na maioria das vezes, atos isolados de incoerência podem ser facilmente superados. Até mesmo um conjunto de ações não sincronizadas com a nossa visão geral geralmente pode ser compreendido e compensado sem grande dificuldade. Mas o que se torna muito mais problemático no caminho em direção ao sucesso é um padrão persistente de incoerência que às vezes pode se desenvolver e causar grandes danos às perspectivas gerais de sucesso de uma pessoa. Este é o pior tipo de incoerência que podemos enfrentar, pouco importando qual possa ser sua origem em nossa experiência. E vale a pena um pouco de reflexão a mais para conseguir um melhor domínio dos motivos pelos quais chegamos a nos deparar com esses tipos de danos causados a nós mesmos no decorrer do percurso que fazemos em nossa vida.

> Errar faz parte da natureza de todo ser humano; mas apenas os tolos persistem nos erros.
> *Cícero*

Como podemos compreender as incoerências persistentes na nossa vida? Por que continuamos adotando comportamentos autodestrutivos? Há pouco tempo, uma administradora de uma grande organização de serviços me telefonou a respeito da possibilidade de eu fazer uma palestra a todos os seus funcionários e executivos a respeito do sucesso institucional e pessoal. Depois de me fornecer alguns detalhes quanto ao tipo de palestra que imaginava, ela disse algo que me surpreendeu. Ela explicou que já tinha muitas vezes contratado grandes oradores do país para palestras e que em todas essas ocasiões todos os participantes aproveitaram muito, mas que, no dia seguinte, as coisas continuavam acontecendo exatamente como antes. A empresa estava com sérios problemas, disse ela, problemas relacionados com o comportamento interno e com práticas incoerentes com respeito a valores e políticas professadas, problemas que persistiam apesar de toda a ajuda de alto gabarito que estavam trazendo para educar e motivar os funcionários.

Eu disse: "Vocês chamaram todos estes grandes oradores do país inteiro para que ajudassem a resolver esses problemas e *nada* se modificou?"

"Bem", disse ela refletindo um pouco, antes de acrescentar, "nosso vocabulário costuma mudar. Aprendemos o jargão que está mais em moda – os mantras modernos da administração empresarial. Depois de uma palestra especialmente animadora todos os nossos vice-presidentes passam a caminhar pelos corredores entoando coisas como: 'Serviço, serviço... Qualidade, qualidade, qualidade... Liderança... Autorização....' mas ninguém *faz* nada diferente. Nunca chegamos a abordar os verdadeiros problemas. E eu gostaria muito de saber os motivos disso tudo."

Tive a impressão de que ela estava querendo se convencer a não me convidar para a tal palestra. De que adiantaria, se nenhum dos oradores nunca havia conseguido realizar qualquer coisa palpável e benéfica? Mas eu estava resolvido a fazer algo de bom. Eu sempre me sinto comprometido a fazer a diferença que conta.

No decorrer dos dias seguintes, assumi o desafio de descobrir o que estava acontecendo de errado e que todos os outros oradores não tinham conseguido abordar. Mais especificamente, o que faz com que esses tipos de comportamento e de práticas incoerentes persistam numa organização ou numa vida individual? Como é que o comportamento autodestrutivo ou derrotista pode continuar constantemente? Por que não modificamos coisas que precisam ser mudadas e que precisariam ter sido mudadas há muito tempo?

Gosto de ser filósofo. O desafio que impus a mim mesmo neste caso era difícil. O problema da incoerência permanente é assustador. Por que continuamos agindo com uma mulher, um filho, um pai ou um colega de uma forma que não nos leva a lugar nenhum? Por que persistimos em práticas que, na verdade, contribuem para a erosão daquilo que queremos? Por que insistimos em fazer as coisas da velha maneira quando uma maneira nova e melhor está à nossa disposição? O que eu mais gosto na minha profissão é o fato de que freqüentemente posso pegar um problema profundo e preocupante como este e, depois de uma análise cuidadosa, descobrir que há uma solução extremamente simples para ele. Este problema me ocupou durante dois dias. Consegui captar a simples verdade relativa a este problema naquilo que passei a chamar de *O Arcabouço dos Cinco "I"s para a Mudança Positiva*. Trata-se de um pequeno esquema para todas as fontes e soluções possíveis para a incoerência persistente. Através de seus diagnósticos e de suas receitas, podemos facilmente ver como fazer as mudanças positivas que são necessárias para nos libertar dos comportamentos incoerentes mais arraigados que impedem o nosso progresso.

Quero gastar um pouco de tempo para explicar mais os componentes básicos desse esquema. Uma compreensão completa dele permitirá que todos nós o apliquemos na nossa vida com grande vantagem, tanto pessoal como profissional. Primeiro o diagnóstico e, depois, a cura.

Há apenas três causas possíveis para a incoerência persistente em nossa vida, pouco importando qual possa ser o comportamento. As possibilidades são apenas três. Em primeiro lugar, e de forma mais óbvia, existe a:

IGNORÂNCIA

Nós não sabemos que existe um problema. Ele pode ser óbvio para todos os demais, mas até agora nem sequer a sua mera possibilidade nos ocorreu. Não fazemos a menor idéia.

131

Ou, então, percebemos que um problema *existe*, mas ainda não sabemos *o que ele é* exatamente. Alguma coisa está errada. Isto é algo que podemos sentir. Mas não conseguimos arriscar um diagnóstico. Sentimos sua existência, mas não conseguimos defini-lo de forma mais específica. Freqüentemente, somos sujeitos a esse tipo de ignorância. Uma ignorância relativa. Sabemos que estamos diante de algum tipo de problema, mas simplesmente não temos dados suficientes para identificá-lo e, muito menos, para começar a solucioná-lo. Quase todos ficamos nessa situação quando levamos o carro ao mecânico ou nosso corpo ao médico. "Alguma coisa está errada; tenho a certeza disso. Ele está fazendo um barulho estranho." Esperamos ouvir as palavras do especialista, que nos forneçam um diagnóstico e um tratamento.

> Não tenho vergonha de confessar que sou ignorante quanto às coisas que não sei. *Cícero*

Às vezes, podemos saber que *temos* um problema, saber *qual* é o problema e, mesmo assim, continuar totalmente ignorantes quanto às maneiras de colocar nossas ações em harmonia coerente com as nossas metas e valores. Nós nos sentimos presos numa forma de incoerência; sabemos disto e não conseguimos encontrar uma saída.

Alguma vez você já se sentiu preso numa situação claramente não sincronizada com a direção que desejava para a sua vida? Quando eu estava fazendo o curso de pós-graduação, minha mulher e eu morávamos nos espaçosos alojamentos dos empregados de uma casa enorme nas colinas nos arredores de New Haven, no Estado de Connecticut. A casa estava situada num imenso terreno de 30 ou 40 acres, com cavalos e com uma excelente quadra de tênis atrás da casa principal. Um ambiente extravagante para um pobre estudante. Nós tínhamos muita sorte com nossa situação. Mas possuíamos um cachorro com um talento todo especial para se envolver em situações desastradas. Era um *pointer* alemão de pêlo curto. Ou quase. Quando era um filhote, tive a impressão errada de que se tratava de um animal extremamente inteligente. Como cão sem dono, mais ou menos com oito semanas de idade, ele conseguiu ingressar em Yale, onde tinha se afeiçoado a um teólogo inglês e, graças a esta mediação internacional, acabou encontrando o caminho para nossa casa de campo, onde podia viver num estilo mais condizente com sua raça. Num capítulo anterior já mencionei esse cachorro; era ele que atendia pelo nome de Roo, o personagem de *Winnie-the-Pooh*.

Bem, certo dia, minutos depois de ter deixado que Roo saísse de casa, ouvi seus latidos estridentes e ruídos estranhos que pareciam ser ganidos de dor. Esses sons terríveis estavam vindo de um lugar bastante distante da casa, onde uma velha estrada passava ao lado da propriedade. Assim que ouvi aquilo, tive a certeza de que Roo havia sido atropelado por um carro. Correndo, dei a volta na casa, subi um morro em meio a um pomar, cruzei um pasto e, de repente, parei, não conseguindo acreditar no que via. O cachorro estava em ótimas condições. Ele simplesmente estava preso dentro da quadra cercada de tênis e entrou numa situação de pânico. Freneticamente, ele corria de um lado para outro numa extremidade mais perto da casa, arranhando o focinho no alambrado e latindo e ganindo com toda a força dos seus pulmões. Fiquei parado durante alguns instantes, observando o espetáculo. Era óbvio que ele estava tão fora de si quanto é possível a um cachorro. Desesperado, querendo escapar daquela prisão inesperada, ele estava com toda a sua atenção voltada àquela única parte do alambrado. Ele corria de um lado para o outro, de ponta a ponta, arranhando, latindo, ganindo – basicamente, ele estava ficando cada vez mais transtornado. Ficou evidente para mim que eu tinha em minhas mãos um animal extremamente nervoso e que ele não era tão inteligente quanto o seu ambiente de Yale permitiria supor. A quadra era cercada apenas de três lados. A extremidade oposta ao lado pelo qual ele (que daí por diante passou a ser conhecido como Roo, o Houdini dos cães) insistia em querer sair era totalmente aberta. Havia uma solução fácil para que ele saísse da situação em que se encontrava, desde que tivesse se acalmado um pouco, olhado em volta e saído pelo outro lado.

Quantas vezes achamos que estamos presos, encalhados irremediavelmente em alguma situação? Quantas vezes nos vemos atados a algum comportamento persistente e repetitivo, claramente incompatível com nossos verdadeiros objetivos, sabendo perfeitamente que não estamos indo a lugar nenhum, quando há alguma saída fácil, desde que parássemos, nos acalmássemos um pouco, nos voltássemos para o outro lado e abríssemos os olhos? Nosso pobre cachorro estava totalmente ignorante de como o seu comportamento deveria ter sido modificado na ocasião para conseguir uma consistência com seu objetivo a curto prazo que era o de escapar de lá e recuperar sua liberdade. E, na nossa vida, tal como na vida dele, a ignorância na maior parte das vezes é uma prisão. Persistimos com comportamentos derroristas pelo simples motivo de não conhecermos uma saída.

A administradora que me telefonou e apresentou o desafio de descobrir as causas da inconsistência persistente parecia estar bastante consciente do fato de que sua empresa enfrentava problemas, e ela até foi capaz de me explicar quais eles eram. Ela também me disse que isso era algo bastante conhecido na empresa. Ela parecia até saber como as coisas deveriam se modificar. E, segundo me disse, outras pessoas na empresa também sabiam muito bem disso tudo. Mas o problema estava no fato de que ninguém fazia as mudanças que precisavam ser feitas. Se ela estivesse certa, o comportamento derrotista e as práticas incoerentes na sua empresa não estavam sendo cometidos por ignorância. Devia existir outra causa.

Realmente, existe uma segunda causa possível. Uma coisa completamente diferente:

INDIFERENÇA

Gosto muito da distinção que foi feita certa vez numa sala de aula, quando um professor perguntou a um aluno muito inteligente, mas também bastante rebelde: "Bob, qual é a diferença entre ignorância e indiferença?"

O garoto deu de ombros e respondeu: "Não sei e não quero saber."

"Excelente! É exatamente isso", aplaudiu o mestre. "Ignorância é 'não sei' e indiferença é 'não me importo'."

Obviamente, a indiferença, ao contrário da ignorância, é uma atitude. Quase seria possível dizer que é a atitude de quem não tem uma atitude. Com mais exatidão é uma atitude de não se importar realmente com o assunto. Uma falta de preocupação. Uma neutralidade emocional. Algo morto do ponto de vista da motivação. O principal expoente da geração *beat*, Jack Kerouac, freqüentemente é citado por ter afirmado: "Não sei. Não me importo. E não faz qualquer diferença." Parece uma daquelas frases coladas em adesivos nos pára-brisas dos carros. Já conheci várias pessoas que poderiam usar este lema na lapela, pouco importando para onde vão ou o que estejam fazendo.

A indiferença é uma atitude que muitas vezes se torna motivo de piadas e de brincadeiras. Recentemente, comentando assuntos atuais, um analista político disse: "A nação está envolvida numa atitude de apatia. Mas quem se importa?" É divertido. Mas a indiferença pode ser um assunto muito sério. Problemas de comportamento incoerente, derrotista ou autodestrutivo podem ser perpetuados em nossa vida porque, apesar de termos plena consciência de que não estamos fazendo o que deveríamos fazer, ou de que estamos fazendo o que não deveríamos, considerando nossos comprometimentos e objetivos, e até mesmo estando conscientes de como poderíamos fazer as mudanças necessárias, nós simplesmente não nos importamos. E quando este é o caso, isto significa que as metas e objetivos que temos não conseguem exercer um domínio sobre nós. Esses comprometimentos não criam raízes no fundo dos nossos corações.

Mas, voltando à história inicial, a administradora cujo telefonema ensejou minhas reflexões obviamente se importava com os problemas a longo prazo que enunciou para mim. E, segundo ela, outras pessoas na empresa também se importavam. Eles não estavam indiferentes aos problemas. Mas, se não ignoravam os problemas, se não eram indiferentes a eles, que outra razão possível poderia haver para os comportamentos incoerentes que continuavam reinando na empresa? Que outra causa seria capaz de perpetuar esses problemas em nossa vida? Há apenas uma única outra possibilidade:

INÉRCIA

A força do hábito. Estamos presos a uma rotina e não conseguimos escapar dela.

Na física, o princípio da inércia é muito simples. Um objeto em movimento tende a continuar em movimento, e como minha mulher certamente estaria preparada para jurar num sábado pela manhã, um objeto em repouso tende a permanecer em repouso. Na vida humana, a inércia equivale ao peso do hábito. Comportamentos repetidos se tornam padrões de vida. E quando são improdutivos e derrotistas, os comportamentos repetidos podem se transformar num tipo de morte.

Albert Einstein, um homem que não media palavras quando julgava essa atitude apropriada, declarou certa vez que "como qualquer outro animal, o homem é indolente. Se nada o incentivar, ele dificilmente irá pensar e se comportará a partir dos hábitos, feito um autômato".

O filósofo George Santayana, após refletir muito sobre este mesmo assunto, chegou à conclusão de que "o hábito é mais forte do que a razão". E, na minha opinião, seu raciocínio está certo. O poder e a difusão do hábito na vida humana são coisas realmente espantosas.

> Semeie um ato e colherá um hábito,
> Semeie um hábito e colherá um caráter,
> Semeie um caráter e colherá um destino.
>
> *Charles Reade*

Precisamos de hábitos. Dependemos deles. Possivelmente não conseguiríamos viver sem eles. A vida seria complicada demais se tivéssemos de refletir e de tomar decisões explícitas relativas a todas as coisas que fazemos. Fico muito contente pelo fato de normalmente não ter de pensar se devo ou não apagar a luz quando saio de um quarto onde estive sozinho à noite. É uma coisa automática. Eu não preciso pensar em como usar os talheres a cada refeição que faço. Não preciso decidir todas as manhãs que sapato vou calçar primeiro. É um hábito. Uma grande parte das coisas que faço são hábitos. Quando fizemos alguma coisa com sucesso e a repetimos várias vezes, ela naturalmente se transforma num hábito. Assim que aparecem as condições corretas que deflagram o hábito, podemos agir sem ter de refletir cuidadosamente a respeito do que estamos fazendo. E na maior parte das vezes, é muito bom que seja assim. Não sei quanto a você, mas eu disponho apenas de uma quantidade limitada de energia mental para gastar. Um excesso de pensamentos pode provocar desgastes até mesmo num bom filósofo.

Eu gostaria de dar um exemplo bem claro de como o hábito funciona na nossa vida. Se você nasceu e foi criado neste país, é altamente provável que, ao chegar num cruzamento, antes de atravessar a rua movimentada, você olhe primeiro para a esquerda e depois para a direita. Você não pára e diz a si mesmo: "Vejamos. Eu estou aqui numa rua. Nasci e fui criado neste país, onde, segundo as regras de trânsito, o fluxo dos carros normalmente é primeiro da esquerda para a direita, a não ser que seja uma rua de mão única. Esta parece ser uma rua normal, com trânsito nas duas direções. Portanto, antes de sair da calçada, provavelmente deveria olhar primeiro para a esquerda e depois para a direita." Pelo menos, espero que você não se submeta normalmente a esse tipo de diálogo interior e de deliberação. Você simplesmente olha para a esquerda e depois para a direita. Sem sequer pensar no que está fazendo. Por hábito.

E, de uma maneira geral, esse é um bom hábito para se ter, a não ser, por exemplo, quando você vai à Inglaterra, onde o fluxo do trânsito é o contrário. Amigos me contaram que foi somente em Londres, onde quase tiveram suas cabeças decepadas por ônibus em alta velocidade e que eles não tinham visto com antecedência, que se conscientizaram do hábito de olhar "primeiro para a esquerda depois para a direita". Um hábito que lhes servira muito bem em muitas circunstâncias, quase causou a morte deles em outras. Os hábitos podem funcionar assim. Alguns hábitos que eram bons no passado podem dar origem a ações incoerentes quando os tempos e as situações são diferentes.

Você trabalha num escritório onde as coisas são feitas de uma determinada maneira que não faz mais sentido atualmente? Você tem quaisquer hábitos familiares ou padrões pessoais de comportamento que outrora cumpriam uma finalidade, mas que não o fazem mais? A tradição, às vezes pode ser uma coisa muito boa. Desde que sirva a um propósito saudável. Mas quanto a um hábito que se tornou ruim, ou quanto a um hábito que nunca chegou a ser bom, pouco de positivo pode ser dito.

Numa pequena cidade do Estado de Indiana existe uma árvore conhecida como "A Árvore dos Sapatos". Certa vez, vi uma fotografia dela na primeira página do jornal *South Bend Tribune*. Trata-se de uma árvore enorme e muito antiga, com milhares de sapatos pendurados pelos cordões nos seus galhos. Um repórter do jornal ficou sabendo da existência dessa árvore estranha e foi pesquisar sua história. Aparentemente, sempre que alguém na cidade resolve aposentar sapatos velhos, eles são amarrados um no outro e pendurados nos galhos da tal árvore. E quando lhes perguntaram por que faziam isto, todos os moradores entrevistados simplesmente responderam: "Nós sempre fizemos assim." Ninguém sabia explicar os motivos desse comportamento, digamos, bizarro.

Todos nós somos criaturas de hábitos. E temos hábitos de todos os tipos. Alguma coisa desse tipo já aconteceu com você? Minha mulher, freqüentemente, pede que eu vá fazer algumas compras no supermercado, situado a aproximadamente uma milha de minha casa, na direção leste. Meu trabalho em Notre Dame fica a duas milhas na direção oposta. Eu pego a lista de compras, entro no carro, saio da garagem e vou. Não tenho certeza do que minha mente consciente faz. Não sei a respeito do que estou pensando, mas a primeira coisa que percebo quando "volto a mim", é que estou entrando no estacionamento de Notre Dame. Ou seja, percorri duas milhas na direção errada, numa movimentada avenida de quatro pistas, passando por vários semáforos, e a minha mente consciente aparentemente estava de folga. Isto me preocupa. Mas o que me preocupa ainda mais é a certeza que muitos dos outros motoristas que estavam comigo naquela avenida movimentada certamente estão agora em outras partes da cidade, "voltando a si". Como é que conseguimos fazer estas coisas? E sem deixar as ruas e avenidas repletas de carros acidentados?

Funcionamos no piloto automático. Durante esses episódios automobilísticos e também em muitas outras situações. Usamos o controle de navegação da mente. Isso é apenas uma indicação do poder e da difusão universal dos hábitos na vida humana. Tenho a certeza de que você deve ter suas próprias histórias para exemplificar esta situação.

O hábito é uma segunda natureza. *Michel de Montaigne*

Passei a acreditar que o hábito é o segundo poder natural mais forte na vida humana. Ele é tão potente assim. É por isso que os hábitos ruins são tão difíceis de serem abandonados. O poder da inércia é enorme. Quando temos hábitos derrotistas ou autodestrutivos, quando descobrimos que estamos nos maltratando com padrões de comportamento incompatíveis com os nossos valores e com os nossos objetivos, com a melhor visão que temos para nossa vida, freqüentemente passamos por uma frustração e uma sensação de impotência, sentindo-nos incapacitados de fazer qualquer mudança. E isso pode ser desagradável, por representar um desafio extremo. No entanto, nunca somos impotentes. Nunca deixamos de ter outras opções.

Estou firmemente convencido de que existe na vida humana um poder natural mais forte que o hábito. É a imaginação. Tipicamente, temos o poder de derrotar a inércia e de sair da rotina de um hábito ruim profundamente arraigado só quando, de algum modo, colocamos a nossa imaginação em funcionamento. O poder da imaginação é capaz de nos tirar dessa situação. Ele pode romper com o hábito. Mas, para nos livrarmos inteiramente de qualquer comportamento habitualmente incoerente, precisamos combater o hábito nos seus próprios termos. Precisamos substituir hábitos ruins por hábitos bons. Precisamos nos habituar a agir de forma diferente. No que diz respeito aos hábitos, uma erradicação total e permanente na maioria das vezes exige uma substituição. Um novo comportamento, adotado repetidas vezes e com sucesso, acaba substituindo o comportamento antigo que estava impedindo o nosso progresso.

> Um prego pode ser arrancado com outro prego; um hábito é superado por outro hábito. *Erasmo*

Esta é uma observação muito importante. Existe um nível do nosso ser que requer hábitos. Se conservamos um hábito antigo e não o substituímos por uma alternativa mais saudável e sensata, há uma forte probabilidade de que acabemos voltando à velha incoerência depois de algum tempo. Sempre que acabamos com um velho hábito, criamos um vácuo. E neste setor, a natureza realmente abomina o vácuo. Precisamos de hábitos novos e melhores. Só a nós cabe determinar quais serão os novos comportamentos, desde que tomemos a iniciativa e adotemos uma estratégia imediata e deliberada de substituição.

Todos conhecemos histórias de antigos fumantes que durante anos tentaram abandonar o cigarro e que conseguiram fazer isto por um dia, uma semana ou mais, apenas para depois voltarem a fumar: um sucesso a curto prazo seguido por um fracasso. A derrapada para o velho hábito. E, depois, essas pessoas sofreram um enfarte ou perderam um pulmão por causa do câncer e abandonaram definitivamente o cigarro.

Na maior parte dos casos, todas essas tentativas fracassadas foram feitas tomando por base apenas a razão e a força de vontade. Por causa de uma reportagem numa revista, de um panfleto no consultório médico ou dos conselhos de um amigo, essas pessoas compreenderam a totalidade das implicações negativas para a saúde inerentes ao hábito de fumar. O bom senso lhes disse para que parassem. E com um pouco de força de vontade, elas tentaram. Mas a razão e a força de vontade, sozinhas, não foram suficientes para garantir um sucesso a longo prazo. Muitos fumantes conhecem todas as estatísticas e todos os fatos a respeito do que estão fazendo consigo mesmos. Mas, sozinho, o bom senso não consegue ativar a quantidade de força de vontade que seria necessária para que eles, pelo menos, fizessem uma tentativa mais séria.

Por que os que sobreviveram ao enfarte e ao câncer freqüentemente conseguem sucesso onde tantos fracassam ? É simples. A catástrofe colocou sua imaginação em funcionamento. A séria crise médica acionou seus poderes latentes de visão interior. A possibilidade de morrer se tornou real para estas pessoas. De repente, o futuro do seu comportamento autodestrutivo se tornou mais claro e intenso na sua imaginação. E com o poder da imaginação em funcionamento, elas foram capazes de romper com hábitos há muito tempo estabelecidos.

Não é exatamente assim que agimos muitas vezes? Persistimos em algum comportamento incoerente ou autodestrutivo até nos depararmos com uma crise. Um cônjuge nos abandona ou ameaça fazer isso. Um sócio é investigado pelas autoridades. Um homem é preso. Um amigo morre na prática de um esporte perigoso. Um importante cliente resolve trabalhar com a concorrência. Um comportamento nocivo à saúde resulta numa doença terrível. Ou então, de repente, surge a ameaça concreta e real de uma doença assim. Então, repentinamente, o comportamento se modifica. Os padrões são rompidos. Os hábitos são superados. Mas só quando a crise finalmente conseguiu excitar a imaginação, colocá-la em andamento, incendiá-la.

A raça humana é governada pela imaginação. *Napoleão Bonaparte*

A notícia ruim nisto tudo é que muitos de nós permitimos que a incoerência persista até que nos deparemos com seus resultados desastrosos. O lado bom está em saber que as coisas não precisam ser assim. A crise ou a catástrofe ou o desastre só conseguem romper nossa inércia ativando a imaginação e, através dela, também nossas emoções. Isto é suficiente para provocar uma inundação de força de vontade, suficientemente forte para varrer qualquer coisa que encontrar pela frente. A notícia boa é saber que não precisamos esperar que uma crise se encarregue de fazer isto. Nós mesmos somos capazes de ativar a imaginação num esforço para estabelecer uma coerência apropriada na nossa vida. Mesmo quando não temos o poder de modificar diretamente, temos o poder de mudar nossos pensamentos. Se começarmos a pensar sobre os prováveis efeitos do nosso comportamento de uma maneira clara e intensa, se começarmos a imaginar da forma mais intensa possível as inevitáveis conseqüências negativas dos nossos comportamentos incoerentes, podemos acionar diretamente a nossa imaginação, que, por sua vez, irá despertar nossas emoções e, com a ajuda delas, ampliar muitas vezes a pequena dose de força de vontade usada inicialmente para redirecionar nossos pensamentos, fazendo com que ela se transforme numa potência irresistível, capaz de romper decisivamente com a inércia e com a prisão formada pelos nossos hábitos derrotistas e contraproducentes.

> Ninguém que vive em erro está livre. *Epicteto*

Alguns hábitos perniciosos são reforçados pela dependência química do corpo, resultando no que podemos chamar de um verdadeiro vício. Quando há esse acréscimo adicional a um padrão de comportamento incoerente ou destrutivo, podemos precisar da ajuda de um médico nos nossos esforços para mudar. Mas médico nenhum é capaz de curar um hábito nosso. Qualquer ajuda física da qual possamos necessitar, no melhor dos casos, cuidará do lado físico ou químico da dependência durante algum tempo, de forma que possamos cuidar do resto. Em última análise, o sucesso depende de nós. Esta verdade, simultaneamente, é libertadora e provoca uma grande sobriedade em nós.

Obviamente, o peso do hábito pode ser ampliado ainda mais por várias atitudes e emoções. Por que continuo fazendo as coisas da mesma maneira ultrapassada, mesmo sabendo que estou sendo incoerente em termos dos meus verdadeiros valores ou com relação aos meus objetivos pretendidos, considerando-se as atuais circunstâncias? E mesmo me importando com tudo isso? É possível que eu esteja me sentindo excessivamente à vontade com estes velhos padrões para modificá-los com facilidade. Talvez eu seja preguiçoso demais, indolente. Posso ter medo de tentar algo novo e fracassar. Mas com um conceito bastante ponderado do que quero, em comparação com o rumo que tomam os meus atuais pensamentos e ações, com o tipo certo de confiança saudável de que as mesmas condições de sucesso que ajudam os outros podem ajudar a mim também, com uma concentração no que é necessário para romper com os padrões e conservar-me assim, posso agir de maneira decisiva para superar todo o peso da inércia e estabelecer uma nova consistência em minha vida.

Quero agora citar um trecho mais longo escrito por Epicteto, o influente filósofo do século I de nossa era, tratando justamente da questão do hábito. Em seus *Diálogos*, ele afirma:

> Cada hábito e cada faculdade é mantida e ampliada pelas ações correspondentes: o hábito de andar, andando, o de correr, correndo. Se você quiser ser um bom leitor, leia; se quiser escrever, escreva. Mas caso você não leia durante trinta dias seguidos, você terá feito outras coisas e conhecerá a conseqüência. Da mesma forma, se ficou deitado dez dias, quando levantar e tentar fazer uma longa caminhada, perceberá que suas pernas enfraqueceram. De uma maneira geral, se quiser transformar algo num hábito, faça-o; se não quiser que seja um hábito, não o faça, mas acostume-se a fazer outra coisa no seu lugar.
>
> O mesmo ocorre quanto às paixões da alma: quando você se irritou, precisa saber não apenas que esse mal se apossou do seu ser, mas também que você aumentou o hábito, lançando mais lenha ainda na fogueira.

Mais adiante, ele conclui o raciocínio com o seguinte exemplo:

> Portanto, se você não quiser ter um temperamento irritadiço, não alimente o hábito: não faça nada que possa aumentá-lo; inicialmente, fique calmo e conte os dias nos quais não se irritou. Eu costumava sentir a paixão todos os dias; agora apenas a cada dois dias, depois a cada três e a cada quatro. Mas se tiver conseguido interromper por trinta dias, faça um sacrifício aos deuses. Pois um hábito inicialmente deve ser primeiro enfraquecido e somente depois disto pode ser totalmente destruído.

Nós *podemos* assumir o controle da nossa vida, do que fazemos e mesmo de como nos sentimos. Como ex-escravo, que tinha vivido em circunstâncias muito difíceis, Epicteto compreendeu que podemos dominar tudo sobre o que temos um pequeno controle, e que este domínio interior pode ter grandes resultados para nossa vida. Ele também compreendeu que a vida interior, ou seja, a vida de atitudes, paixões, pensamentos e sentimentos, é de importância crucial para a maneira como vivemos e para o que somos capazes de alcançar. Às vezes, já é bastante difícil identificar e lidar com a incoerência nas nossas ações exteriores. No entanto, bem mais difícil para a grande maioria das pessoas é controlar a incoerência de nossa vida interior. O exemplo da raiva e da irritação foi muito bem escolhido por Epicteto. Uma disposição para vivenciar e expressar com facilidade e freqüência sentimentos de raiva e de irritação é um dos obstáculos mais comuns para um progresso apropriado na vida. Não que tenhamos de concluir necessariamente que haja algo de inerentemente errado com a raiva ou com quase todos os outros estados interiores que podemos vivenciar. É apenas que essa emoção, como tantas outras, pode nos afetar de formas que sejam incompatíveis com os nossos valores, com os nossos compromissos e objetivos, se não tomarmos todo o cuidado para controlar a sua manifestação na nossa vida. Certo fracasso em perceber isso e em agir de acordo com o que percebemos impediu que muitas pessoas talentosas obtivessem o sucesso que mereciam.

O que está impedindo que você tenha uma vida de sucesso? Você pode eliminar hábitos não produtivos ou contraproducentes e estabelecer hábitos novos e úteis, que representarão uma diferença enorme. Em última análise, isto cabe única e exclusivamente a você. Você pode superar qualquer obstáculo relativo à incoerência em suas atitudes, com o qual se deparar, tanto interna quanto externamente. Desde que faça alguma coisa. Desde que assuma o controle. Desde que se esforce o suficiente. Portanto, dê este primeiro passo. E dê este primeiro passo agora, já.

> Lembre-se de que o sucesso é a recompensa do trabalho.   *Sófocles*

Vamos rever o que já examinamos. Por que os comportamentos incoerentes, derrotistas ou autodestruidores persistem na nossa vida? Há apenas três causas possíveis:

1. A ignorância
2. A indiferença
3. A inércia

Este é um diagnóstico completo da psicologia da incoerência. A ignorância é uma questão da mente. A indiferença é uma questão do coração. A inércia é uma questão da vontade.

Para estes três estados da mente, do coração e da vontade há dois tipos de cura que, curiosamente, começam com a mesma letra:

4. Informação
5. Imaginação

Este é o restante do que eu costumo chamar de *O Arcabouço dos Cinco "I"s para a Mudança Positiva*. A solução mais simples para a ignorância é a informação. Ouça o que seus colegas, colaboradores, clientes e familiares têm a dizer. Peça conselhos profissionais. Leia. Pense. Abra os olhos. Seja honesto consigo mesmo. Estas são as curas para a ignorância.

A cura para a indiferença e para a inércia é a imaginação. Importar-se com alguma coisa não é apenas uma coisa que vivenciamos de um modo inteiramente passivo. É algo que fazemos. Com uma vívida imaginação, podemos ser impelidos a agir *como se* nos importássemos. Como nossas emoções estão ligadas tanto à imaginação como às ações, passaremos realmente a nos importar, nem que seja apenas um pouco no início. Mas depois de certo tempo surpreendentemente curto, como resultado da nossa imaginação, como resultado do novo comportamento do "faz de conta" e também do inevitável impacto da emoção sobre a emoção, perceberemos, de forma quase inevitável, que estamos realmente nos importando profundamente com as coisas. Teremos então novos hábitos de ação, de pensamentos e de sentimentos. E teremos superado a fase da inércia. Nós podemos fazer esta mudança. Temos tudo o que pode ser necessário para isto.

O Arcabouço dos Cinco "I"s pode nos ajudar a assumir o controle de nossa vida e a estabelecer o tipo constante de atitude coerente do qual necessitamos para alcançar o sucesso que mais almejamos. E ele pode ser usado para diagnosticar e para lidar com alguns dos mais difíceis problemas de longo prazo em qualquer contexto empresarial. Durante os dois dias que levei para descobrir o arcabouço e para compreender seu poder, eu me lembro que estava ficando cada vez mais ansioso pela oportunidade de compartilhá-lo com a executiva cujo telefonema e cujas perguntas me tinham levado a explorar as raízes e os remédios para a inconsistência persistente. Mas, no decorrer do processo de me contar a profundidade dos seus problemas e de detalhar os repetidos fracassos dos oradores anteriores em representar qualquer diferença real, ela aparentemente tinha se convencido a não me convidar para uma palestra, aliás, a não convidar mais ninguém com esta finalidade. Ela nunca mais voltou a ligar. O que, obviamente, parecia ser totalmente incompatível com seus objetivos aparentes. Mas é assim que as coisas acontecem. E eu nunca tive a oportunidade de lhe contar a respeito do Arcabouço dos Cinco "I"s. Mas eu lhe devo agradecimentos por ter me estimulado a desenvolver este simples instrumento de diagnóstico e de tratamento que, desde então, ajudou tantas outras organizações e indivíduos do país a descobrir como romper com os laços do comportamento incoerente derrotista a longo prazo e depois passarem a agir sem este peso rumo a uma maior excelência e ao sucesso.

UMA PALAVRA SOBRE A PERSISTÊNCIA POSITIVA

Num livro de cartas enviadas ao seu jovem filho adulto, intitulado *Mark My Words*, o empresário canadense G. Kingsley Ward escreve:

Ninguém que eu conheça conseguiu um sucesso atrás do outro sem derrotas, sem fracassos, sem desapontamentos e sem muitas frustrações ao longo do caminho. Aprender a superar estes períodos de agonia é o que separa os vencedores dos perdedores.

A maior diferença entre pessoas que conseguem sucesso num empreendimento difícil e as que não o conseguem geralmente não é o talento. Tende a ser a persistência. Como disse certa vez o filósofo Bertrand Russell: "Existem pessoas no *show business* que se tornaram grandes astros pelo simples motivo de não terem tido o bom senso de abandonar a carreira no momento em que deveriam tê-lo feito." Muitas pessoas extremamente brilhantes e talentosas desistem. Afinal, quem quer conviver com a rejeição? Quem quer enfrentar fracassos? Quem quer correr o risco de ser derrubado repetidas vezes? Isto exige certa dose de auto-estima maior do que a disponível para muitas pessoas. Mas já se disse a respeito das pessoas de muito sucesso, que elas são apenas indivíduos que se levantaram uma vez a mais do que a quantidade total de vezes que foram derrubados.

> A perseverança é um grande elemento do sucesso. Se você bater por muito tempo e com força à porta de alguém, mais cedo ou mais tarde, certamente conseguirá acordar esse alguém.
>
> *Henry Wadsworth Longfellow*

Quando nos sentimos bem com relação a nós mesmos, não nos sentimos tão mal com relação às dificuldades que surgem no meio do caminho. Não ficamos embaraçados quando tropeçamos e voltamos a nos erguer. E se passarmos a compreender a verdadeira natureza de uma vida bem-sucedida como sendo uma viagem, durante a qual muitos obstáculos terão de ser enfrentados e superados, podemos desenvolver uma atitude nova e mais positiva a respeito da persistência determinada que necessitamos para o sucesso.

As ações e os pensamentos são coerentes quando ficam lado a lado. Os compromissos são persistentes quando continuam em pé, apesar das dificuldades e da passagem do tempo. Os pepinos crescem depressa, mas você pode esmagá-los com a força da mão. Os carvalhos levam mais tempo para crescer. Se escolhemos metas e objetivos que são corretos para nós e que estão próximos do nosso coração, se a visão que temos para nós mesmos for suficientemente intensa, se podemos sentir a atração dos nossos valores e compromissos mais profundos e se podemos assumir o controle de nossa própria confiança, então podemos desenvolver o tipo de persistência determinada necessária para continuar com nossa viagem, mesmo tendo, por vezes, vontade de voltar.

Não quero ser malcompreendido neste ponto. A consistência e a persistência não exigem apenas trabalho, sem nenhum tipo de divertimento. A persistência em qualquer busca razoável a longo prazo permite períodos de descanso, de relaxamento, de descontração e de divertimentos sadios ao longo do caminho. Uma pequena compensação. Uma pausa para respirar. Uma pessoa persistente às vezes pode diminuir o seu ritmo. Mas uma pessoa persistente não irá desistir facilmente.

O Alcorão diz que "Alá está com os perseverantes". À medida que persistimos na busca de nossas metas, estabelecemos novos hábitos, novos padrões de pensamento e de ação, no fundo de nossa personalidade. O desenvolvimento desses hábitos permite a libertação da energia para atingir metas mais elevadas, para ir mais além, para nos aprofundarmos mais e para fazermos mais. De certa forma, Alá realmente está com quem persevera. A energia do universo pode ser manifestada através da persistência determinada de um ser humano numa busca que valha a pena.

Lucrécio, um antigo poeta romano, certa vez comentou acerca do poder da persistência nos envolvimentos, chamando a atenção para a energia latente até mesmo em gotículas de água, comentando que "pingo por pingo, a água perfura a rocha". Com persistência, com perseverança suficiente, uma força mais fraca pode superar uma força maior. Pode ocorrer uma inversão do poder. Pode ocorrer uma transformação surpreendente.

> Grandes trabalhos são realizados, não pela força, mas pela perseverança. **Samuel Johnson**

Com uma coerência pertinaz e com determinação em persistir, administramos nosso talento e nossas energias e os ativamos com muita atenção voltada para o que precisa ser feito. Isso exige um exercício da vontade de forma constante e contínua. Exige o uso constante da imaginação. Mas, bem no fundo, por baixo de todas nossas tentações, pressões e desculpas, todos temos a força de vontade. Podemos usá-la para ativar nossa imaginação. E podemos usá-la para iniciar ações apropriadas. Em última análise, cabe apenas a nós traçar ou não a nossa rota com visão e persistência. Cabe a nós reunir a determinação necessária para persistirmos com nossos objetivos e metas. Ou para preservar nossos valores. Se estamos rumando em direção a um objetivo que seja correto para nós, nada pode impedir nossa vontade de persistir. E isso é muito bom. Pois, como comentou certa vez Calvin Coolidge, "Nada no mundo pode assumir o lugar da persistência".

Precisamos de uma coerência pertinaz ao perseguir nossa visão, de uma persistência determinada em pensamentos e ações. Esta é a quarta condição da nossa viagem do sucesso.

5

O compromisso emocional

Condição Número Cinco: necessitamos de um envolvimento emocional com a importância do que estamos fazendo e também com relação às pessoas com as quais estamos trabalhando.

A caminho do trabalho esta manhã, eu estava mentalmente me preparando para começar a escrever este capítulo, quando encontrei um homem interessante com uma história fascinante. Daniel E. Ruettiger, conhecido pelos seus amigos, e agora também por mim, como "Rudy", nasceu numa família de operários católicos em Joliet, no Estado de Illinois. Ele teve treze irmãos e cresceu ouvindo detalhes sobre as façanhas da equipe de futebol da Notre Dame, prestando atenção nos depoimentos dos lendários jogadores e acompanhando os resultados das partidas. Era um assunto que funcionava como elemento de união na comunidade em que vivia. As pessoas que conhecia ficavam animadas com o desempenho dos *Fighting Irish* e tinham um forte comprometimento emocional com a escola, junto com tudo o que ela representava. Tomado por essa animação, e passando a partilhar do comprometimento, Rudy começou a sonhar com a possibilidade de algum dia integrar a equipe de futebol de Notre Dame.

Mas seu baixo nível de auto-estima e as péssimas notas de aproveitamento na escola secundária faziam com que esse sonho parecesse impossível. No entanto, em 1966, por ocasião de uma excursão escolar, Rudy teve a chance de conhecer o famoso campus. Seu sonho foi revivido. Seus amigos o aconselhavam a desistir do objetivo. Não havia a menor possibilidade. Ele não era um aluno suficientemente bom para conseguir ser admitido em Notre Dame. E também não era um atleta bom o suficiente para ser incluído na famosa equipe de futebol. Ele era um jovem com expectativas mais modestas. Ele deveria ser mais realista. Melhor seria se pensasse na possibilidade de um trabalho. E assim, ao se formar no curso secundário, arranjou um emprego e foi trabalhar numa empresa local fornecedora de eletricidade.

Após dois anos desse trabalho árduo e árido e de mais dois anos na marinha, Rudy constatou que continuava sonhando com a possibilidade de jogar futebol pela Notre Dame. Ao voltar para o emprego na empresa de eletricidade, compartilhou sua visão com um bom amigo e colega de serviço. Certo dia, esse amigo morreu num terrível acidente em seu trabalho. Rudy ficou abalado, entristecido e de repente se convenceu de que a vida é curta demais para não se fazer tudo o que é possível para tentar concretizar os sonhos. E entrou em ação.

Com 23 anos de idade, pediu as contas no emprego, mudou-se para o Estado de Indiana, onde se matriculou no Holy Cross Junior College, uma escola pequena situada do outro lado da rua, diante de Notre Dame. Seu antigo comprometimento emocional com a Notre Dame se transformou num compromisso para atingir sua meta, para viver seu sonho e para, de algum modo, algum dia jogar futebol pelos *Fighting Irish*. Este foi o primeiro passo dado nesta direção. De onde estava, conseguia enxergar a famosa Cúpula Dourada. Ele conseguia enxergar o seu sonho.

Rudy se esforçou muito nos estudos, melhorou suas notas e, dois anos depois, conseguiu a transferência para o outro lado da rua como estudante matriculado na Universidade de Notre Dame. Com uma boa dose de ousadia, ele procurou Ara Parseghian, o famoso treinador da equipe de futebol e, incentivado pelo seu comprometimento, o convenceu a ser incluído no time de apoio, o grupo de jovens que todas as semanas ajudam a equipe titular a se preparar para os próximos adversários. Com quase um metro e oitenta de altura e pesando noventa e poucos quilos, Rudy não jogava futebol desde os tempos da escola secundária. Mas seu comprometimento emocional e a grande determinação conseguiram que fosse incluído no time de apoio. Durante dois anos, treinava todos os dias. Ele estava vivendo o seu sonho. Quase. Mas nunca tinha participado de um jogo de verdade, nem tinha vestido o uniforme oficial. Até o último jogo local do seu último ano na universidade.

Na quinta-feira anterior a essa partida final no estádio de Notre Dame, ele se ateve à esperança de que seu sonho finalmente seria capaz de se concre-

148

tizar de forma mais completa – que finalmente teria a oportunidade de se vestir para um jogo de verdade e de caminhar sobre a grama do estádio que Rockne construíra, como um atleta que oficialmente representava a Universidade de Notre Dame. Ele queria vestir o uniforme oficial e, pelo menos, ficar com a equipe na lateral. Mas quando procurou seu nome na lista dos jogadores convocados para a partida, viu que, também dessa vez, não tinha sido incluído.

Sem que Rudy soubesse disto, alguns dos outros jogadores foram conversar com o treinador, que na época era Dan Devine, para pedir que Rudy fosse incluído nessa partida contra a equipe da Georgia Tech. Eles tinham captado o comprometimento emocional de Rudy em relação à equipe e, por sua vez, ficaram comprometidos com ele. Eles o consideravam uma espécie de personificação do espírito de Notre Dame e queriam vê-lo na partida.

O treinador concordou. Rudy teve permissão para vestir o uniforme oficial. O simples fato de passar pelo túnel usando o capacete dourado com a multidão aplaudindo lhe parecia ser suficiente. Ele disse: "Foi como caminhar sobre nuvens." Um caso de levitação. Quando a partida estava quase chegando ao final, um dos estudantes na arquibancada começou a gritar "Queremos Rudy! Queremos Rudy!" O brado se alastrou. Durante os dois anos na equipe de apoio, Rudy se transformara numa espécie de lenda entre os estudantes que o conheciam ou que sabiam da sua história. Mesmo sem ter participado de um minuto sequer de partida e sem ter se sentado no banco dos reservas, ele tinha fãs e torcedores entre os estudantes. Não demorou muito para que as arquibancadas gritassem com toda a força dos seus pulmões: "Queremos Rudy! Queremos Rudy!" Uma onda de entusiasmo se espalhou. E foi então que a coisa aconteceu. Com 27 anos de idade, nos últimos 27 segundos da partida, Rudy Ruettiger foi colocado em campo numa posição de defesa. Com o pessoal na arquibancada berrando em uníssono "Rudy! Rudy! Rudy! Rudy!", ele se lançou em alta velocidade nos dois últimos lances da partida. Notre Dame ganhou do Georgia Tech por 24 a 3. E houve uma grande vitória pessoal que o placar não registrou. Seus companheiros de equipe o carregaram em triunfo sobre os ombros quando saiu do campo.

> O grande prazer da vida está em conseguir fazer coisas que os outros dizem ser impossíveis para você. *Walter Bagehot*

Compromisso emocional. Uma luta morro acima. Contra todas as probabilidades e contra todas as previsões. Um sonho realizado. E uma história que merece ser contada.

Quando encontrei Rudy esta manhã, ele estava no estacionamento ao lado do estádio de Notre Dame, dezessete anos depois daquela maravilhosa partida, parado ao lado de um grupo impressionantemente grande de caminhões com placas de North Hollywood, na Califórnia, numa bela manhã de outono, observando como uma equipe da TriStar Pictures se preparava para filmar cenas a serem incluídas num filme de longa metragem a respeito da sua vida e de sua vitória. Um filme destinado a todos os cinemas do país. E do mundo. *Rudy*. Além do sonho.

Não há limites para onde seus sonhos podem levá-lo, desde que você tenha uma dose suficiente de compromisso emocional com relação à importância do que está fazendo. Refletindo sobre sua própria história, Rudy diz: "Eu acho que o que passei e o que queria é apenas um exemplo do que se faz quando se tem uma paixão e um compromisso em conseguir o que realmente se quer da vida."

Aliás, conheci Rudy de uma forma muito simples. Eu sabia que um filme estava sendo rodado no campus. Hollywood viera para South Bend e todos os jornais tinham noticiado o fato. Ao entrar no estacionamento naquela manhã, fui obrigado a contornar todos os tipos de caminhões com equipamentos, e muita gente parada por ali. Obviamente, as filmagens já tinham começado. Enquanto caminhava do carro para minha sala, tomei a iniciativa e cumprimentei algumas pessoas, e depois iniciei uma conversa, perguntando o que estavam fazendo. A primeira pessoa com quem falei me apresentou ao diretor e a Rudy. E, evidentemente, como você pode ver, esta história se encaixa perfeitamente no início deste capítulo que eu iria começar a escrever.

Um dos meus próprios objetivos mais recentes era escrever este livro tratando do sucesso. Eu tenho um conceito muito claro do que quero fazer. Do tipo de livro que desejo. Todas as manhãs, eu me sento para escrevê-lo com muita confiança. Tento trabalhar com perseverança. E fico emocionalmente comprometido com o livro. Sou passional com relação a ele. Eu me preparo para cada capítulo, ponho mãos à obra, vou fazendo os ajustes e adaptações necessárias e me associo aos que sabem das coisas. Não poderia haver um exemplo melhor de como estes desenvolvimentos freqüentemente ocorrem do que o meu encontro inesperado com Rudy naquela manhã. Quando você está perseguindo o seu sonho, quando você se lançou numa aventura de sucesso, pessoas cruzarão seu caminho e coisas aparecerão na sua vida que você jamais teria imaginado. São pessoas que parecem ter sido escolhidas a dedo para você. Coisas que, de repente, provocam grandes progressos. Mas cada um de nós precisa assumir a iniciativa para estabelecer a ligação entre os preparativos e as oportunidades. Também é preciso estar preparado para a adaptação. Estes desenvolvimentos ocorrem quando agimos. Eles acontecem quando estamos em meio a um processo, nos movimentando em direção às nossas metas. E nós os encontramos só quando já estamos conseguindo algum progresso, por menor que seja. É muito excitante ver até onde esse tipo de paixão e de comprometimento que Rudy menciona pode nos levar. E o que isso pode nos trazer, das formas mais inesperadas.

O PODER DA
PAIXÃO E DO COMPROMETIMENTO

Walter Chrysler, o fundador da empresa automobilística que até hoje tem seu nome, certa vez disse que "o verdadeiro segredo do sucesso é o entusiasmo". E Ralph Waldo Emerson foi até mais enfático, quando declarou que "nada de grande jamais foi conseguido sem uma boa dose de entusiasmo".

Entusiasmo. Etimologicamente, esta palavra é derivada de dois termos gregos que significam Deus (*theos*) e tomado (*en*). Ser tomado por Deus. Deus em você. Deus em mim. Sheilah Graham, ao analisar o sucesso, declarou certa vez: "Você pode ter tudo o que quiser, desde que o queira com bastante desespero e intensidade. É preciso que você o queira com uma exuberância interior capaz de escapar pelos poros da pele e se juntar à energia que criou o mundo."

Esta é a verdadeira paixão. O coração do erotismo. Ao longo da história, muitos pensadores sérios afirmaram que todas as ações humanas são motivadas por uma de duas grandes forças. Alguns as identificam como Prazer e Dor. Mas bem no fundo, além das sensações de prazer e de dor, há duas forças fundamentais de atração e de repulsa que detêm ou impelem a conduta humana e as vidas humanas. Eu me refiro às duas forças *Eros* e *Thânatos*, novamente usando os antigos termos gregos. Às vezes, estas palavras são grosseiramente traduzidas como sendo "Sexo" e "Morte", respectivamente. Somos atraídos para um e fugimos da outra. "Morte" não é uma má tradução para "Thânatos". As idéias em questão são a dissipação da energia e o encerramento da vida. Mas "Sexo" é um equivalente extremamente inadequado para "Eros". Na minha opinião, Eros é sobretudo algo que engloba a mais profunda energia da vida, o poder positivo e de origem divina que permite e provoca a atração, a reprodução, o crescimento, o desenvolvimento e o florescimento.

Você conhece pessoas que realmente amam a vida? Que estejam apaixonadas pela vida? Que são passionais nas coisas que fazem? Que aceitam e usufruem praticamente todos os momentos? Que dão a impressão de estarem brilhando, ardendo, vibrando? São elas que personificam o erotismo. Isto é Eros, o poder que pode estar além da sexualidade, além da amizade, além da grande arte, da grande música, de empreendimentos empresariais bem-sucedidos e das façanhas criativas em todos os assuntos humanos.

> Energia é Delícia Eterna. *William Blake*

Certa vez, perguntaram a Katharine Hepburn qual é o segredo do sucesso. Ela respondeu com uma única palavra: "Energia." Dizem que o conhecido ator Kevin Costner é "energia pura" quando está filmando no estúdio. E não é por mero acaso que muitos dos melhores atores, músicos, artistas, advogados, professores, médicos, vendedores e pessoas de todos os tipos sejam freqüentemente descritos como "intensos", "cheios de energia" e "entusiasmados", passionais em relação ao que fazem e às suas vidas. Da mesma forma, também não é por acaso que muitas pessoas bem-sucedidas são românticas, muitas vezes descritas pelos outros como sendo pessoas muito atraentes. Não é apenas o caso de o poder ser o maior de todos os afrodisíacos, como Henry Kissinger declarou certa vez. A energia é isso. A intensidade. O entusiasmo. O comprometimento emocional. Isto é erótico. Isto é a mais profunda força natural de atração no mundo. Ninguém quer viver num deserto emocional. As pessoas se sentem atraídas por quem se importa. E a emoção é contagiosa. Paixão gera paixão. Interesses geram preocupações.

Às vezes, diz-se que os grandes líderes são pessoas dotadas de grande carisma. Oradores cativantes, envolventes, hipnotizadores, presenças que se impõem, personalidades magnéticas. Mas magia nenhuma é necessária para a liderança. O que um líder necessita é de um profundo comprometimento emocional com a importância do que está fazendo, um compromisso que suas ações e palavras comunicam a todos que o cercam. Desde que um compromisso emocional seja suficientemente profundo, ele praticamente exige ser comunicado a tal ponto que acaba garantindo a sua própria expressão.

Mais uma rápida lição etimológica. A palavra "emoção" é derivada de duas raízes que significam "mover" e "para fora". A emoção é uma força que, pela sua própria natureza, se movimenta para fora dos recessos mais íntimos do indivíduo, chegando à experiência, e depois à ação e às palavras, atingindo assim o mundo como um todo. Quanto maior for o comprometimento emocional de uma pessoa, tanto mais esta preocupação sai para fora e cria resultados. O grande líder não precisa ter um rosto bonito, nem uma voz sonora, nem saber empregar as palavras fácil e elegantemente. Esse tipo de carisma não é necessário. O que um grande líder precisa é de um comprometimento emocional com relação a uma visão e às pessoas que podem ser envolvidas na realização desse sonho.

Um compromisso emocional é necessário. E uma comunicação controlada deste compromisso é importante. Eu não quero dizer que um líder, ou uma pessoa que esteja se esforçando para atingir o sucesso, precise se mostrar sempre "para cima", com energia manifesta ou muita alegria. Existem pessoas cujo entusiasmo forçado atropela os demais na sua expressão, cuja alegria artificialmente enérgica e palpitante é demasiada e acaba alienando tantas pessoas quanto as que consegue atrair. Você não precisa estar *sempre* cantando, assobiando ou usando uma voz sonora, rápida e contente a respeito de todos os maravilhosos aspectos do dia, do emprego ou das pessoas que o cercam. Mas você pode claramente comunicar emoções positivas e interesses pelo seu comportamento positivo. Um rosto bem-humorado certamente é melhor do que uma carranca de mau-humor. Uma alegria bem controlada, sensível aos sentimentos dos demais geralmente é uma atitude boa para se ter. Uma atitude positiva, de muito tato, capaz de perdoar e compreender, incluindo grandes expectativas e confiança pode causar milagres. Receba as pessoas com um sorriso e uma palavra de simpatia sempre que possível. Mas você não precisa se forçar a extremos pouco naturais para comunicar seu comprometimento emocional com relação ao trabalho ou às pessoas com as quais está envolvido. Uma comunicação, que surja e seja controlada naturalmente, demonstrando esse comprometimento, será sempre a melhor forma de mostrar que você realmente se importa e conseguirá os melhores resultados. Se você for sensível às necessidades dos outros, simplesmente seja você mesmo. Será uma tendência natural do seu compromisso expressar-se de maneira apropriada.

Já ouvi pessoas em ambientes empresariais dizerem coisas do tipo: "As pessoas que trabalham comigo parecem verdadeiros zumbis. Todos se comportam como sonâmbulos. Ninguém realmente se importa com as coisas. Eles se limitam à rotina. É um deserto emocional." Mas depois contratam uma nova gerente, que se apresenta cheia de entusiasmo. É evidente que ela se importa muito com o que está fazendo. E isso é contagioso. As outras pessoas no local de trabalho percebem. Elas começam a despertar. E começam a se importar.

As pessoas se sentem atraídas pelas pessoas que se importam com as coisas. Esta parece ser uma verdade de valor universal. E a explicação é muito simples. Todos temos uma necessidade de nos envolvermos com o que é erótico, de mergulhar na energia da vida e de sentir como ela flui através de nós para nossos trabalhos, da mesma forma como ocorrem nos nossos relacionamentos. Sem o lado erótico, o sexo é uma coisa morta, a amizade é monótona, o trabalho é rotineiro ou cansativo, ou as duas coisas, e a vida parece extremamente chata. Noutras palavras, as coisas são intoleráveis. E ninguém quer isso.

Nós *precisamos* de um comprometimento emocional com a importância do que estamos fazendo e com as pessoas na companhia das quais estamos fazendo isso. Esta é a quinta condição do sucesso.

ENTUSIASMO, ENERGIA E SUCESSO

Basicamente, há cinco diferentes motivos pelos quais nada de grande pode ser conquistado sem entusiasmo. Em primeiro lugar, conforme já observamos antes, nenhum grande sucesso pode ser atingido nesta vida sem que obstáculos sejam superados. Em toda vida sempre há desafios. Algumas pessoas encaram os desafios como problemas, ao passo que outras os consideram como sendo oportunidades. Isso caracteriza uma grande diferença entre as pessoas que desistem e as que avançam. Precisamos compreender o papel positivo que os obstáculos podem desempenhar no nosso desenvolvimento. Os desafios os empurram. Eles nos ampliam. Eles nos forçam a desenvolver o nosso potencial. Mas não se pode saltar sobre um obstáculo sem energia, de maneira que as pessoas bem-sucedidas sabem dar valor à energia. Elas compreendem e personificam o poder do entusiasmo. Seus compromissos não são apenas intelectuais, eles são profundamente emocionais. E isto é necessário para o esforço contínuo de superarmos bloqueios nos nossos caminhos e para perdurarmos além das adversidades. Sem a intensidade do impulso interior, sem um profundo comprometimento emocional, é muito difícil persistir na concretização de um sonho.

Em segundo lugar, sem a motivação que acompanha o entusiasmo, jamais cavoucaremos de modo suficientemente profundo para descobrir e desenvolver todos os talentos que podem nos levar às maiores realizações que estão ao nosso alcance. O desenvolvimento dos nossos talentos, em si, às vezes é uma tarefa bastante árdua. Sem entusiasmo pelo que estamos fazendo e pelo que estamos conseguindo, isso às vezes pode se transformar numa tarefa exaustiva e desinteressante. A energia é necessária. Às vezes, uma grande energia. Freqüentemente, precisamos nos forçar para descobrirmos o que somos capazes de fazer e também o que somos capazes de ser. Com um entusiasmo genuíno, com o tipo correto de comprometimento emocional, podemos aproveitar a crista de uma onda de energia que parece vir de algum ponto muito além dos nossos próprios recursos limitados. Ela pode nos conduzir até destinos que nunca poderíamos alcançar de outro modo – tanto destinos dentro de nós mesmos quanto fora de nós. Esta é a força descrita por Sheilah Graham como sendo "a energia que criou o mundo". Entusiasmo. Deus conosco. O combustível da grandeza.

> É a energia – cujo principal ingrediente é a vontade – que produz o milagre do entusiasmo em todas as idades.
> Em todos os lugares ela é a fonte principal daquilo que é conhecido como força de caráter e o sustentáculo de todas as grandes ações.
> *Samuel Smiles*

Há um terceiro motivo pelo qual nada de grande jamais é conseguido sem entusiasmo. O grande sucesso exige grandes riscos. Ele nunca é barato. Às vezes, o risco é financeiro. Muitas vezes, é social. Às vezes, é um risco físico. E sempre é um risco emocional. Precisamos estar dispostos a tentar coisas que nunca tentamos antes. Talvez até coisas que nunca ninguém tentou antes. Não podemos jogar sem riscos quando queremos jogar para vencer na vida.

Nas minhas aulas em Notre Dame, estou sempre tentando coisas novas – truques, estratagemas, encenações dramáticas, exemplos concretos e malucos de idéias filosóficas abstratas – que, quando funcionam, são maravilhosos. E que, quando fracassam – bem, me deixam com a cara do maior idiota sobre a face da terra.

Por exemplo, gosto de contar histórias na sala de aula. Eu adoro uma boa história e, quanto mais excessiva e exagerada, melhor – principalmente se for verdadeira – porque, quanto mais excessiva e exagerada, tanto mais possível de ser lembrada será, exemplificando o ponto de vista filosófico que estou tentando transmitir aos meus alunos. Sempre que invento uma história, ou que crio um exemplo fictício para esclarecer um aspecto obscuro, faço questão de informar os alunos que se trata de um exemplo inventado para transmitir uma verdade. Mas o que mais me agrada são as possibilidades de exemplificar a verdade com verdades, de maneira que prefiro usar exemplos extraídos da minha própria vida. Mas, pouco importando se a história conta um incidente da vida real ou se é apenas o produto do cérebro fervilhante de um professor tentando tornar mais claro um conceito filosófico, o simples fato de contar uma história sempre envolve pelo menos um pequeno grau de risco. Os alunos podem não *gostar* da história, ou podem não compreender a associação desejada por mim. O que é divertido para mim pode não o ser para um determinado grupo de ouvintes. Não estou dizendo que isso já *aconteceu*, mas que sempre *pode* acontecer. E assim, qualquer tentativa de se usar o humor numa sala de aula, num grupo de trabalho ou numa conversa depois de um jantar, sempre envolve assumir um certo risco.

> Durante o primeiro período da vida de um homem, o maior de todos os perigos é *não assumir os riscos*.　　　　*Søren Kierkegaard*

Mas estes são riscos pequenos. Eu sempre tento transformar minha sala de aulas em Notre Dame num lugar inovador. Um *Happening* Filosófico. Quando alunos me fornecem boas respostas a perguntas que lhes faço, eu os presenteio com balas e confeitos. Para exemplificar determinado tópico de teoria moral, posso lançar uma dúzia de *Frisbees** na sala e deixar que os alunos pratiquem a pontaria durante um minuto. Para tornar mais real uma discussão a respeito da vida após a morte, recrio para o auditório os componentes perceptivos reproduzíveis da Experiência de Quase-morte, adotando o estilo dos programas matinais de televisão. Em meio a uma aula normal, meus alunos podem de repente e inesperadamente se transformar em participantes da representação dramática desta grande aventura existencial na qual, pela manipulação da iluminação do ambiente, junto com uma narrativa pseudodramática, eles podem, com um pouco de imaginação, se ver deixando não apenas o curso de filosofia e o campus de Notre Dame, mas também os limites dos seus corpos físicos, flutuando no espaço metafísico e percorrendo em alta velocidade um comprido túnel escuro, somente para descobrir um Ser de Luz no fim desse túnel, que... sou eu disfarçado. Vaias, gritos, risos. Algumas piadas depois, esses estudantes viajantes são teatralmente reconduzidos ao corpo quando as luzes voltam a se acender. É uma loucura. É uma apelação. Mas, quando funciona, é excelente. É divertido, é algo inesquecível.

Para exemplificar um tópico qualquer, posso fazer o equivalente a dois minutos rotineiros de diversão ou, de forma igualmente inesperada, tirar minha velha guitarra elétrica do fundo do armário e assustá-los com um solo ensurdecedor de 60 segundos. Depois de duas aulas sobre as com-

---

* Discos de plástico com que as pessoas brincam, lançando-os de uma distância razoável para os que participam do jogo (N.T.).

156

plexidades do problema mente-corpo, o sublinhamento dos princípios lógicos e das difíceis argumentações de cada lado da questão, eu gosto de exemplificar as perspectivas da *Inteligência Artificial*, esse projeto científico contemporâneo que tem como objetivo a criação de máquinas inteligentes de pensar – computadores ou robôs que sejam mais do que apenas *hardware* com *softwares* programados, mas que sejam verdadeiros candidatos a personalidades feitas de silicone. Eu familiarizo os alunos com o que lhes apresento como sendo o mais recente produto do laboratório mais inovador do país – mas um objeto que claramente é apenas um comprido e negro gravador de fitas, colocado de um lado, com uma máscara de papelão e com óculos de brinquedo, um chapéu e uma gravata. O tal produto segura seu próprio cordão elétrico num dos seus braços confeccionados com tubos de papelão. O robô do futuro chega ao presente, o dr. Aristóteles Corder, mais conhecido dos amigos como "Ari Corder". Empurrado para o meio do palco sobre uma mesa com rodinhas, o dr. Corder começa um monólogo previamente gravado, no qual estão incluídas as mais infames e conhecidas piadas sobre eletricidade e computadores. Ele diz que tem uma origem humilde. Nasceu num pobre barraco [*shack*, em inglês] – na Radio Shack. Mas ele rapidamente explica que sua mãe uma vez quase tirou a Sorte Grande. Antes do conjunto vocal The Mamas and The Papas se tornar famoso, diz ele, ela cantou com Mama Cass – ela foi uma das *Cassetes*. E ele mesmo teve uma juventude difícil e atribulada. Certa vez, chegou até a ser preso, explica, "por causa de uma coisa com baterias".

"Eu sei, eu sei," diz ele, "nem todos gostam de piadas sobre eletricidade. Sempre que as conto, o resultado é uma boa dose de *estática*. Mas elas são sobre eventos *correntes*, pode-se dizer. Mas algumas pessoas dizem que estas piadas são tão re*volta*ntes, tão... tão *Ohm* que prefiro nem continuar."

Acho que isso é suficiente para que você entenda o que quero dizer. Depois de quatro minutos de piadas de mau gosto, de *shows* de esquecimentos e de um diálogo de mútua ação comigo, essa caixa preta transmite a ilusão cômica da "máquina pensante" tão superestimada e procurada há muito tempo. Ele fornece a história dos computadores em menos de dois desses quatro minutos. E dá aos alunos um agradável recreio dos aspectos intelectualmente mais exigentes de uma aula normal de cinqüenta minutos. Estas palhaçadas levam ao que eu sempre espero que seja uma impressão mais intensa do que está em jogo no debate muitas vezes acadêmico a respeito das premissas, das promessas e das implicações em potencial da Inteligência Artificial.

Por que faço coisas desse tipo na sala de aulas? Passo acordado uma grande parte da noite antes de testar esses truques pedagógicos e faço esta pergunta a mim mesmo. Se a coisa não der certo, acabarei fazendo o papel de tolo e ficarei totalmente embaraçado diante de centenas de pessoas. Mas, se funcionar, isso irá fornecer um daqueles momentos especiais em que a educação e o entretenimento, a filosofia e a diversão entram em memorável contato. Os estudantes verão nossas tentativas intelectuais sob nova luz; eles terão uma idéia dos aspectos lúdicos que podem ser um importante ingrediente na vida da mente; eles terão uma experiência inesperada e, espero, iluminadora; e depois de muitos anos continuarão se lembrando pelo menos de uma parte do que fizemos e comentamos naquele dia.

> E o que ele pensou com grandeza, ousou com nobreza. *Homero*

O perigo vale a pena. Porque eu me *importo* com os alunos. Estou emocionalmente comprometido com a importância do que estamos fazendo juntos. Estou comprometido no sentido de ajudá-los a ver a animação das idéias e ajudá-los assim a se tornarem mais filosoficamente reflexivos a respeito de todos os aspectos de suas vidas. Por isto, assumo o risco inerente em fazer com que tudo seja memorável para eles. Passo por momentos de insônia, por eventuais cólicas estomacais e por dúvidas e mais dúvidas quanto ao que estou fazendo. Algumas noites antes da estréia de um desses novos truques pedagógicos, minha mulher ficou observando durante horas minha Alta Ansiedade e, finalmente, perguntou: "Por que você faz uma coisa dessas consigo mesmo?" E eu fui forçado a responder: "Porque sou incapaz de agir de outro modo."

Sem o comprometimento emocional, eu nunca assumiria esses riscos. Eu nunca investiria todos esses esforços e todo esse tempo na possibilidade de me esborrachar num imenso fracasso. Por causa do comprometimento, preciso fazê-lo. No entanto, não estou querendo dizer que um professor que não tenha idéias doidas, que não conte piadas e não participe ocasionalmente em momentos dramáticos e teatrais não esteja emocionalmente comprometido com a importância do seu curso. Também não quero dizer que todas as pessoas precisam demonstrar seus comprometimentos dessa forma incomum. Estou apenas dando o que *eu* tenho para dar. Estou tentando ser criativo e eficiente da minha própria maneira. Outros podem ter talentos muito diferentes na hora de dar seus recados. E estilos totalmente diversos. Mas o denominador comum é que, quando não sentimos que estamos fazendo as coisas *a partir do coração*, hesitaremos em arriscar alguma coisa muito nova ou muito diferente, mesmo sentindo que isto poderia ser importante para atingir o objetivo pretendido.

Certa dose de risco sempre está envolvida no emprego dos seus talentos únicos neste mundo. E, sem um intenso comprometimento emocional com relação ao que estamos fazendo, sem um profundo entusiasmo pelas nossas tarefas, não assumimos essa dose de risco.

O quarto motivo pelo qual o entusiasmo ou um intenso comprometimento emocional é tipicamente necessário para a grandeza está no fato de que, sem ele, podemos facilmente ser tentados, no melhor dos casos, a nos contentar com uma competência mínima e básica nas coisas que fazemos. Realmente, na maior parte das vezes, o mundo parece estar repleto de incompetência, pontuada aqui e ali por um nível algo mais elevado de mediocridade. Basta sair para comprar alguma coisa ou contratar alguém para fazer alguma coisa, e você compreenderá o que quero dizer. E a mediocridade não é encontrada apenas nos lugares onde isto seria de se esperar. Até mesmo no mundo do assim chamado segmento superior das ofertas de mercado e dos supostos serviços de primeira linha, essa praga está difundida com tal intensidade que nossa dinâmica de expectativas, em grande parte, já funciona em marcha à ré. Não existe mais uma premissa geral e segura de que as coisas serão feitas da maneira correta, e que uma explicação especial deveria ser fornecida quando alguma coisa não funciona como se esperava. Atualmente, as pessoas parecem simplesmente concordar que as coisas serão feitas de modo bastante desmazelado. Algumas explicações adicionais só se tornam necessárias quando ocorre o contrário e as coisas dão certo.

Preciso admitir que meus olhos se abriram para isso há apenas alguns anos, através de uma série de eventos que merecem ser contados, desde que você tenha um pouco de paciência comigo. Eu aposto que você também já teve as suas próprias experiências comparáveis. Talvez até mesmo muitas delas.

Quando minha filha, Sara, era menor, ela certa vez escolheu uns móveis muito bonitos para seu quarto. Eu não tinha a menor idéia de todas as lições que iria aprender quando fiz as encomendas. A primeira indicação ocorreu algumas semanas depois, quando o homem da entregadora se colocou ao lado da porta do caminhão e disse: "Vamos desembalar o material aqui mesmo para ver se tudo está em ordem antes de carregá-lo até lá em cima." E então desencaixotamos tudo na frente da casa e examinamos detalhadamente todos os móveis. Com a ajuda e a atenção dos vizinhos. A cabeceira da cama que encomendamos para Sara parecia estar em ordem e também a parte frontal. Passou-se mais de um ano para que tudo aquilo começasse a se desfazer. A mesa e a cadeira que tínhamos encomendado também pareciam em ordem. Mas a cômoda tinha uma grande rachadura do lado direito. Rejeição. Devolução. Semanas mais tarde, chegou a substituição. Os vizinhos não levaram mais do que alguns segundos para descobrir uma pequena rachadura na madeira lateral. Outra devolução.

> Sempre é mais rápido identificar uma falha do que consertá-la.
>
> *Ulpian Fulwell (1580)*

Passou-se mais uma quinzena e chegou outro caminhão trazendo uma terceira cômoda, obviamente terminada com muita pressa por uma pessoa embriagada e de olhos vendados. A pintura branca laqueada mal cobria a madeira em alguns pontos. Tudo era tão áspero e desigual a ponto de ser quase inacreditável. Parecia que a cômoda tinha a grife Jackson Pollock*. Com o passar das semanas, gavetas quebradas, arranhões enormes, defeitos de acabamento e mais problemas do que consigo lembrar para incluir na lista apareceram regularmente diante da nossa casa. Finalmente, uma cômoda com um único e minúsculo defeito de pintura acabou sendo instalada no quarto de Sara.

A lição disso tudo? Foi algo expresso por Cícero há muito tempo quando declarou: "Tudo o que é esplêndido também é raro, e nada é mais difícil de ser encontrado que a perfeição." Sou forçado a admitir que essa saga de meses à procura de um produto sem defeitos gritantes me pegou de surpresa e acabou me deixando bastante deprimido.

Essa pequena série de experiências serviu para mudar minha perspectiva e fez com que eu passasse a examinar com muito mais cuidado tudo o que compro. E, obviamente, com os olhos bem abertos, não levei muito tempo para perceber que a falta de cuidado nos detalhes é algo que nos cerca por todos os lados. Nos dias de hoje, parece que estamos circundados por um oceano de incompetência, de falta de cuidados e de coisas malfeitas. Em todas as áreas e setores. No entanto, há alguns produtos e serviços no nosso mundo que são anunciados de forma bastante diferente da realidade.

Sempre escrevi meus livros e artigos à mão, usando uma simples caneta esferográfica e folhas de papel pautado. Meus primeiros livros para especialistas foram escritos com canetas do tipo mais barato que podem ser

---

* Jackson Pollock (1912-56), o primeiro artista americano a usar métodos pouco ortodoxos em suas pinturas (N.T.).

encontradas em todas as papelarias. Mas há alguns anos, comecei a ver anúncios em várias revistas exaltando canetas-tinteiro muito bonitas e muito caras, alardeadas como instrumentos de escrita de rara qualidade. Até peguei alguns catálogos de lojas finas e sofisticadas. Fiquei fascinado pelas fotografias e impressionado com as descrições. As promessas de bom acabamento, de atenção aos detalhes, o projeto artístico e a produção meticulosa provocaram em mim uma imagem nostálgica de um outro tempo em que as pessoas se orgulhavam de suas criações; de um tempo em que a reputação de um homem e a fibra moral do seu caráter dependiam da qualidade com que realizava seu trabalho.

Quando considerei minha primeira aquisição da tal caneta, eu queria era ingressar na parte deste mundo que tinha conseguido sobreviver nos nossos dias. Obviamente, a Rolls-Royce faz afirmações semelhantes de excelência no setor automobilístico. Tal como a Patek Philippe fazia com relação aos seus relógios de pulso. Eu não precisava gastar muito tempo examinando meu extrato bancário para concluir que minha melhor possibilidade de contato com o mundo da qualidade impecável seria através da compra de uma caneta melhor. Eu estava intimamente preparado para abandonar as canetas descartáveis e empunhar uma verdadeira obra de arte, um instrumento de escrita que seria uma materialização dos elevados ideais, dos cuidados e da atenção que tento colocar no meu próprio trabalho. Eu queria uma Excalibur da escrita e, tomando por base tudo o que estava sendo anunciado, era exatamente isso o que eu esperava.

> As coisas nem sempre são o que parecem ser. *Fedro*

E assim, as canetas descartáveis foram colocadas na gaveta da mesa onde está o telefone, e investi *cem dólares* na aquisição de uma caneta-tinteiro negra, bonita, de marca famosa, com uma pena feita de ouro de catorze quilates. Fiquei em estado de êxtase, metafisicamente inebriado com a satisfação de ser o proprietário de uma jóia tão rara, até que cheguei em casa e descobri um longo arranhão nela. Obviamente provocado por uma máquina no momento da montagem. Que decepção! É claro que a loja trocou a caneta, assim que consegui encontrar tempo livre para ir até lá com a má notícia. Imagine a minha surpresa quando descobri que a caneta nova funcionava de modo intermitente. Muito intermitente. E provavelmente você pode imaginar que essa descoberta só foi feita depois que voltei para casa.

Tentei escrever com ela. Suponho que ela tinha mesmo suas virtudes. Traços que eu pretendia retos saíam pontilhados como em desenhos para serem terminados por crianças. Traços retos eram impossíveis de ser conseguidos. Escrevi para a empresa fabricante. Com a letra toda pontilhada que conseguia com aquela obra-prima. Semanas depois, recebi uma resposta: "Devolva o produto." Foi o que fiz. Depois de mais algumas semanas, recebi um pacote pelo correio. Nervoso e excitado, abri a embalagem. Com admiração, segurei minha caneta tão sonhada, desatarraxei a tampa e encostei sua ponta no papel. Ela continuava produzindo apenas linhas pontilhadas. Talvez até mais do que antes. Com minhas Bics isto nunca acontecera. Mas acontecia com este instrumento de beleza incomparável.

No decorrer dos meses seguintes, passei a conhecer todos os motoristas das empresas de entregas especiais da área. Pensei que talvez estivesse lidando com a empresa errada de canetas. Como não gosto de desistir das coisas que me proponho fazer e conseguir, resolvi ir em frente e gastei *mais de 200 dólares* (numa oferta especial!) para comprar outra caneta de marca famosa, alardeada como sendo o mais recente avanço da "engenharia da perfeição". Era um objeto admirável de cativante elegância visual. Mas também fazia linhas pontilhadas. Fiquei abalado, mas depois de um único conserto, realizado do outro lado do país, esse defeito foi corrigido. A caneta começou a traçar linhas perfeitas, mas rangia sonoramente sempre que eu a usava.

Passou-se algum tempo e, certo dia, chegou uma nova marca de caneta que eu encomendara. Considerando os impostos adicionais e as taxas de frete, tínhamos agora ultrapassado a marca dos *300 dólares*. Ao abrir o pacote na frente da casa (eu já aprendera que esse é o melhor lugar para se fazer estas coisas), fiquei quase mudo admirando a beleza do *design* e do acabamento. Até que a examinei do outro lado e vi duas falhas gritantes na tampa. Quando me sentei para escrever uma carta de queixa para essa terceira famosa empresa fabricante de canetas, constatei que não poderia fazer isto com o produto dela. Ela simplesmente não deitava tinta, a não ser em doses mínimas e esporádicas. Peguei então outra caneta e escrevi um pequeno texto descrevendo meus problemas. Dois consertos mais tarde, ela finalmente funcionava. Nem vou contar a respeito de uma quarta caneta, também de uma fabricante famosa, que chegou com a aparência de ter sido mordiscada na ponta por um castor, com evidentes marcas de dentes. Um telefonema, uma carta e mais contatos com os entregadores finalmente provocaram um sincero pedido de desculpas por uma caneta que "nunca deveria ter sido enviada ou vendida", nas palavras do fabricante, e uma substituição que funciona bem e tem uma boa aparência.

O que aprendi com tudo isso? Bem, descobri que Cícero sabia muito bem o que estava falando. Descobri também um dos motivos pelos quais as empresas entregadoras sempre têm tanto para fazer. E descobri como é difundida a falta de cuidado e de compromissos, mesmos nos lugares onde você nunca imaginaria que esse problema pudesse existir.

Não pretendo sequer começar a contar como esta lição foi reforçada e ampliada pela história das minhas compras de automóveis e dos meus relacionamentos com as oficinas autorizadas. É uma história deprimente demais. Recentemente, construí uma casa nova. É outro assunto que não quero abordar. O que eu queria dizer, já foi dito. É uma experiência pela qual todos já passamos.

> Pelo trabalho se conhece o trabalhador. *Jean de La Fontaine*

Qual é a explicação para tudo isso? Muitas vezes, ela é bastante simples. As pessoas envolvidas simplesmente não se importam. Uma quantidade grande demais de pessoas simplesmente não se importa com o que faz no trabalho. Elas não têm compromissos emocionais com a importância do que estão fazendo. Por isso, não fazem bem essas coisas. Elas são descuidadas, desleixadas, não prestam atenção. Fazem trabalhos de rotina. Esperando pela folga do fim de semana. Cumprindo o horário e nada mais.

E não se pode jogar a culpa disso no trabalho. Para cada trabalho malfeito por dúzias, centenas e até milhares de pessoas, existe alguém no mundo, às vezes até várias pessoas, que fazem a mesma coisa de uma forma bem-feita. Muito bem-feita. Nunca é o trabalho. Sempre é a pessoa que faz o trabalho. Será que esta pessoa está emocionalmente comprometida com a importância do trabalho, do processo, do objetivo? Será uma questão de coração? Se a resposta for negativa, a probabilidade é que não se encontrará nos resultados nenhum tipo de grandeza. Ou de excelência. Nada que sirva como distinção em relação a outros produtos. Se a resposta for positiva, coisas boas podem ser esperadas. Um compromisso que se origine das profundezas interiores é uma das forças mais poderosas do mundo. Sua importância é tão grande quanto rara.

> O homem só é realmente grande quando sua ação tem origem nas paixões. *Benjamin Disraeli*

Portanto, a paixão interior de um forte comprometimento emocional é uma força imensamente produtiva, libertadora e facilitadora na vida de qualquer pessoa. Com ela vencemos desafios; sem ela, tropeçamos. Com ela, nos desenvolvemos; sem, regredimos. Com ela, estamos dispostos a assumir os riscos quando são necessários; sem ela, simplesmente nos limitamos a jogar seguro. Com ela, almejamos a excelência; sem, nos contentamos com muito, muito menos. Esses são quatro bons motivos para entendermos sua importância. Mas há um quinto motivo, mais social, que já foi insinuado antes em algumas observações que fiz quanto à liderança.

O COMPROMETIMENTO EMOCIONAL
E AS OUTRAS PESSOAS

Nenhum grande sucesso jamais é alcançado sozinho. Ninguém nesta vida jamais consegue algo que realmente valha a pena voando totalmente sozinho, do começo ao fim. O sucesso capaz de satisfazer sempre é sob algum aspecto, e geralmente sob muitos aspectos, um produto social, um resultado de pessoas que trabalham em conjunto. Pouco importando qual seja o nosso sonho, quais possam ser os nossos objetivos, não podemos concretizá-los sozinhos. Nós não nascemos para fazer coisas sozinhos. Fomos criados para sermos seres sociais – criaturas fadadas à coexistência e ao trabalho em conjunto nos relacionamentos. Fomos criados para percorrer na companhia de outras pessoas o caminho que leva à realização pessoal.

No entanto, a não ser que outras pessoas se sintam atraídas por você e pelos seus objetivos e metas, você irá constatar que fazer a jornada sozinho é demais na maioria das vezes. O que pode atrair os outros para o seu lado? E para seus projetos? O que irá funcionar para impedir essa solidão pouco saudável? A resposta é simples: Energia. Entusiasmo. Paixão. O seu comprometimento emocional em relação à importância do que está fazendo. As pessoas se sentem atraídas por pessoas que se importam. E as pessoas são atraídas para se importarem com as coisas que importam às outras pessoas que as atraem. Principalmente quando estas outras pessoas também se importam com elas. Tudo isso faz parte da natureza humana. Há uma frase, muito difundida entre os professores a respeito dos estudantes: "Eles não se importarão com o que sabemos até saberem que nos importamos com eles." Esta verdade é universal.

Os amigos, parentes e vizinhos de Rudy Ruettiger estavam comprometidos com o futebol de Notre Dame. E todos se importavam com ele. E Rudy se sentia atraído por essas pessoas, sentia-se comprometido com elas, e assim, como conseqüência, ficou comprometido com o futebol dos *Fighting Irish*. Os jogadores e os demais estudantes de Notre Dame ficaram impressionados com o comprometimento inabalável dele e acabaram se comprometendo com ele. O sonho dele se transformou no desejo deles. E através do novo comprometimento que sentiam por ele e das ações que realizaram por ele, o sonho dele acabou se concretizando.

As pessoas ajudam outras pessoas que se importam. E as pessoas se importam com pessoas que se importam. Enquanto o que importa a você realmente valha a importância que você lhe dá, seu comprometimento de energia emocional irá atrair e segurar tanto a atenção quanto a assistência das pessoas que o cercam, de pessoas que o ajudarão a atingir seus objetivos, de pessoas que o acompanharão ao longo da sua estrada rumo ao sucesso.

Se vale a pena fazer uma coisa, você não pode fazê-la sozinho. Mas se ela vale a pena, também vale a pena se importar com ela. E se você se importar o suficiente com o que está fazendo, seu comprometimento será contagioso e você não estará fazendo isto sozinho. É uma espécie de garantia da qual dispomos.

Em maio de 1987, fiquei surpreso ao receber um prêmio pelo meu trabalho como professor de calouros. Três meses depois, teve início um novo ano acadêmico. Quando entrei no auditório da Biblioteca Hesburgh para encontrar minha nova classe de 300 calouros de filosofia, fiquei novamente espantado. Havia mais alunos atléticos e de ombros largos no auditório do que em qualquer um dos semestres anteriores. Depois da aula, por mera curiosidade, liguei para o departamento de atletismo, me identifiquei e perguntei quantos dos atletas tinham se matriculado no meu curso. A secretária disse que iria verificar e, momentos mais tarde, depois de ter consultado uma lista, respondeu: "Professor Morris, 45 dos nossos atletas estão freqüentando o seu curso este semestre."

"Tantos assim? Que eu saiba, nunca tive mais do que uns cinco ou dez atletas nas minhas aulas antes", respondi. Fiquei preocupado. "Será que de repente sou dono de uma reputação que eu não gostaria de ter?"

"Claro que não", respondeu ela. "Nós não costumamos colocar nossos atletas nos cursos dos professores mais fáceis. Adotamos uma política diferente. Nós tentamos colocar o maior número possível nos cursos dos professores premiados, esperando que estes membros do corpo docente sejam capazes de deixá-los tão interessados pelo trabalho acadêmico quanto estão entusiasmados pelas atividades esportivas."

"Pois eu estou muito orgulhoso em lecionar numa universidade que funciona assim. Fico satisfeito em tê-los no meu curso e em apresentá-los às maravilhas da filosofia."

Dos 31 novos jogadores de futebol daquele semestre, 29 estavam no meu curso. Cada semestre, no curso de introdução à filosofia, faço três provas e exijo de cinco a seis trabalhos escritos, nos quais me baseio para a avaliação final. Na primeira prova daquele semestre, 26 dos meus 29 jogadores de futebol naufragaram terrivelmente, com notas que eu nunca presenciara em todos os meus anos como professor. Não é necessário ficar mencionando detalhes desse desempenho negativo, mas um jovem se esforçou durante uma hora inteira e acabou com a nota zero, numa escala de 100 pontos possíveis. Eu nunca tinha visto isso acontecer. Geralmente, se consegue pelo menos um ponto em algum lugar. Seus colegas conseguiram chegar a sete pontos, a treze ou a vinte. Não mais do que isso.

Dos meus alunos, 48 fracassaram nessa prova. Atletas e não-atletas. Uma primeira prova de filosofia pode ser uma experiência muito difícil. A epistemologia e a metafísica nem sempre são coisas simples e naturais para os calouros. Mas eu nunca tinha visto mais de uma dúzia de alunos fracassando numa prova. O que fazer? Eu não podia perder tantos alunos de uma só vez. Eu me importava com eles. Eu queria que aprendessem. Eu me sentia comprometido com a importância da filosofia para a educação geral deles. Eu me sentia comprometido com eles. Mas não podia simplesmente *dar* as notas a eles, mudando meus padrões de avaliação. A filosofia é o que é. Ou você a aprende ou não. Para dominar o material do meu curso é preciso tanto cuidado, tanto esforço e tanta aplicação quanto num curso de matemática, de química, física ou de qualquer outra matéria.

Tive uma idéia. Decidi formar um clube para todos os alunos, atletas ou não, que tivessem tido um conceito pior do que C em qualquer prova anterior. E o chamei de "Clube Abaixo do C". Marquei reuniões para todas as noites de quinta-feira, sessões de revisão que serviriam para repassar as principais idéias apresentadas nas aulas de segunda e quarta-feira, preparando os alunos com mais dificuldades para pequenos grupos de debate que se reuniriam nas sextas-feiras. E para a próxima prova. Nosso *slogan* era: "Venha ficar com a cabeça fora da água. Venha para o Clube Abaixo do C nas noites de quinta-feira."

Com crianças pequenas em casa, eu deixara de ser uma pessoa com hábitos noturnos. Mas os treinos de futebol se estendiam diariamente até as oito da noite. E os jogadores precisavam jantar. Por isso marcamos nossas reuniões para as nove. Os alunos apareceram em quantidades surpreendentes. Até os treinadores vieram, para garantir a presença dos seus jogadores. Eu realizava essas sessões de revisão com toda a energia e com todo o entusiasmo possíveis. Um dos jogadores declarou a um jornal local, que estava preparando um artigo sobre o meu curso, que "O Professor Morris deve ficar sentado no carro fazendo exercícios de auto-sugestão antes de cada uma destas aulas de revisão. Ele sempre chega com uma carga enorme de *energia*." Eu dava as aulas, fazia perguntas, respondia às questões e fazia preleções sobre a vida, o estudo, os hábitos, a atenção, a concentração, a autodisciplina, o sucesso no curso e na vida em geral. Eu ficava lá durante o tempo que fosse necessário e depois voltava para casa, completamente esgotado.

Eles sabiam que eu me importava com eles. E eu me importava também com a filosofia. Eu me importava com o nosso curso, com o empreendimento conjunto que tínhamos naquele semestre. Meu interesse, minha energia, meu entusiasmo, meu comprometimento emocional foram *contagiantes*. Não demorou muito para que aqueles estudantes começassem a se importar também. E eles começaram a refletir, a espelhar uma parte da minha energia. E começaram a compreender mais o que eu estava lhes ensinando. Eles começaram a estudar de verdade. E a terem um desempenho muito melhor no curso. Na segunda prova, ninguém fracassou. Ninguém. Alunos que tinham tido um conceito D na primeira prova, conseguiram conceitos C+ e B. Estudantes passaram do F para o C. Foi espantoso. E também foi muito gratificante.

Aqueles alunos eram verdadeiros heróis nos campos e nas quadras esportivas. Nas suas cidades de origem, seus nomes e rostos freqüentavam os jornais escolares, as páginas esportivas e até os programas de televisão. Eram pessoas de sucesso, recrutadas no país inteiro. E todos tinham se matriculado em Notre Dame com sonhos de campeonatos. Depois, de repente, se depararam com o fracasso. Um fracasso que ameaçava mergulhar no caos o restante de suas vidas. Um fracasso que poderia puxar o tapete de todos os seus sonhos e esperanças.

Para muitos, teria sido extremamente fácil desistir. Existe certa psicologia de "livrar a cara", que pode entrar em ação num momento como esse. É natural sentir-se tentado a abandonar as tentativas, o que nos permite dizer mais tarde, depois do fracasso: "Bem, para dizer a verdade, eu nem tentei. Eu nem me esforcei. Para quê? Quem precisa disso?" Fracassar é ruim, isso já está decidido. Mas tentar, esforçar-se de verdade e fracassar mesmo assim, é ainda pior. O perigo era que, quando se deparassem com uma ameaça de fracasso no curso de filosofia, esses estudantes desistissem, garantindo assim o fracasso.

Mas eles não desistiram. Eles foram contagiados pelo meu comprometimento. E conseguiram sucesso. Fiquei muito orgulhoso deles. E fiquei com orgulho de mim pelo que havia conseguido fazer para ajudá-los.

Pouco tempo depois da divulgação dos resultados dessa segunda prova, bateram na porta da minha sala. Era um repórter de um grande jornal nacional. Ele disse: "Professor Morris, fiquei sabendo que todos os calouros da equipe de futebol assistem ao seu grande curso de filosofia."

"Bem, eu estou com 29 dos 31 calouros da equipe na minha classe."

"Também fiquei sabendo que todos eles fracassaram na primeira prova."

"Na verdade, foram 26 destes 29 que fracassaram na primeira prova", respondi.

"Também fiquei sabendo que todos eles, de repente, estão indo *muito bem* no seu curso."

"Exatamente", comentei entusiasmado. "As notas aumentaram de uma forma espantosa na segunda prova. Ninguém fracassou. Eles estão tendo um desempenho muito, *muito* melhor. E isso é motivo de muito orgulho para mim."

O repórter ficou cético. "O senhor se importaria se eu desse uma olhadela nessa segunda prova?" Eu já estava compreendendo o motivo da visita. Ele suspeitava que alguma coisa estranha estivesse acontecendo. Ele imaginou que, na segunda prova, eu teria ajudado a equipe de futebol, talvez até formulando questões fáceis e específicas como "Analise o conceito do bem na frase 'Um bom arremesso' ". Não havia problema. Abri uma gaveta e entreguei-lhe uma cópia da prova. Incrédulo, ele a leu em voz alta: "Apresente duas versões da Argumentação Ontológica de Santo Anselmo para a existência de Deus. Mencione três das críticas feitas por David Hume à Argumentação Teleológica." Uma longa pausa. Depois de ter examinado o restante da prova, ele perguntou: "E jogadores de futebol são capazes de *ler* essas perguntas?"

"Eles não apenas conseguem ler essas perguntas, como também são capazes de fornecer as respostas exatas. Estes serão os nossos futuros filósofos." Expliquei ao repórter como o meu comprometimento passara a ser um comprometimento deles. Como a minha paixão despertara neles a vontade de estudar e de aprender. E também que nada daquilo deveria ser uma surpresa. Porque eu não estaria lecionando se não tivesse tido a experiência maravilhosa de ter estudado com professores imbuídos de paixão e de comprometimento pelo que faziam e pelo que eu estava aprendendo. Um comprometimento emocional com relação à importância do que estamos fazendo serve para nos sustentar na nossa jornada e incentiva outros a se juntarem a nós. Isto faz com que as coisas aconteçam de formas muito animadoras.

168

> No vasto oceano da vida, velejamos de formas diversas; a Razão é o nosso mapa, mas o vento forte é a Paixão.   *Alexander Pope*

ACENDER O FOGO

Um velho provérbio texano afirma que "não se pode acender o fogo com fósforos molhados". Existem pessoas demais que funcionam como fósforos molhados. Há gravetos por todos os lados, secos e prontos para se inflamarem, mas eles não pegam fogo por falta de uma faísca. Caso você não esteja soltando faíscas, caso ainda não esteja inflamado, *por que* isso não está acontecendo? No mundo do meu trabalho, no mundo acadêmico, na vida intelectual, no setor da mente, aparentemente existem muitas pessoas que se consideram os guardiães da verdade, os protetores da sua pureza, os donos das labaredas. Eu prefiro ser um incendiário intelectual, ajudando a tocar fogo no mundo com as idéias certas. Mas, para fazer isso, preciso estar bastante entusiasmado. É preciso que eu tenha em mim o fogo dessas idéias.

Recentemente, encontrei uma observação muito inteligente, feita por um homem chamado Reggie Leach: "O sucesso não é resultado da combustão espontânea. É preciso que você coloque fogo em si mesmo." Se não criamos energia para as nossas idéias e depois transferimos esta energia aos nossos projetos, como é que eles podem avançar? Se não partilhamos da energia com outras pessoas, por que elas haveriam de se importar conosco e com nossos planos? Por que elas se preocupariam com nossas metas e objetivos? Mas como podemos gerar energia e interesse se não dispomos ainda destas qualidades? Onde podemos encontrar a emoção da qual necessitamos? Como devemos agir para "tocar fogo" em nós mesmos?

Passei a acreditar que tanto a vida bem-sucedida como o trabalho bem-sucedido sempre dependem de um processo:

1. Autodescoberta
2. Auto-invenção
3. Autodisciplina e
4. Autocomplacência

No decorrer da nossa viagem pela vida, idealmente estamos descobrindo talentos que nunca suspeitáramos ter. Na medida em que determinamos metas e objetivos, que trabalhamos com confiança, que nos esforçamos

169

para a concentração no passo seguinte, que lutamos pela coerência e que nos examinamos à procura do comprometimento emocional necessário, estamos sempre participando de um processo de autodescoberta, de ampliação do autoconhecimento. Mas nem tudo o que somos, e o que seremos, se encontra dentro de nós desde o início, esperando pela oportunidade de vir à tona. Temos em nós o poder de criar, de inventar, de nos transformar no que seremos, algo compatível com os talentos mais básicos que recebemos. Nesta vida, somos lançados também numa jornada de criação de nós mesmos. O que nos tornaremos? O que construiremos dentro de nós? No início, temos a matéria-prima, no seu nível básico; mas depende de nós o que faremos dela.

Como iremos formar e moldar a nossa vida? Nossas carreiras? Nossos relacionamentos? Como iremos *inventar* as pessoas que seremos? Na base dos pensamentos, das atitudes e das emoções está a vontade. No fundo dos efeitos inegáveis da hereditariedade e do ambiente está a vontade. Todos temos poder, por menor que seja, energia, por mais sutil que seja, que podem ser usados pela vontade. A força de vontade, ou seja, a capacidade humana fundamental de agir contém inerentemente uma certa dose de energia renovável no seu núcleo central. E nada é mais fundamental na vida do que o poder da vontade.

> O homem que tenha a força de vontade para se submeter a todos os esforços do trabalho poderá atingir qualquer meta. *Menandro*

Um pessimista observou certa vez: "A vida não passa de um longo processo que nos deixa cansados." Muitas pessoas parecem concordar com isso. Elas se sentem vítimas da vida, das circunstâncias e de outras pessoas que não conseguem controlar. Elas se sentem pressionadas por forças que cruzam seus caminhos. Elas se sentem desgastadas pelas dificuldades da vida quotidiana. Elas desistem. Elas se deixam levar pela correnteza. E depois se queixam dos lugares onde foram parar.

Quem você é e para onde vai sempre é, em parte – e numa parte considerável – resultado do que você faz. Não se trata apenas de um resultado das coisas que lhe acontecem. É você quem toma a iniciativa. A força de vontade está à disposição. Todos a temos. Nós simplesmente nem sempre a usamos. E por isto acabamos esquecendo sua existência. Ou então, usamos uma parte dela e depois deixamos de renová-la. Deixamos de sonhar. Deixamos de usar nossa imaginação, a fonte natural mais importante de renovação interior. E, desta maneira, vamos ficando cada vez mais fracos. Naufragamos. O cômico

W. C. Fields certa vez fez uma advertência: "Lembre-se que um peixe morto pode flutuar rio abaixo, mas é preciso que ele esteja vivo para subir a correnteza." Você é um peixe morto? Ou você se assemelha mais a uma enguia elétrica, enfrentando a correnteza e produzindo a sua própria corrente? Você se sente vivo no que está fazendo? No que está passando a ser?

Sem autodisciplina é muito difícil nadar rio acima. Tanto a autodescoberta quanto a auto-invenção precisam de uma certa dose de autodisciplina. E a autodisciplina, por sua vez, requer energia. Precisamos nos direcionar. Às vezes, precisamos nos forçar. Em certas ocasiões precisamos nos negar facilidades, confortos, pequenas comodidades que gostaríamos de gozar. Um sacrifício por curto tempo para conseguir vantagens a longo prazo e uma satisfação duradoura é uma opção quase esquecida nos tempos atuais. Usando a força de vontade, precisamos ser capazes de despertar o poder necessário para nos governarmos. Só com uma autodisciplina suficiente é que a autodescoberta e a auto-invenção podem realmente florescer.

> Quando a vontade está preparada, os pés ficam mais leves.
>
> *George Herbert*

Mas descobrir a sua verdadeira natureza e inventar a sua própria trajetória de vida deveriam sempre ser os exercícios mais excitantes que possam ser imaginados. Isso deve ser considerado como o máximo de auto-indulgência apropriada. Podemos nos presentear fazendo algo de que gostamos sempre que isto for possível. Nós nos disciplinamos para fazer tudo o que for necessário sempre que queremos ou que precisamos ficar em harmonia com nosso alvo, nos dedicando à busca do que valorizamos e do que amamos profundamente até mesmo quando não estamos com muita vontade de agir assim. A autodisciplina é uma condição do verdadeiro desenvolvimento pessoal e da conquista da verdadeira excelência pessoal. É preciso ter autodisciplina para persistir nos momentos de dificuldade. Mas se o que almejamos é um objetivo importante para o nosso coração, essa autodisciplina acaba prestando serviços ao melhor tipo de autocomplacência imaginável. E esse esforço de nadar rio acima, para o qual precisamos nos disciplinar, acabará sendo recompensado de formas nunca vistas antes, à medida que formos descobrindo novas correntezas que possam nos impelir em direção às nossas metas. O reconhecimento disso pode ativar nossa emoção e nossa imaginação, ampliando ainda mais nossas energias. A compreensão disso pode ajudar a acender nosso fogo.

Você está fazendo o que ama? Está trabalhando em algo que o deixa "inflamado"? Algo que alimenta as chamas do seu coração? Se não está, por que não? Faça uma mudança. Faça algo diferente. Ou então passe a amar o que faz. Invista seu coração. Agora.

> Quando o amor e a competência trabalham lado a lado, você pode contar com uma obra-prima. *John Ruskin*

Exatamente. Uma maneira de fazer o que se ama é simplesmente decidir começar a amar o que se faz. Todos temos certo controle sobre isso. Se você está num emprego que julga ser entediante, difícil, árido e monótono, você precisa de uma mudança. Isto não significa necessariamente que tenha de trocar de trabalho. Às vezes, ajuda tentar mudar a forma como você *encara* o seu trabalho. E, obviamente, você pode mudar o seu trabalho *de dentro para fora*. O nome continua o mesmo, e também as tarefas, as pessoas, os lugares, o salário – mas será um trabalho diferente se você o encarar de outra maneira.

Esta história já foi contada muitas vezes. Três homens estão transportando pedras em carrinhos de mão. Pergunta-se a cada um o que estão fazendo. O primeiro responde: "Estou carregando pedras." O segundo diz: "Estou ajudando a levantar uma parede. " E o terceiro afirma: "Estou construindo uma catedral." Qual dos três deve estar amando mais o que faz? Qual deles tem mais probabilidades de dispor das energias necessárias? Qual está participando com o coração no que faz? E qual deve estar tendo o melhor desempenho? Não resta a menor dúvida. É o terceiro. Aquele que acredita estar participando de uma tarefa nobre de grande significado e importância. A lição a ser aprendida disto? Não fique apenas carregando pedras ou ajudando a levantar paredes. Construa catedrais. Assuma a atitude dos grandes construtores e poderá construir uma grande vida.

> A grandeza, afinal de contas, apesar do seu nome, parece não ser tanto um determinado tamanho, mas sim certa qualidade na vida humana. Ela pode estar presente em vidas cuja amplitude seja muito pequena. *Phillips Brooks*
>
> A grandeza é uma condição espiritual. *Matthew Arnold*

Qualquer trabalho pode ser descrito de maneira trivial. Da mesma forma, é possível descrever qualquer trabalho como sendo grande, importante e nobre. Como escritor, coloco tinta no papel. Uma descrição trivial. Como escritor, tento desenvolver novas idéias e compartilhá-las com pessoas do mundo inteiro, para que todos possam levar uma vida melhor no futuro. Uma descrição nobre. Que descrição adoto para as coisas que faço? Felizmente, é a segunda opção. Só um conceito enobrecedor do que fazemos irá nos inspirar para o profundo comprometimento emocional que necessitamos para fazê-lo bem.

Uma agente imobiliária deve achar que está ajudando pessoas a encontrar ambientes para viver, que possam melhorar consideravelmente a estadia delas neste planeta. Um mecânico de carros deve pensar que está acrescentando um valor incomensurável à vida dos seus clientes, uma vez que ajuda a garantir que eles tenham um transporte seguro e eficiente, de forma a aumentar o tempo de permanência deles no planeta. Você trabalha num escritório? É professor? Presta algum serviço? Independentemente de quem você seja, ou do que faça, desde que esteja envolvido em fornecer algum produto ou serviço capaz de beneficiar outros, você pode criar e manter na sua mente um conceito nobre do seu papel no mundo. Você pode se inspirar para usar intensamente os recursos dos quais dispõe para atingir o sucesso que merece. E você pode inspirar seus colegas a fazerem exatamente a mesma coisa.

> Não há profissão nem emprego em que um jovem não possa se tornar um herói.
> *Walt Whitman*
> (Ou uma jovem, Walt!)

Você não precisa ser fisicamente forte ou bonito, financeiramente rico ou poderoso, intelectualmente brilhante ou socialmente bem-relacionado. Você pode ter pensado até agora que sua contribuição para a vida é pequena. Mas pense outra vez. Coisas pequenas podem ter grandes conseqüências. Coisas pequenas podem transmitir grandes significados. Com a atitude mental correta, podemos ver isto e nos sentir profundamente motivados.

No segundo capítulo, eu me referi a uma impressionante afirmação feita certa vez pelo grande psicólogo William James, ou seja, sua declaração de que "a maior descoberta da minha geração é o fato de que um ser humano pode alterar sua vida alterando o seu modo de pensar". Esta é a chave. No trabalho, coloque a imaginação em funcionamento. Como é que você se relaciona com o que outros fazem e vivenciam? Qual é a Grande Imagem que está por trás dos seus menores desafios e esforços? Quais são os valores mais elevados e as metas finais que você está perseguindo? Qual é o resultado final mais maravilhoso para suas ações, quando elas se encaixam num esquema maior das coisas? Use a imaginação. Amplie a visão interior. O que acontece conosco nunca é tão importante quanto a maneira como pensamos sobre o que acontece conosco. O que fazemos é apenas tão importante quanto o que pensamos sobre o que fazemos. Portanto: *Pense grande*.

Para as almas generosas, todas as tarefas são nobres. *Eurípedes*

Encontre metas específicas que possa estabelecer dentro dos limites do seu trabalho, objetivos cuja conquista lhe agrade e satisfaça porque são seus, pouco importando quão grandes ou pequenos sejam. Usufrua as conquistas. Sinta-se bem com o que fez. E depois escolha novas metas. Seja criativo. Amplie os limites normais do trabalho. Seja imaginativo. Lúdico. Permita que a criança que existe no seu interior se divirta com o que você faz. Regozije-se. Curta o processo. Aprecie as coisas pequenas. Fazendo isso, as coisas grandes acabarão se encarregando de si mesmas.

Procure conhecer as pessoas que o cercam como *pessoas*. Não apenas como supervisores, colegas ou subordinados. É bom conhecê-las assim, mas mais importante é conhecê-las como seres humanos com necessidades e desejos, com amores e ódios, com forças e fraquezas exatamente como você também tem. Construa relacionamentos melhores com as pessoas que o cercam. Mostre que você se importa. Demonstre suas preocupações. Faça algo de simpático para elas, sem esperar qualquer coisa em troca. E depois, prepare-se para uma surpresa: você receberá muito como retribuição.

Fazer o bem aos outros não é um dever. É uma alegria, pois serve para aumentar a sua própria saúde e felicidade. *Zoroastro*

Assuma o controle sobre a sua situação atual de uma forma positiva. Use a força de vontade. Recuse-se a ser diminuído. Recuse-se a ser rebaixado. Considere seu trabalho como sendo a coisa extraordinária e positiva que pode ser. Não aceite nada que seja menos do que isto. Nada é intrinsecamente fascinante nem inevitavelmente monótono. Em grande escala, transformamos tudo o que existe para nós em emoções e atitudes. Depende de nós. Levando em consideração estas verdades e seguindo seus conselhos, você estará começando a se inflamar.

VIVER UMA VIDA EQUILIBRADA

A coisa mais importante que aprendi ao longo de muitos anos da minha educação formal foi aprendida no primeiro dia da primeira série na Academia Durham, em Durham, no Estado da Carolina do Norte. Assim que estávamos todos instalados nas pequenas carteiras, a professora foi ao quadro-negro e escreveu uma frase. Ninguém tinha a menor idéia dos motivos dela, uma vez que nenhum de nós sabia ler. Felizmente, ela a leu para nós:

A vida não é aquilo que você quer que ela seja; é o que você faz ela ser.

Depois, essa professora explicou a frase. E é uma explicação da qual me lembro até hoje. Todos somos artistas. Nossas vidas são nossas maiores obras de arte. Esta obra de arte é a melhor que poderia ser? Estamos *fazendo* com que ela seja a melhor possível? Estamos investindo energia em nossa vida? Estamos vivendo com entusiasmo?

Neste ponto, gostaria de citar Harry Truman, que certa vez declarou:

Já estudei a vida de homens grandes e famosos e constatei que os homens e as mulheres que chegaram ao topo foram os que desempenharam suas tarefas com tudo o que tinham em termos de energia, de entusiasmo e de muito esforço.

Energia, entusiasmo e muito esforço. É pouco freqüente encontrar esses termos nos dias atuais. Talvez tensão, exaustão e muito esforço. Ou talvez tédio ingrato, a baixa remuneração e muito esforço. Mas com que freqüência associamos energia, entusiasmo e muito esforço? Mas deveríamos associá-los, tanto na nossa mente como na nossa vida.

Fomos planejados para trabalhar. Fomos planejados também para nos divertir. E fomos planejados para descansar. Poucas pessoas apreciam igualmente essas três verdades. Poucos de nós as integram corretamente em suas vidas. A maioria parece pensar que trabalhamos apenas para comprar o tempo, os materiais e as oportunidades para os divertimentos e para relaxar. Como se esta fosse a única finalidade do trabalho: seu equivalente em termos de poder aquisitivo para comprarmos o tempo e os instrumentos que nos afastam do trabalho. Segundo esta visão, nós trabalhamos apenas para adquirir o que necessitamos para aproveitarmos o tempo que nos resta com o que realmente amamos. Trabalhamos para o fim de semana. É a filosofia de vida do "Graças a Deus é Sexta-Feira". O ideal, desse ponto de vista, seria o trabalho mínimo e a recreação máxima, ou então, *trabalho nenhum* – férias intermináveis.

No entanto, quando olhamos em torno e vemos homens e mulheres sem trabalhos significativos para fazer, não encontramos apenas pessoas inteiramente felizes e invejáveis. Encontramos muitas pessoas desesperadamente infelizes. Pessoas deprimidas, irritadas e frustradas. Fomos planejados para o trabalho. Precisamos trabalhar. Quando ficamos privados de trabalho produtivo e significativo, não somos realmente nós mesmos. Não somos o que fomos planejados para ser. A recreação sem uma criação produtiva é vazia.

> O repouso excessivo se torna doloroso.   *Homero*

Obviamente, também existem muitas pessoas viciadas em trabalho neste mundo. E poucas delas parecem ser modelos de felicidade. São pessoas impelidas por idéias fixas. E sempre que essa imagem surge, ela não promete resultados muito agradáveis. Tipicamente, essas pessoas acreditam que a única desculpa para o descanso ou para o divertimento seja uma recuperação de forças que lhes permitam voltar ao trabalho. Dormimos para poder trabalhar. Comemos para poder trabalhar. Praticamos esportes para conseguir aquela vantagem competitiva necessária para trabalhar. O ideal, deste ponto de vista, seria o mínimo de recreação e o máximo de trabalho, ou *nada de recreação, nada de descanso* – um dia de trabalho de 24 horas. Uma semana de trabalho de sete dias. O ano inteiro.

Toda vida precisa de equilíbrio. Precisamos de trabalho. Precisamos de recreação. Precisamos de descanso. Precisamos do tipo de amor pelo que fazemos, capaz de gerar energia e entusiasmo. E precisamos de uma integração melhor de todas estas coisas. São muitas as pessoas que dividem suas vidas em compartimentos estanques. Elas separam as coisas. Tempo para o trabalho. Trabalho intenso. Tempo para a recreação. Uma recreação cheia de energia. Tempo para amar. Um amor entusiasmado. E depois, tempo para descansar disso tudo.

Precisamos de mais fluxo, de mais união, de uma maior continuidade em nossas vidas. Precisamos aprender a integrar a recreação nos nossos trabalhos, até mesmo nos mais difíceis. É difícil transmitir energia e comprometimento emocional a um ambiente onde nunca conseguimos nos divertir. Nós precisamos de equilíbrio. E, às vezes, precisamos integrar até o descanso com o tempo de trabalho. As mãos mais ocupadas nem sempre são as que mais produzem, e geralmente não produzem os resultados mais importantes e criativos. A recreação e a criação positiva freqüentemente avançam lado a lado. Aprenda quando fazer uma pausa. Deixe que sua mente inconsciente saboreie e cozinhe lentamente algumas idéias. Solte-se. Relaxe. Adquira certa perspectiva. Reduza a velocidade. Espreguice-se. Respire fundo. Esvazie a mente. E depois retorne ao trabalho. Muitas vezes, este pequeno repouso, esta minúscula mudança de ritmo irá lhe fornecer uma nova dose de idéias e energias, uma solução criativa e passional para um problema e um vigor renovado para o trabalho, de modo que você acabará fazendo mais em menos tempo do que se tivesse continuado sem interrupções, provavelmente esgotado, em direção aos seus objetivos.

> O que não tem períodos de repouso não será de grande duração.
>
> *Ovídio*

Energia, entusiasmo e muito esforço. Estas coisas podem – e devem – ficar juntas. A energia exige repouso para que possa ser contínua. O entusiasmo necessita de recreação. E o grande esforço requer amor. Faça o que ama amando o que faz. Você está emocionalmente comprometido em relação à importância do que faz? Agora? Regularmente? Não espere mais. Comprometa-se agora. Depende de você.

"Mas espere um pouco", poderá protestar você. "Uma grande parte do meu trabalho se compõe de coisas rotineiras, comuns, entediantes, monótonas. Como é que posso conseguir um comprometimento *emocional* em relação a tudo isso?"

Um sábio comentou certa vez que não há atividades tediosas, apenas pessoas entediadas. É claro que isto pode ser um exagero. Mas a verdade é que a vida não é o que você quer que ela seja, mas o que você faz dela. Nosso emprego, nossas atividades, nossa rotina são como argila mole esperando para ser moldada por nós. O que faremos com estas coisas? Como pensaremos a respeito delas? O que sentiremos por elas? Depende de nós. Trata-se, em última análise, de uma questão de *vontade*. Como iremos usar a força de vontade básica que temos em nossa vida, ou no trabalho, à medida que vamos definindo objetivos e nos esforçamos para alcançá-los? Como imaginaremos o que fazemos? Como direcionaremos nossas atitudes? Como escolheremos o modo pelo qual usar nossa energia? Será algo tedioso? Será fascinante? De fato, depende apenas de nós. Esta é uma verdade muito libertadora.

Podemos realizar nossas atividades com interesse, com energia e com emoção. Podemos fornecer ao nosso dia o fogo do qual necessitamos. Temos esse poder. Será necessária a imaginação. E, às vezes, será necessário também um certo esforço. Mas este esforço terá efeitos que irão nos erguer, incentivando ainda mais nossa imaginação e dando-nos mais energia. E farão com que o nível seguinte de comprometimento emocional se torne um pouco mais fácil. Nossa energia emocional será transmitida. As pessoas se sentirão atraídas por nós e pelos nossos projetos. Outras se juntarão a nós. E todos veremos os resultados.

Uma das muitas ironias da vida é o fato de o egoísmo ser autodestrutivo. Precisamos nos importar com nós mesmos e com os nossos projetos. Mas nunca devemos nos importar apenas com nós mesmos. O interesse pessoal é ótimo e saudável, desde que não seja o nosso único interesse. De fato, os maiores sábios reconheceram que um interesse pessoal apropriado é a melhor base para qualquer interesse apropriado pelos outros. O amor natural que sentimos por nós mesmos pode nos ensinar como amar os outros e como nos importar com eles. E deveria fazer isso. Pode parecer um tanto paradoxal a princípio, mas só quando realmente nos importamos com as pessoas que nos cercam é que temos maiores probabilidades de conseguir todo o grande sucesso de que somos capazes.

> Uma pessoa totalmente envolvida consigo mesma forma um pacote muito pequeno. *Harry Emerson Fosdick*

Como passamos a nos importar sinceramente com as pessoas que nos cercam? Para alguns, isso é natural. Para outros, requer um esforço de atenção constante. Se você acha que o altruísmo é um bocado difícil, se o fato de se importar com os outros não surgir naturalmente, não se desespere. Há passos que você pode dar para fazer isso acontecer. Comece a incluir os outros nos seus planos. Faça um esforço para cuidar deles e de suas necessidades. Comporte-se *como se* você se importasse com eles, da maneira mais sincera possível. Esta é apenas mais uma aplicação do Enfoque da Ação à Atitude, analisado no segundo capítulo deste livro. Antes que se passe muito tempo, como resultado da sua preocupação em se importar com as pessoas, você estará realmente se importando com elas. E com a ajuda que eventualmente lhe será dada como uma resposta natural do que fez pelos outros, você será capaz de realizar muito mais em termos de aproximação dos seus objetivos do que conseguiria sozinho. Com a sua ajuda, as pessoas que o cercam acabarão gozando do mesmo benefício. E, assim, o processo deixará todos em melhor situação. Isso é um verdadeiro processo ao longo do caminho para a forma mais satisfatória possível do sucesso. De fato, esta é uma perspectiva muito animadora.

> Quem não vive um pouco para os outros pouco vive para si mesmo.
> *Michel de Montaigne*

O quinto "C" do sucesso, a condição número cinco: necessitamos de um comprometimento emocional com relação à importância do que estamos fazendo e com relação às pessoas com as quais estamos fazendo isso.

6

Um caráter de
alta qualidade

Condição Número Seis: Necessitamos de um bom caráter que nos guie e que nos mantenha na rota apropriada.

Atualmente, as pessoas falam muito a respeito da determinação de metas. Mas, por vezes, tem-se a impressão de que elas falam como se não tivesse muita importância *que* tipo de metas escolhemos, desde que tenhamos metas e objetivos. Alvos a serem alcançados e atingidos. Sonhos a serem concretizados. Qualquer alvo. Qualquer sonho. Mas nem todas as metas são iguais. Uma boa determinação de metas requer uma boa capacidade de julgamento; e um bom julgamento, em última análise, sempre está em função de um bom caráter.

Vivemos numa época em que muitas pessoas estão começando a dizer que, de repente, passaram a reconhecer que, durante anos ou até mesmo décadas, se dedicaram a alcançar as coisas erradas. Esta pode ser uma constatação assustadora. Para algumas pessoas, isso é motivo de depressão. Para muitas outras, isso tem um efeito de libertação. De qualquer forma, sempre é algo revelador e com potencial para mudar a vida. Em todos os casos, sempre significa a constatação de que nem todas as metas e objetivos têm o mesmo valor. Ficamos numa situação muito melhor quando nos dedicamos à busca de metas que realmente sejam corretas para nós, de sonhos que genuinamente mereçam nosso tempo e nossos esforços. O verdadeiro sucesso não se limita a atingir metas e objetivos. Ele consiste em atingir metas que mereçam ser atingidas. Sem a orientação correta, é improvável que sigamos caminhos certos e que façamos as escolhas mais acertadas. Sempre necessitamos de um bom caráter que nos guie na nossa escolha de metas e objetivos.

O caráter é o núcleo moral da personalidade. Ele deveria ser imaginado como sendo a base, o alicerce da personalidade. Como Stephen Covey e outros passaram a observar no decorrer dos últimos anos, uma parte grande demais da literatura a respeito do sucesso no nosso século tem se orientado pela personalidade, quando, na verdade, deveria se basear no caráter. Uma casa maravilhosa construída sobre maus alicerces não pode fornecer uma habitação segura e estável a longo prazo. Da mesma forma, uma personalidade interessante com um mau caráter não pode fornecer nenhuma forma duradoura e satisfatória de sucesso.

> Caráter é destino. *Heráclito*

Quando nos referimos ao caráter moral básico de uma pessoa, estamos nos referindo a um conjunto integrado de suas características ou tendências fundamentais, relacionadas com a percepção moral, com o julgamento moral, com a formação de atitudes, com a emoção e com a ação. Um bom caráter geralmente é o resultado da formação – por exemplo, do treinamento, das correções e dos hábitos. O mau caráter muitas vezes é resultado da negligência. O caráter bom é a principal fonte da perspicácia ética e de processos sensatos de tomadas de decisão. O mau caráter é a principal fonte de erros morais. O bom caráter é a premissa necessária para uma determinação de metas apropriadas e satisfatórias a longo prazo. O mau caráter é uma garantia de problemas e de ações que, em última análise, sempre acabam sendo derrotistas. Por vários motivos, estou firmemente convencido de que o verdadeiro sucesso não pode ser alcançado à parte de um processo de desenvolvimento de caráter ético.

OS MEIOS, OS FINS E O VERDADEIRO SUCESSO

Para o verdadeiro sucesso, é importante saber quais são nossas metas e objetivos. E também é importante saber como agiremos para alcançá-los. Os meios são tão importantes quanto os fins. Como chegamos lá é tão importante quanto o lugar onde pretendemos chegar. Esta, infelizmente, parece ser uma verdade quase esquecida na nossa sociedade altamente competitiva.

Todos querem ser vencedores. Ninguém quer perder. Noutros tempos, o pior tipo de insulto e a forma mais severa de condenação era chamar-se alguém de patife, de grosseirão, de mentiroso, de não digno de confiança, de inescrupuloso, de destituído de ética, de imoral ou simplesmente de pessoa ruim. Em tempos mais recentes, a pior ofensa e condenação parece ser a de se chamar alguém de "perdedor". Trata-se de um epíteto a ser evitado custe o que custar. O pior do pior. Um rótulo do que há de pior e mais sombrio imaginável.

> Os que sabem como vencer são muito mais numerosos do que os que sabem usar suas vitórias de forma apropriada. *Políbio*

"Vencer não é tudo", declarou certa vez Vince Lombardi, "é a única coisa que importa." A vitória ou nada. Esta é uma das mais famosas citações dos tempos modernos, usada como *slogan* de sucesso, quase como um grito de batalha, por pessoas dispostas a fazer *qualquer coisa* para conquistar a vitória, pouco importando os custos e as conseqüências para si mesmos e para todos os que os cercam. Nos últimos anos, o grande treinador esportivo Lombardi ficou muito frustrado com a maneira como sua observação a respeito da vitória passou a ser interpretada e usada para justificar quase todas as formas de comportamento, por menos éticas que possam ser. Ele chegou até a se queixar amargamente: "Eu gostaria de nunca ter dito aquilo... Eu me referia ao esforço... a ter uma meta... Certamente não quis dizer que as pessoas têm o direito de ignorar os valores humanos e a moral." Mas com uma fixação na vitória, na conquista de suas metas a qualquer preço e por quaisquer meios, muitas pessoas comprometidas com o sucesso percorreram seus caminhos pisoteando importantes e genuínos valores humanos, ignorando todos os aspectos morais sem qualquer tipo de hesitação ou de arrependimento. Estas pessoas acreditam que os meios justificam os fins e que a finalidade de todos os meios sempre é única e exclusivamente a conquista da vitória.

Alfred Hitchcock certa vez resumiu uma atitude bastante comum neste sentido, ao dizer:

"Na verdade, vencer não é algo tão difícil assim. Quero dizer, não é difícil desde que você tenha sido abençoado com um olhar atento, com uma mente ágil e com uma total ausência de escrúpulos."

E isso, é claro, expressa perfeitamente o panorama mental das atitudes interminavelmente manipuladoras que nos últimos anos passou a ser apresentado como sendo o sucesso. Não causa surpresa alguma constatar que nos nossos tempos a mais negligenciada condição de sucesso seja justamente a nossa Condição Número Seis: a necessidade de um bom caráter que nos guie e que nos mantenha na rota apropriada. O tipo de caráter capaz de nos fornecer uma boa orientação na nossa escolha de metas e dos meios para atingir estes objetivos.

Um instante. Será que um bom caráter realmente é uma condição do sucesso? Uma pessoa totalmente desprovida de escrúpulos não pode ser um grande sucesso? Não existe um grande número de pessoas completamente inescrupulosas ocupando posições bastante elevadas no mundo moderno? Já não foi dito que "os bonzinhos sempre chegam em último lugar"? Como podemos, de forma plausível, identificar o bom caráter como sendo uma condição básica para o sucesso?

Eu não negaria por um instante sequer que uma pessoa ruim pode conquistar bons resultados de uma maneira ruim e prosperar como resultado disso. Num setor de metas limitadas e durante um período de tempo também limitado. Mas esses bons resultados e essa prosperidade serão maculados pelas más conseqüências que podem não ser facilmente visíveis a princípio, mas que se tornarão cada vez mais significativas a longo prazo. Um patife trapaceiro realmente pode às vezes alcançar todos os seus objetivos, enriquecendo e tornando-se famoso no decorrer deste processo. Ele pode sentir prazer com os resultados de suas patifarias e até mesmo gozar sua realização. Mas ele pode ser feliz? Realmente feliz? Verdadeiramente satisfeito? Realizado por saber que atingiu o melhor que é capaz de ser? Não acredito nisso. A felicidade não é sinônimo de prazer ou de gosto superficial. Trata-se de algo mais profundo e mais amplo. Como a verdadeira satisfação. E a realização. Freqüentemente, elas envolvem o prazer e o gozo, mas esses estados psicológicos mais simples e mais imediatos não são uma garantia daquelas condições mais profundas e duradouras que todos procuramos. O foco das minhas preocupações neste livro, em última análise, é o tipo de sucesso mais profundo e mais satisfatório que podemos atingir; aquilo a que eu me refiro como sendo o "verdadeiro sucesso". Com esta expressão, estou me referindo ao sucesso que seja profundamente satisfatório, que envolva aproveitar ao máximo o nosso potencial e que seja sustentável a longo prazo, o tipo de sucesso que contribui para todas as formas da saúde e do florescimento humano. Uma pessoa pode atingir durante algum tempo certo *grau* de sucesso na sociedade sem ter um bom caráter, mas sem essa condição ninguém pode realmente *ser* um sucesso, no sentido mais completo e profundo da palavra.

A EXCELÊNCIA E A ÉTICA

Os gregos antigos dispunham de uma palavra muito interessante: *areté*. Ela pode ser traduzida de duas formas diferentes. Tanto pode significar "excelência" como "virtude".

Isso nos confunde. Atualmente, quase todas as pessoas parecem achar que a excelência é uma coisa e que virtude é outra, completamente diferente. A excelência tem que ver com o sucesso, com a conquista e a superioridade. A virtude, por outro lado, é amplamente considerada como sendo algo associado a uma idéia antiquada de ética, relacionada com certo conceito tradicional e esquisito de moral pessoal, não tendo nenhum tipo de relevância com qualquer coisa associada às questões de excelência. Essa perspectiva bastante comum não poderia estar mais errada.

A virtude é para a alma o que a saúde é para o corpo.

La Rochefoucauld

Virtude é harmonia.

Pitágoras

Certa vez, fui visitado por um jovem executivo, cujo desejo era que eu fosse à sua empresa e que fizesse algumas palestras a respeito do sucesso e da ética. Ele me procurou na minha sala, sentou-se e disse: "Veja, não sei como dizer isto, mas é preciso que o senhor saiba de uma coisa de antemão. Na nossa empresa, temos uma lista categórica de valores que costuma ser entregue a todos os novos funcionários, em todos os níveis. Assumimos uma posição oficial quanto à importância da ética e da conduta ética. Mas desconfio que essa relação de valores que distribuímos vai parar diretamente nas gavetas das pessoas, e que ninguém jamais a lê nem pensa a respeito dela. Na nossa cultura empresarial, a preocupação predominante diz respeito à excelência. Nós pensamos sobre a excelência e falamos a respeito dela numa base bastante regular. Todos também parecem concordar que a ética é importante. Mas nunca falamos realmente a respeito dela. Parece até mesmo que há certa preocupação não formulada na mente de muitas pessoas da empresa quanto à possibilidade de haver algum tipo de conflito profundo entre a ética e a excelência, se chegássemos a uma análise final. E se for preciso escolher, estamos comprometidos com a excelência. Precisamos estar. O mercado exige isto. Você compreende o que quero dizer?"

Eu compreendia. E acho que esta é uma preocupação muito comum dentro do contexto de muitas empresas. A moral é uma coisa nobre, mas negócios são negócios. Nossas metas precisam ser alcançadas. O balanço dos lucros é importante. O sucesso precisa ser alcançado e mantido, aconteça o que acontecer. E a excelência é o nosso padrão. Se a ética atrapalhar, bem, isso é uma pena, mas fazemos o que precisamos fazer. Meu visitante queria que eu falasse na sua organização a respeito da importância da ética, mas estava um pouco apreensivo quanto à reação que esse tópico poderia provocar se não fosse apresentado da maneira correta. Ele queria saber se eu poderia fazer alguma coisa para diminuir esta profunda preocupação quanto à possibilidade de um conflito entre a ética e a excelência.

Eu lhe expliquei imediatamente que, longe de achar que a ética e a excelência possam entrar em conflito, estou convencido, pelo contrário, de que todos temos uma obrigação ética de almejar a verdadeira excelência na nossa vida pessoal e profissional, e que o tipo mais elevado de excelência não pode ser conseguido à parte de um adequado ponto de vista ético.

1. A obrigação da excelência

Quando desempenhamos um papel numa empresa que fornece um bom produto ou que presta um bom serviço às pessoas, temos o dever ético de dar atenção aos lucros e de manter um empreendimento saudável, capaz de sobreviver. Pessoas dependem de nós para receber esses produtos e serviços, ou para manter seus empregos e meios de sobrevivência. Temos, com relação a elas, a obrigação de fazer o melhor que estiver ao nosso alcance. E, com relação a nós mesmos, temos a obrigação de aproveitar da melhor maneira o que somos e de nos tornarmos tão bons quanto nos for possível. E, caso agora não estejamos associados com o fornecimento de algo de bom para o mundo, deveríamos estar. Tudo isto faz parte do que considero a obrigação ética da excelência.

Expliquei ao meu visitante a perspectiva dos antigos gregos e sugeri que, nos tempos atuais, também precisamos compreender que, em última análise, a genuína excelência humana e a ética humana apropriada são a mesma coisa. Elas estão unidas de forma inseparável e não podem entrar em conflito. Qualquer crença ao contrário se baseia apenas num equívoco quanto ao significado real da excelência, da ética ou de ambas.

O que é a excelência? O dicionário a define como sendo "primazia, no grau mais elevado". Outras definições bastante comuns são "a condição de ser melhor do que os outros", "qualidade incomumente boa", ou "superioridade". Etimologicamente, a palavra vem de duas raízes latinas que significam "erguer-se de". Do ponto de vista competitivo, excelência é a qualidade de destacar-se da multidão, ou de estar acima dos demais em termos de mérito, ou uma superioridade de resultados. Pessoalmente, é o atributo da qualidade que se origina a partir do nosso próprio potencial. Posso atingir minha excelência pessoal como guitarrista, aumentando ao máximo o desenvolvimento dos meus talentos, considerando as restrições dos meus outros compromissos e interesses, pouco importando se o resultado final seria considerado uma excelência pelos padrões competitivos aplicados a todos os guitarristas. Eu não preciso ser *o* melhor para dar o melhor de *mim*. Portanto, a excelência pessoal evidentemente não garante uma excelência competitiva, se bem que na maior parte das vezes ela seja exigida como um passo em direção a qualquer meta de uma superioridade mais pública. Por outro lado, a excelência competitiva nem sempre é uma indicação segura de excelência pessoal. Este é um ponto importante que nem sempre costuma ser amplamente reconhecido. Num campo em que a competição não seja muito acirrada, uma pessoa pode chegar ao topo, pelo menos durante algum tempo, pouco importando se está ou não atingindo uma verdadeira excelência pessoal. Às vezes, um indivíduo muito talentoso pode se destacar por causa de um desenvolvimento apenas parcial do seu potencial pessoal. Uma situação como esta pode facilmente embalar uma pessoa num tipo de estagnação sutil, na qual qualquer desenvolvimento do talento e das capacidades é sustado como resultado de um excesso de sucesso exterior e fácil. Mas o sucesso exterior destituído de qualquer impulso interior em direção a uma verdadeira excelência pessoal é uma situação inerentemente instável. Nunca podemos garantir que encontraremos uma fraca competição no mercado ou no campo atlético. E, para o bem do nosso próprio desenvolvimento, nem deveríamos desejar que isto acontecesse. Portanto, à medida que nos esforçamos por qualquer tipo de excelência competitiva duradoura, o melhor é nos concentrarmos na excelência pessoal como forma para nos movimentarmos nesta direção.

Mas, depois de termos feito a distinção entre excelência pessoal e excelência competitiva, é preciso articular um conjunto mais profundo de verdades. A obrigação ética da excelência não é uma obrigação de sermos melhores do que todos os outros em tudo o que fazemos. Não é algo essencialmente competitivo por natureza; é algo pessoal. Estou fortemente inclinado a achar que a obrigação ética mais fundamental de excelência que qualquer um de nós tem é a obrigação de ser o melhor que puder em tudo o que fizer, em toda a ampla gama dos nossos interesses e atividades, sempre levando em consideração as limitações válidas das nossas capacidades naturais fundamentais, das oportunidades de desenvolvimento que tivemos e dos outros compromissos igualmente bons que tenhamos.

186

Com isso não quero dizer que todas as vezes que vou a uma quadra de tênis tenho a obrigação de jogar com toda a intensidade que me é possível, dando tudo o que tenho dentro de mim. É possível que o meu parceiro e eu estejamos interessados apenas em bater papo e em trocar algumas bolas fáceis. Mas, se for este o nosso objetivo, acho que eu deveria ser o melhor fornecedor de bolas fáceis e de conversas agradáveis que puder ser. Eu devo realmente me descontrair. Eu não deveria tentar transformar a situação em algo que ela não é. Mas se, noutra ocasião, o objetivo for uma partida competitiva, devo ser tão competitivo quanto me for possível ser.

Tentei expor o que acredito seja a nossa obrigação mais importante com relação à excelência pessoal com toda a cautela apropriada a um filósofo. Às vezes, as verdades mais importantes e práticas têm nuanças extremamente sutis e não são facilmente captadas em frases curtas e concisas. Este, aliás, é um dos principais motivos pelos quais os *slogans* e as atitudes políticas podem ser tão perigosos. Nossas maiores e mais importantes constatações nem sempre podem ser formuladas em frases que caibam em adesivos de pára-brisas nem em declarações espalhafatosas usadas nos programas noticiosos. Acredito que tenho uma obrigação ética de ser o melhor que posso em tudo o que faço, numa ampla gama de atividades, em compatibilidade com as realidades da minha situação. E acredito que esta é uma obrigação que todos os demais também tenham. Mas a frase (ou as frases) qualificadora em cada uma destas declarações da obrigação não deveria ser ignorada. As realidades da minha situação – meus talentos básicos, as oportunidades, os compromissos de tempo e outros interesses legítimos – limitam o que preciso fazer do ponto de vista ético. Posso cozinhar para minha família várias vezes por semana sem incorrer na obrigação de freqüentar cursos de culinária, de ler livros de receitas e de passar horas fazendo compras para encontrar os melhores ingredientes que estejam à altura do meu orçamento. Posso brincar de vez em quando com um disco *Frisbee* sem nenhuma obrigação de querer atingir o máximo possível de sofisticação nos meus arremessos. Afinal, tenho outras coisas a fazer. E você também. A obrigação da excelência que estou mencionando não exige uma dedicação *além do razoável* para conseguir uma performance superior em qualquer coisa que façamos. Ela requer de nós que façamos o máximo possível do nosso tempo e do nosso talento de uma forma equilibrada na medida em que vivemos nossa vida. Devemos nos importar com tudo o que fazemos. Devemos nos entregar *completamente* a tudo o que resolvermos fazer, mas essa entrega deve ser feita também de modo *sensato*. Uma vida humana saudável envolve muitos compromissos, muitos interesses e muitos valores. Em qualquer atividade na qual nos envolvermos, deveremos ser os melhores que pudermos, de um modo compatível com a preservação de todos os demais compromissos, interesses e valores que adotamos. Esta é a obrigação da excelência.

> Nada existe de nobre em se ser superior a um outro homem qualquer. A verdadeira nobreza está em ser superior ao que se era no passado.
>
> *Provérbio hindu*

Qualquer meta de excelência competitiva deveria ser para nós, em última análise, apenas um meio para buscar e atingir a excelência pessoal. Usamos os outros como parâmetros em situações competitivas. Nós os forçamos a nos forçarem a ser os melhores que conseguimos ser. Mas, se os estivermos forçando de forma apropriada, então os estaremos forçando a se tornarem o melhor que conseguem ser. Numa competição, idealmente, todos os participantes se desenvolvem além do que seria esperado sem a competitividade.

Um bom pai recomenda ao filho em qualquer situação competitiva: "A única coisa que quero é que você faça o melhor que puder." Não é uma disposição em se contentar com qualquer prêmio de consolação de segunda categoria. É, na verdade, a meta máxima na situação competitiva. O verdadeiro bem não está na vitória sobre o adversário, mas na vitória pessoal. É por isso que as trapaças não apenas são erradas, como também acabam sendo derrotistas. Elas simbolizam um profundo equívoco da verdadeira natureza de qualquer embate competitivo. Elas são, literalmente, uma perversão.

O fracasso em compreender os verdadeiros relacionamentos que existem entre a excelência competitiva e a excelência pessoal levou, em inúmeros casos da nossa cultura, a vitórias competitivas conquistadas ao preço de grandes perdas pessoais. Existem muitas maneiras diferentes pelas quais isto tem se manifestado. Em muitos programas de qualidade e excelência empresarial do passado recente, tem-se a impressão de que uma preocupação pelas pessoas foi sacrificada em nome da preocupação por produtos ou serviços. A busca pela excelência tem sido demasiado limitada. Empresas optaram por negligenciar as verdadeiras necessidades humanas das pessoas e a se concentrar apenas nas vantagens competitivas dos seus produtos ou serviços. Durante algum tempo, pode-se ter a impressão de que isso não chega a ser problemático. Mas a excelência de produtos e serviços não é possível de ser conservada a longo prazo se for mantida à parte de uma boa dose de excelência pessoal por parte das pessoas que fornecem o produto ou o serviço. E a excelência pessoal numa atividade particular e específica não será conservada a longo prazo de uma forma saudável se for mantida afastada da excelência geral das pessoas envolvidas.

2. A importância da vida multidimensional

Vivemos numa época de muitas pessoas infelizes, que são infelizes não por terem pouco ou por sofrerem muito, mas por levarem uma vida cotidiana estreita demais. Vivemos numa era de pessoas unidimensionais. Estamos todos tão desesperados para ter sucesso em alguma coisa, *em qualquer coisa*, que freqüentemente pegamos o primeiro talento que julgamos ter e o cultivamos freneticamente, negligenciando e excluindo todo o resto. Crianças descobrem que têm habilidade com a bola de futebol, que conseguem elogios e auto-estima por causa dos talentos que têm nesse esporte, e passam a se dedicar com afinco a essa única habilidade atlética, negligenciando o desenvolvimento intelectual, a música, as amizades fora do campo de futebol e todas as coisas que não alimentem essa fogueira. Ou então elas fazem isso com um instrumento musical. Ou com um tema acadêmico. Um garoto de cinco anos cujo único assunto de suas conversas são os dinossauros é uma coisa. Um homem de 40 anos que consegue discorrer apenas sobre estratégias de vendas é algo completamente diferente.

Ninguém tem apenas um talento. Os talentos sempre aparecem em grupos. São muitas as pessoas que deixam de explorar e desenvolver seus próprios potenciais multidimensionais. São muito numerosas as empresas que encorajam seus funcionários a viver e a respirar apenas uma única coisa. A vida estreita dificilmente conduz à verdadeira felicidade. Pessoas unidimensionais não levam vidas saudáveis e "plenas" e também não contribuem para um saudável ambiente interpessoal. Pouco importando o sucesso que o desenvolvimento unidimensional possa contribuir para um ambiente empresarial ou social a curto prazo, a excelência pessoal sozinha não contribui para a saúde geral e para o florescimento de qualquer ambiente ou empresa em larga escala a longo prazo. É preciso permitir, e até mesmo encorajar, que as pessoas desenvolvam a excelência pessoal numa variedade de formas diferentes para que possam florescer e para que seus empreendimentos coletivos possam atingir e sustentar um nível de verdadeira excelência a longo prazo.

A crescente estreiteza técnica e a especialização cada vez maior dos interesses e das habilidades na vida empresarial moderna criaram ambientes pouco saudáveis para a felicidade humana, e até mesmo para a excelência empresarial de uma forma rica e sustentável. Precisamos nos esforçar pelo cultivo de uma excelência humana mais completa em nossas escolas e em nosso local de trabalho, acompanhando todas as dimensões básicas da vida humana. Por esse motivo, estou convencido de que a continuação da educação na vida empresarial e em todo o mundo empresarial deveria englobar, não apenas os novos desenvolvimentos nas áreas mais imediatamente relevantes aos lados técnicos e econômicos das empresas, mas também setores como a reflexão filosófica sobre a ética e o drama humano. Isso contribuirá de forma importante para a criação de um ambiente empresarial realmente humano, no qual os indivíduos e os seus empreendimentos possam florescer de maneira mais completa.

Há mais de dois mil anos, os filósofos identificaram as dimensões mais básicas da vida humana como sendo:

1. A dimensão *intelectual*, cuja meta é a *verdade*.
2. A dimensão *estética*, cuja meta é a *beleza*.
3. A dimensão *moral*, cuja meta é a *bondade*.

Em inglês, essas três dimensões formam o impressionante acróstico "I AM" – *eu sou* essas três coisas: as dimensões intelectual, estética e moral. E também não causa surpresa saber que os grandes filósofos gastaram muito tempo refletindo a respeito das respectivas metas: Verdade, Beleza e Bondade. Com o passar dos séculos, os filósofos religiosos acrescentaram mais um item a essa lista:

4. A dimensão *espiritual*, cuja meta é *Deus*.

Seria possível dizer: "Eu sou todas essas coisas, porque Deus é o criador de tudo." Uma perspectiva profunda da relação que existe entre tudo, o núcleo da espiritualidade humana.

A excelência humana geral envolve a participação e o florescimento ao longo de todas as dimensões básicas da existência humana. Por esse motivo, a moral, ou ética, está inextricavelmente ligada à excelência num nível mais básico. A dimensão moral é uma das dimensões fundamentais para uma vida humana completa e satisfatória. Ela deve ser cultivada para que se possa atingir a verdadeira excelência.

Portanto, se estou certo, há uma ponte ligando a ética à excelência, e este é um caminho de duas mãos. Se a sua principal preocupação for ética, acredito que irá descobrir que há certa obrigação ética quanto a se esforçar pela excelência pessoal. Se o foco das suas atenções estiver voltado para a excelência, acredito que você irá descobrir que ela não pode ser alcançada de qualquer forma ampla e sustentável, à parte de uma atenção dada para a dimensão moral da vida. A ética e a excelência são coisas que sempre avançam de mãos dadas.

3. A essência da ética

Já nos dedicamos a uma certa exploração para descobrir o que é a excelência. E agora precisamos formular outra questão genérica que teremos de explorar, nem que seja apenas brevemente. O que é a ética? Exatamente, o que é a moral? Algumas pessoas usam esses dois termos, "ética" e "moral", como tendo significados diferentes; para outras, as palavras podem ser facilmente substituídas uma pela outra. Os que separam a ética da moral, freqüentemente pensam que a moral tem que ver com os princípios pessoais de vida, principalmente no que diz respeito às esferas mais privadas da vida. Eles acham que a ética, por outro lado, diz respeito a regras mais públicas (ou profissionais) de conduta, referentes a papéis padronizados nos quais nos encontramos com relação à nossa ação com outros nos limites de instituições humanas abrangentes. Dessa perspectiva, temos a ética médica, a estética legal e os códigos de ética que governam os corretores de imóveis e os especialistas em contabilidade, dentre todos os demais profissionais.

Algumas pessoas traçam uma distinção entre a moral pessoal e a ética profissional, por acreditarem que podem agir de acordo com um conjunto de princípios nos seus ambientes privados, com amigos e familiares, e depois adotar um conjunto totalmente diferente de princípios nos seus locais de trabalho. Uma antiga expressão afirma que "usamos chapéus diferentes; um no trabalho e outro quando estamos em casa". O problema é que colocamos esses chapéus diferentes sobre a mesma cabeça. Na vida moderna existe um excesso de compartimentalização de pensamentos, sentimentos, atitudes e ações. Como agimos em determinada ocasião, em determinadas circunstâncias, contribui para a determinação de quem somos. Num sentido mais profundo, somos os produtos de tudo o que fomos e fizemos. Não devemos tentar estabelecer distinções acentuadas entre o público e o privado. Não existe uma distância tão grande assim, moralmente ou eticamente falando, entre amigos e colegas de trabalho, entre a vizinhança e o local de trabalho, entre o lar e o escritório. Para afirmar e enfatizar esse ponto, gosto de usar "moral" e "ética" como palavras que podem ser facilmente substituídas uma pela outra.

Portanto, o que é ética? O que é moral? Muitas pessoas parecem achar que a ética, ou a moral, consiste apenas em uma porção de regras que funcionam para restringir a nossa conduta, impondo restrições com a finalidade de nos impedir de fazer coisas que realmente nos agradariam se pudéssemos fazê-las. Mais ou menos nessa linha, um comediante contemporâneo observou que as pessoas boas parecem dormir melhor à noite, mas que as pessoas más parecem ter mais prazer durante as horas que passam acordadas. No decorrer da história, alguns críticos consideram a moral como sendo uma arma usada por pessoas superiores para manter os inferiores nos seus devidos lugares. Outros têm visto a ética como um instrumento usado por pessoas socialmente inferiores para o controle dos seus superiores. Eu posso usar uma escultura assinada por Rodin para manter a porta aberta ou uma caneta Pelikan caríssima como uma arma. Mas isso não nos revela muito a respeito das esculturas de Rodin ou sobre as canetas da Pelikan. Considerar a ética como sendo um conjunto inibidor de regras repressivas equivale a cometer um terrível equívoco quanto à dimensão moral da vida.

Eu gostaria de formular isso de uma forma simples e direta. Na minha opinião, a ética basicamente é apenas uma preocupação

para pessoas espiritualmente saudáveis com relacionamentos socialmente harmoniosos.

Na ética, existe tanto a direção de dentro para fora quanto a direção de fora para dentro. Freqüentemente, pensamos apenas no aspecto externo: como nos relacionamos com outras pessoas. Nossos deveres com relação aos outros. Mas também temos deveres que dizem respeito a nós mesmos. Eu uso a palavra "espiritual" aqui no seu sentido mais amplo possível, designando esse aspecto da vida interior de qualquer ser humano que é a fonte mais profunda de pensamentos, emoções, atitudes e ações. Nesse sentido, a espiritualidade tem que ver com a totalidade pessoal, com a conexão – conexão entre nossas crenças, sentimentos e ações no mundo. Totalidade no que somos. E relação com um todo maior. Uma pessoa realmente espiritual nesse sentido vivencia certa totalidade interior e relação interior em todas as dimensões da vida em si mesmo, junto com uma forte e intensa relação com outras pessoas, com a natureza e com a Fonte da natureza, pouco importando o nome que se dê a essa Fonte. Este é o alicerce mais firme para a personificação da virtude numa vida.

> A glória que acompanha a riqueza e a beleza é frágil e passageira, mas a virtude é uma possessão gloriosa e eterna. *Sallust*

Somente pessoas espiritualmente saudáveis, pessoas que vivenciam certa dose de crescimento positivo geral e profundamente sintonizado com a excelência pessoal podem manter relacionamentos sociais profundamente harmoniosos com outras pessoas. Um mal-estar espiritual, ou uma falta de totalidade interior em qualquer pessoa, inevitavelmente afeta e infecta os relacionamentos entre as pessoas, impedindo-as de atingirem os melhores níveis possíveis.

Com tudo isso, não estou querendo dizer que alguma religião ou crença religiosa em particular seja necessária para a ética, nem que apenas pessoas religiosas possam ser morais. Há pessoas que jamais endossariam qualquer crença religiosa tradicional e reconhecível e que, mesmo assim, agem de forma ética em relação aos demais. O ateísmo, ou uma visão não-religiosa do mundo, pode não ter uma série de motivações ou diretrizes para a conduta moral, mas não precisa envolver uma incapacidade generalizada de sensibilidade moral e a adesão a um rígido padrão ético. Por outro lado, é claro que o endosso de crenças religiosas também não garante uma conduta moral. Não quero dar a impressão nas minhas observações de que a ética está necessariamente ligada à religião formal ou a quaisquer crenças religiosas de alguma espécie. Quero apenas usar o conceito da espiritualidade no seu sentido mais amplo, conforme já mencionei. A relação exata entre moral e teologia é outro assunto que não diz respeito ao tema que estamos tratando aqui, apesar de ser um tópico de grande fascínio e importância.

O que é necessário para se viver bem? Esta é uma questão de ética. O que é necessário para se viver bem com alguém? Esta é outra questão de ética. Ambas, acredito, são questões referentes ao caráter, à fibra moral necessária, às qualidades de caráter necessárias num indivíduo para que este tenha uma vida boa e de sucesso. O caráter está no centro da preocupação moral. E qualquer preocupação com o caráter é uma preocupação a respeito do que é necessário para se atingir qualquer tipo de excelência geral pessoal e entre as pessoas em nossas vidas. A excelência humana genuína, geral, profundamente satisfatória e sustentável requer um bom caráter, e um bom caráter, por sua vez, é o tema central da ética.

O que é um bom caráter? Ter um bom caráter supõe integridade, honestidade, paciência, coragem, bondade, generosidade de espírito e também ter um acentuado senso de responsabilidade, entre muitas outras qualidades.

Fico impressionado com a pouca freqüência que mencionamos essas coisas nos dias atuais. Os termos básicos do vocabulário moral parecem ser extremamente familiares para a maioria de nós, apesar de freqüentemente encontrarmos dificuldades em dizer exatamente qual é o significado deles.

Um homem se apresentou a uma entrevista de emprego. Ele já tinha trabalhado em vários lugares antes, mas nunca ficou muito tempo em nenhum desses empregos. O entrevistador examinou o seu currículo e disse: "Este seu histórico dá margem a uma pergunta: Você é uma pessoa responsável?"

E o homem respondeu: "É claro que sou. No meu último emprego, sempre que alguma coisa não dava certo, meu chefe dizia que eu era o responsável."

Precisamos de uma melhor compreensão do que é ser uma pessoa responsável, do que a honestidade requer e exatamente o que é a integridade. Não temos o costume de pensar muito a respeito dessas coisas. E sofremos por causa dessa negligência. As pessoas, em sua grande maioria, não têm familiaridade com a dimensão moral, e ficam facilmente desequilibradas quando encontram uma situação mais difícil. O desenvolvimento do caráter é tão importante quanto o desenvolvimento intelectual e o melhoramento constante das nossas habilidades de percepção e de *performance* quando nos esforçamos em direção ao sucesso. E é bastante fácil explicar o porquê disso.

O DOCE CHEIRO DO SUCESSO

Na minha opinião, sem construir um bom caráter é impossível construir-se uma vida realmente bem-sucedida. Em primeiro lugar, sem uma habilidade adequada para avaliar o que realmente é do nosso interesse, corremos o risco de lutar pelos sonhos errados e de agir de forma destrutiva. Sem a sabedoria que vem com o caráter, tentamos alcançar o que parece ser o mais imediatamente agradável, o que nos promete coisas boas já. O nosso foco de atenção passa a ser direcionado para as coisas a curto prazo. E o que parece ser o melhor a curto prazo nem sempre é o melhor com o passar do tempo. Na verdade, a gratificação imediata muitas vezes interfere com o crescimento a longo prazo. Sem a percepção, a autodisciplina e a paciência associadas a um bom caráter, é improvável conseguirmos nos movimentar de forma constante em direção à nossa forma mais abrangente de excelência pessoal. Com a formação de um forte caráter moral, muitos obstáculos ao verdadeiro sucesso pessoal podem ser superados.

> É impossível viver uma vida agradável sem viver de forma sábia, boa e justa; e é impossível viver de forma sábia, boa e justa sem viver uma vida agradável.
>
> *Epicuro*

O caráter também contribui de uma segunda forma para o sucesso. A maioria dos tipos de sucesso público e muitas formas de sucesso privado requer a ajuda e a cooperação de outras pessoas. Mas as outras pessoas, como de costume, não irão nos ajudar a não ser que se sintam atraídas por nós, que gostem de nós e que tenham confiança em nós. Elas não se juntarão aos nossos projetos a não ser que sejam persuadidas de que eles são bons. Se compreenderem que nossos projetos provocarão coisas boas *para nós*, elas precisam ser persuadidas de que é bom *para elas* nos ajudar a atingir esses objetivos. Ou então, elas precisam ser persuadidas, mais diretamente, a ver algo de bom para elas mesmas nos nossos projetos. Precisamos ser capazes de vender nossas idéias e projetos aos outros. E precisamos também ser capazes de nos vender às outras pessoas, convencendo-as do nosso valor e da importância da assistência delas, caso contrário elas não ficarão motivadas a nos ajudar em nossos empreendimentos e buscas. E, em última análise, para que tudo isso seja bem-feito, é preciso que tenhamos um bom caráter.

1. A ética é uma capacidade superior de vendas

Há muito tempo, Aristóteles reconheceu a importância da persuasão na vida humana. E todos precisamos ver a importância, em nossas vidas, do que passou a ser conhecido como "capacidade superior de vendas". Eu defini isso, de forma simples e muito abrangente, como sendo a habilidade de convencer outras pessoas a ingressar em projetos conjuntos que sejam de benefício mútuo. Pense nisso por um instante. Sem a habilidade de convencer outras pessoas a ingressar conosco em projetos conjuntos que serão de benefício mútuo, esta vida seria uma guerra de umas pessoas contra as outras, uma imagem utilizada certa vez por Thomas Hobbes, um filósofo do século XVII, que também descreveu esse tipo de vida como sendo "solitária, pobre, desagradável, brutal e curta".

> Todos vivem da venda de alguma coisa.
>
> *Robert Louis Stevenson*

A capacidade de venda é, sem dúvida alguma, o elemento aglutinador da sociedade. Sem a arte da persuasão, a civilização seria impossível. Acredito que Aristóteles reconheceu isto e por este motivo realizou uma cuidadosa análise do que é necessário para uma poderosa persuasão. Ele determinou três condições para o que atualmente chamamos de capacidade de vendas.

A primeira condição da persuasão, ou da venda bem-sucedida, tem que ver com o *logos* da situação – um termo grego do qual derivou a palavra moderna "lógica". Se quisermos ser persuasivos em relação a outras pessoas – se quisermos vender nossas idéias ou nossas próprias pessoas, mas também se quisermos vender carros, roupas ou casas – precisamos dominar com maestria a lógica do que estamos fazendo. Precisamos conhecer *a fundo* todas as informações relevantes. Precisamos nos aplicar no nosso dever de casa e refletir sobre todos os aspectos do que estamos vendendo, bem como da situação na qual estamos efetuando essa venda.

Durante as últimas décadas de sua vida, meu pai foi corretor imobiliário e, por toda a sua vida, sempre foi um mestre na arte de vender. Desde que vendeu sua própria pessoa a Martin Aircraft Company aos 17 anos de idade, construindo e vendendo estações de rádio, inventando e vendendo brinquedos, vendendo conceitos publicitários, casas e grandes áreas de terras, ele teve muitos maravilhosos sucessos em sua vida. E em todos os casos, ele sempre foi um mestre do *logos*. Ele sabia o que estava fazendo. Ele nunca mostrava uma casa ou uma área de terras sem saber tudo o que fosse possível saber sobre o assunto. Ele fazia longas caminhadas pela área para conhecer todos os detalhes do terreno: as árvores, os arbustos, as formações rochosas, as fontes de água. Ele examinava as casas por dentro e por fora. Sabia de suas histórias. Sabia a distância até o posto de gasolina mais próximo, até o supermercado, o *shopping center*, a escola elementar, a igreja batista, a igreja católica, a sinagoga e o campus universitário. Quatro milhas e meia até tal lugar e três milhas até aquele outro. Ele sabia as respostas para praticamente todas as perguntas que lhe poderiam ser feitas e, nos raros casos em que não dispunha da resposta, sabia sempre onde ela poderia ser encontrada.

As pessoas sempre ficavam extremamente impressionadas com os conhecimentos que meu pai tinha a respeito do que estava vendendo. Seu óbvio domínio de todos os fatos relevantes fazia com que se acreditasse nele. Ele se transformava numa autoridade. Isso o colocava no controle de uma das três condições da persuasão. Mas, tal como Aristóteles, meu pai sempre reconhecia que para vender é necessário mais do que apenas informações e lógica. As pessoas não se limitam a ser máquinas de raciocínio. As pessoas também têm sentimentos e imaginação. E isto também precisa ser levado em consideração.

A segunda condição da capacidade de vendas tem que ver com o *pathos* da situação, uma palavra grega que também adotamos, quando nos referimos a emoções, a sentimentos ou a paixões. Se quisermos ser persuasivos, precisamos dominar o *pathos* da situação. Em primeiro lugar, precisamos ter em nós o compromisso emocional adequado com relação ao que estamos fazendo. Necessitamos de paixão. E, obviamente, este foi o ponto central do capítulo cinco deste livro. Mas, em seguida, precisamos também nos sintonizar com os sentimentos, com as emoções, com as atitudes e com as paixões das pessoas com relação às quais queremos ou precisamos ser persuasivos.

Meu pai compreendeu que não seria capaz de ajudar de forma apropriada seus clientes a encontrar um novo ambiente de vida ou um investimento satisfatório, a não ser que conhecesse algumas das esperanças e medos, das preferências favoráveis e contrárias, dos amores e dos ódios, dos sonhos e dos pesadelos dessas pessoas. Ele precisava conhecer a pessoa. Ele tinha de formular perguntas. E depois ouvir. Ouvir com atenção e sensibilidade. Precisava se importar com o que os outros lhe diziam. Quando não nos ligamos às emoções dos outros, não podemos motivá-los a se juntarem a nós nos nossos projetos. Não podemos ajudá-los completamente. E não podemos inspirá-los a ingressarem no projeto ou no relacionamento que seja de maior ajuda para nós mesmos. Se não conhecemos as pessoas com as quais estamos trabalhando ou lidando emocionalmente, não sabemos como nos conectar completamente com o *pathos* da situação na qual nos encontramos.

A importância disso pode ser constatada em todos os lugares da sociedade. Os oradores mais populares, os âncoras dos programas noticiosos, os locutores esportivos e os políticos tendem a ser aqueles que se "ligam" emocionalmente a nós. Eles parecem ser pessoas reais que nos compreendem. Eles se importam, e nós também fazemos isto. No melhor dos casos, eles se comunicam de coração para coração, para usarmos novamente esta antiga e básica metáfora humana. Conforme vimos no capítulo anterior, as pessoas se sentem atraídas pelos que se importam. E elas reagem sempre de forma muito positiva a indivíduos que dão a impressão de saberem o que importa a elas.

Mas há ainda uma terceira condição para a persuasão ou capacidade de vendas. É o *ethos*, ou seja, a condição ética do caráter. Por mais impressionadas que as outras pessoas fiquem com nossos aparentes conhecimentos, por mais atraídas que se sintam pelo nosso compromisso emocional e pelo nível da importância que damos a elas, por melhor que possamos nos conectar com elas e apelar para as suas emoções, os seus compromissos e a sua imaginação, elas tipicamente não ficarão totalmente persuadidas por nós, a não ser que nos considerem moralmente dignos de confiança no relacionamento que estabelecemos com elas. Aristóteles reconheceu que, sendo as outras coisas basicamente iguais, as pessoas são persuadidas por pessoas nas quais confiam. Se não houver notadamente algo que nos torne dignos de confiança, outras pessoas não terão sérios compromissos conosco, nem contribuirão sinceramente para o nosso sucesso. Para convencer os outros quanto aos nossos projetos, ou aos nossos produtos e serviços, precisamos primeiro convencê-los de que somos parceiros e sócios éticos, merecedores da confiança deles.

Você tem receio de confiar na palavra de um homem cuja honestidade você presenciou nos negócios? *Terêncio*

Meu pai sempre me serviu de modelo de integridade profissional. Ele falava de modo simples, direto e honesto. Ele nunca explorava ninguém. Ele sempre tinha em mente, não apenas o seu próprio interesse como também o interesse de todas as pessoas com as quais estava lidando. Ele não queria apenas lucros. Ele nunca teve a necessidade de ser muito conhecido. Ele apenas queria lucrar com o fato de ser conhecido pelo seu caráter, pela sua honestidade, pelo seu ponto de vista ético e pelas suas práticas morais. Ele tratava os demais exatamente como queria ser tratado por eles. Em casa. Na igreja. E também nos negócios. As pessoas ficavam tão impressionadas com sua integridade e tão satisfeitas por estarem lidando com um homem honrado que sempre voltavam em busca dos seus serviços. Muitas vezes, ele vendeu várias vezes o mesmo terreno, porque tanto o comprador quanto o vendedor ficaram satisfeitos com a maneira que tinham sido tratados por ele. E mais tarde, quando o comprador queria vender, ele procurava meu pai para representá-lo. Isto ocorreu várias vezes. Um mestre do *ethos* nos negócios, meu pai era um mestre do sucesso satisfatório e sustentável.

Escrevo estas palavras dois meses depois da morte de meu pai, jovem demais aos 69 anos de idade, vitimado por um câncer cerebral e pulmonar. Durante os primeiros dias depois de sua morte, muitas pessoas me abordaram em minha cidade natal para me dizerem como ele tinha sido importante na vida delas. "Ele era um homem de muita honra." "Ele tinha uma verdadeira integridade." "Era alguém em quem se podia *confiar*." "Foi o último verdadeiro cavalheiro desta comunidade." No posto de gasolina, diante da lavanderia, na loja de conveniências, as pessoas me abordavam dizendo:

"Seu pai era um homem muito bom. Vou sentir a falta dele." Fiquei muito satisfeito pelo fato de os meus filhos também terem ouvido dezenas destas manifestações elogiosas espontâneas. O avô deles tinha sido um homem de *caráter*. E isso fazia a diferença. Era disto que as pessoas se lembravam e que muitas fizeram questão de me dizer. Ele teve sucesso aos olhos dos demais em primeiro lugar e principalmente por causa de sua força ética. Do seu caráter.

O caráter de um homem é o árbitro de sua sorte.　　*Publilius Syrus*

---

2. Aparências e realidades

Para ter sucesso satisfatório e sustentável nas atividades com outras pessoas, para ter o tipo de impacto persuasivo sobre a vida dos outros, do qual necessitamos e que queremos, precisamos demonstrar conhecimento, interesse e também confiança. Precisamos dar a impressão de que somos pessoas de caráter. Qual é a melhor maneira de dar essa impressão? É simples. Sendo assim. Não há outra maneira aceitável. No entanto, nos nossos tempos, muitas pessoas procuram transmitir a aparência correta, sem dar a si mesmas o trabalho de dizer a verdade. Estas pessoas blefam. Elas fingem que estão preocupadas. E se esforçam em dar a impressão de que são confiáveis, mas sem necessariamente terem de se preocupar com todo o trabalho que pode ser preciso para o processo da formação de um verdadeiro caráter.

Quero citar um artigo publicado no *The New York Times* no dia 26 de outubro de 1992. Seria impossível inventar uma coisa destas. Muitas vezes, a realidade é muito mais fascinante do que a ficção. E às vezes muito mais inacreditável. Um artigo intitulado "Engenheiros de Fragrâncias Afirmam que Podem Engarrafar o Cheiro do Sucesso", escrito por N. R. Kleinfield, começa assim:

Era inevitável que acontecesse. Alguém acredita que está em vias de criar o Vendedor Honesto de Carros numa garrafa.

Há um ano, uma das três grandes empresas automobilísticas de Detroit contratou o dr. Alan R. Hirsch, um pesquisador de aromas de Chicago, para criar um aroma bastante especial. A esperança era de que, quando o produto fosse usado em forma de aerossol, num vendedor de carros, ele – bem – ele passasse a exalar o cheiro da honestidade.

Isso parece um absurdo. De fato, depois de ter parado de rir, a dra. Susan Shiffman, pesquisadora de aromas e professora de psicologia médica na Escola de Medicina da Universidade Duke, observou: "Eu não imaginava que um aroma específico pudesse ser associado à honestidade." No entanto, o dr. Hirsch, que se recusa a identificar seu cliente em Detroit, está confiante em que conseguirá criar em um ano o Aroma do Vendedor de Carros Honesto. Se for bem-sucedido, diz ele, o fabricante distribuirá o produto aos seus revendedores, que o usarão em forma de aerossol nos seus funcionários a fim de que os clientes possam identificá-los, o que causará um enorme aumento nas vendas.

O doce aroma do sucesso. O aroma da confiança. Todos os bares deveriam manter galões e mais galões do produto estocado para a conveniência dos seus freqüentadores. Crianças que usassem algumas gotas atrás das orelhas conseguiriam convencer seus professores de que o cachorro realmente comeu a tarefa de casa. Políticos borrifariam os virtuais eleitores nos comícios. E tenho certeza de que nos tribunais que julgam as infrações de trânsito e nas salas dos inspetores da receita federal, se sentiria o cheiro dessas pessoas se aproximando a milhas de distância. Incrível! Absurdo!

O produto será ansiosamente esperado por todos os que interpretam de forma equivocada o conselho bíblico de "evitar todas as aparências do mal" – como se não tivesse importância o que você realmente é, desde que você cuide muito bem em dar a impressão correta. Mas esta não é a interpretação correta. A melhor maneira de aparentar honestidade é sendo honesto. O modo mais simples, mais confiável e mais duradouro de se dar a impressão de merecer confiança é merecendo a confiança. O conselho bíblico refere-se principalmente à necessidade de evitar todo o mal. E depois, ir um passo além e tomar cuidado de evitar até a aparência do mal. Não se trata de um padrão menos severo. Pelo contrário: só agindo assim é que você pode garantir o merecimento da confiança aos olhos de todas as pessoas sensatas e solícitas. Não há, evidentemente, garantia de que funcionará com pessoas insensatas e nada solícitas. Mas essas pessoas devem mesmo ser evitadas, pois sempre tendemos a nos tornar iguais às pessoas que nos rodeiam.

A maneira de se ter uma boa reputação é empenhando-se em ser aquilo que você quer aparentar. *Sócrates*

Platão, discípulo de Sócrates e mestre de Aristóteles, foi quem mais chamou a nossa atenção para a diferença que há entre a Aparência e a Realidade. Nos dias atuais, são muitas as pessoas que optam pela aparência negligenciando a realidade. Elas vivem vidas de ilusão e tentam impingir essas ilusões aos que as cercam. Mas, obviamente, isso não se limita aos nossos tempos. Em outro século, Blaise Pascal observou que muitas pessoas gostariam de ser covardes se pudessem, de alguma maneira, através disso, conquistar uma reputação de coragem. A imagem é mais valorizada que a substância. Nos nossos tempos, provavelmente temos mais pessoas do que nunca perseguindo sonhos falsos que para elas parecem definir o sucesso e que freqüentemente passam por um desespero desnecessário, porque não conseguem o que não lhes traria nenhuma satisfação real caso fosse conseguido. Platão nos aconselhou a penetrar além das aparências e a estabelecer relações com a realidade. A melhor maneira de dar a impressão de merecer confiança é merecendo a confiança. Cultive o *ethos*, a verdadeira dimensão ética da sua vida. Desenvolva um caráter verdadeiro. Esta é uma condição para o verdadeiro sucesso.

Não devemos esperar que outras pessoas nos julguem apenas em função de imagens superficiais e artificiais, e também não devemos julgar os outros pela sua aparência superficial. Pessoalmente, receio ter cometido esse equívoco com freqüência demais em minha vida. E, como resultado disso, aprendi que as aparências podem ser muito enganadoras. Vou dar um exemplo inesquecível disto.

Quando estava estudando em Yale, minha mulher e eu morávamos nos alojamentos dos empregados de uma enorme e antiga mansão no campo em Bethany, no Estado de Connecticut, a dez ou doze milhas da Universidade. Certa ocasião, fomos convidados para uma grande festa de Natal na casa de um dos vizinhos. Enquanto eu estava sendo apresentado às pessoas que enchiam uma sala ampla, fui chamado para perto de um homem muito idoso, instalado numa poltrona no centro da sala. Meu anfitrião disse: "Tom, eu gostaria que você conhecesse um vizinho, Bob Calhoun. Bob, este é Tom Morris, que está fazendo pós-graduação em Yale."

Eu disse: "Como vai, Mr. Calhoun? É um prazer conhecê-lo", enquanto me inclinava para apertar a mão enrugada que ele lentamente estendia na minha direção. Ele parecia ser um velho agricultor, que deveria estar muito espantado com toda aquela gente e com o excesso de atividades.

Ele me perguntou: "O que você está estudando?", Bem, acreditei, por causa da idade e do seu modo de vestir, que ele devia saber mais sobre hortaliças e galinhas do que sobre a vida universitária, de maneira que não respondi "Filosofia da religião", que era o meu estudo principal na época. Temi que ele não soubesse sequer o que era aquilo. Tendo crescido na Carolina do Norte, todas as pessoas idosas que conhecera eram agricultores que, na maioria das vezes, tinham freqüentado a escola durante apenas alguns anos antes de se dedicarem ao trabalho em tempo integral. Eu simplesmente pensei que aquele senhor idoso nada soubesse sobre a vida acadêmica. Por todos esses motivos, optei pela resposta mais simples possível: "Religião."

"Você está no Departamento de Estudos Religiosos?"

"Sim, estou." Ele conhecia o nome exato do meu departamento. Talvez ele não fosse tão ignorante a respeito da vida universitária quanto eu imaginara. Pelo menos, devia ter lido a respeito de Yale no jornal local ou conversado com alguém que compreendesse a nomenclatura adotada em Yale. Eu ia acrescentar que também estava no Departamento de Filosofia, mas não quis forçar as coisas.

"Bem", disse ele com voz rouca, "um dos seus colegas veio me visitar outro dia para conversar sobre um trabalho que está escrevendo sobre Plotino e sobre o neoplatonismo. A tese dele é que de Platão até a Academia..." O restante eu não consigo lembrar porque fiquei tão surpreso que mal consegui acompanhar o que ele disse a seguir sobre antigos conceitos filosóficos gregos e sobre as voltas e reviravoltas do trabalho intelectual e dos desenvolvimentos, no decorrer dos séculos, realizados pelos pensadores, de cujos nomes eu nunca ouvira falar.

Ele não era apenas um velho agricultor. Quero dizer, ele também era um velho agricultor, mas também um professor aposentado e internacionalmente conhecido de Teologia Histórica que lecionara em Yale *durante uma eternidade*. Nunca julgue um livro pela sua capa. Nem um homem pela sua pronúncia.

Não pense que sou o que aparento ser. *Lord Byron*

Mas eu não fui o único a cometer um equívoco com esse velho senhor. Quando ele deixou de lecionar, começou a criar galinhas e se tornou fornecedor de ovos para alguns dos seus antigos colegas. Uma vez por semana, ele levava os ovos às casas deles, muitas vezes abrindo as portas, colocando os ovos na geladeira e indo embora sem dizer uma só palavra.

Certo dia, um conhecido teólogo de Yale estava hospedando um dos mais famosos intelectuais europeus, Rudolf Bultmann, especialista no Novo Testamento. Os dois estavam sentados na cozinha, discutindo intensamente um tópico de interpretação referente aos escritos de um teólogo cristão que se expressava em grego e que vivera e trabalhara durante os primeiros séculos da Igreja. O velho Mr. Calhoun, usando um macacão de brim azul, abriu a porta dos fundos, atravessou a cozinha fazendo um rápido gesto com a cabeça e depositou os ovos na geladeira. Depois, voltou a atravessar a cozinha e hesitou por um instante antes de sair pela porta. Numa pausa da acalorada discussão entre os dois renomados intelectuais, ele citou de memória o trecho grego em questão, deu sua própria interpretação e foi embora. O grande professor Bultmann ficou de olhos arregalados, virou-se para o dono da casa e comentou: "O nível da educação pública nos Estados Unidos deve ser impressionante!"

Devemos prestar atenção nas idéias e não na aparência exterior.

Esopo

---

3. Viver segundo a regra de ouro

Outros podem nos julgar pelas aparências, mas deveríamos tomar muito cuidado para não fazer o mesmo com eles. Às vezes, as aparências são reveladoras, mas em outras ocasiões podem levar a equívocos e a enganos. Evitar julgar os outros depressa demais pode ser compreendido como sendo apenas mais um tipo de aplicação daquilo que passei a acreditar ser a diretriz ética principal nos nossos relacionamentos com os outros, a regra moral entre as pessoas de importância central, o princípio fundamental reconhecido no planeta inteiro e na história de todos os povos realmente civilizados como sendo "a Regra de Ouro": Trate os outros como você gostaria de ser tratado se estivesse no lugar deles. Faça aos outros o que você gostaria que fosse feito a você.

Quando vivemos de acordo com essa Regra de Ouro, não julgamos os outros por aparências superficiais. Nós não gostaríamos de ser julgados assim. Não procuramos enganá-los, fazendo de conta que somos algo que não somos. Nós não gostaríamos de ser enganados por eles. Procuraremos o sucesso de uma maneira direta, formando o nosso caráter bem como relações harmoniosas com outros, tomando por base a conduta que adotamos quanto a eles. Quando nos esforçamos para nos libertar de aparências enganadoras de todos os tipos, podemos nos libertar e também libertar os outros dessas ilusões que muitas vezes atrapalham o caminho que leva ao verdadeiro sucesso.

Um executivo empresarial de muito sucesso recentemente me disse: "Eu não acredito na Regra de Ouro. Eu sempre digo aos meus funcionários para que a esqueçam – ela não faz sentido." Perguntei o que ele queria dizer com isso e ele respondeu: "Veja, eu vou lhe dar um exemplo. Quando minha mulher fica gripada, ela quer ser paparicada o tempo todo. Ela quer que eu lhe leve um chá, que prepare torradas, que apanhe uma revista, que a veja de dois em dois minutos. Quando estou resfriado, eu só quero ficar sozinho. Completamente só. Não quero ver ninguém. Não quero conversar com ninguém. Se eu aceitasse o seu conselho e vivesse de acordo com a Regra de Ouro, então, no próximo resfriado dela, eu teria de tratá-la tal como eu iria querer ser tratado se estivesse no lugar dela. E eu iria querer ficar sozinho. Então eu ficaria longe dela. Mas ela odiaria isso. Ficaria magoada e passaria a se sentir ainda pior. Quando nos diz que devemos tratar os outros exatamente como gostaríamos de ser tratados, a Regra de Ouro nos aconselha a forçar e a impor a nossa vontade às outras pessoas. Eu não acho que isso seja muito ético nem sensato." Uma objeção inteligente.

Isto serve para nos mostrar algo a respeito da Regra de Ouro. Não que ela não seja boa, mas que, como qualquer regra geral, precisa de uma interpretação sensata em circunstâncias concretas e específicas. Felizmente, para a interpretação de regras gerais, dispomos de uma regra geral. A regra geral para interpretar e aplicar as regras gerais consiste em começar com o geral e depois avançar cautelosamente em direção ao específico. Você ainda está confuso? Não se preocupe: trata-se basicamente de um ponto muito simples, em termos genéricos. A Regra de Ouro diz que esse executivo deveria tratar a mulher da maneira como ele gostaria de ser tratado. O que significa isto? No plano mais genérico, ele gostaria de ser tratado de acordo com seus próprios desejos legítimos e suas necessidades, caso estivesse doente. Conseqüentemente, num plano genérico, ele deveria tratar sua mulher de acordo com os desejos legítimos dela e das necessidades dela, uma vez que ela é quem está doente. Ele deveria procurar descobrir quais são esses desejos e necessidades específicas e deveria procurar se comportar de acordo com eles. Tratá-la como ele gostaria de ser tratado, portanto, não exige que ele a evite, uma vez que ele gostaria de ficar sozinho. Requer, isto sim, que ele seja tão sensível ao que ela quer quanto ele iria querer que ela fosse com relação a ele. Em outras palavras, ele deveria levar-lhe chá e torradas.

Nenhuma regra geral é capaz de nos fornecer automaticamente todas as respostas. Nem mesmo a Regra de Ouro. Um bom julgamento sempre é necessário. Esse tipo de percepção e de sabedoria que faz parte do caráter desenvolvido é necessário. Mas, desde que interpretada de forma sensata, acredito que a Regra de Ouro seja uma das melhores diretrizes das quais dispomos para as ações recíprocas bem-sucedidas em outras pessoas. E também um dos melhores pontos de partida imagináveis para o caráter.

Se sou uma pessoa espiritualmente saudável, tenho maiores probabilidades de tomar as decisões e atitudes que levarão a relacionamentos socialmente harmoniosos com as outras pessoas. Tenho mais probabilidades de me mostrar devidamente sensível às necessidades dos outros, e também às minhas verdadeiras necessidades. Tenho maiores probabilidades de me mostrar compreensivo, bom, paciente, honesto, corajoso e humilde nas minhas relações com os outros. E todas essas qualidades são componentes do bom caráter.

Para concluir, eu gostaria de dizer algumas palavras sobre um aspecto do bom caráter que acabei de mencionar. A humildade. Esta é uma das mais incompreendidas e negligenciadas entre as virtudes morais. E também pode ser uma das condições mais importantes para o melhor tipo de liderança. Certamente, é uma das qualidades mais importantes para se atrair a cooperação e a ajuda de outros com respeito aos nossos projetos. E pode representar a base para todas as outras virtudes.

O antigo clássico *Tao Te King* nos ensina que o oceano é o maior de todos os corpos de água, por estar situado abaixo de todos os rios e por estar aberto a todos eles. Isto é um modelo de humildade. Obviamente, o oposto da humildade é a arrogância, ou o orgulho exagerado. A pessoa humilde pode ser extremamente confiante e pode ter o mais elevado nível imaginável de auto-estima. No entanto, a pessoa humilde não procura servir apenas a si mesma, mas também aos outros. Por ser solícita aos demais, a pessoa com a devida humildade consegue atrair a atenção, os esforços e a boa vontade dos demais para si e para os seus projetos da melhor maneira possível. Uma das ironias felizes da vida é que o egocentrismo presunçoso é autodestrutivo, ao passo que a humildade e o altruísmo acabam sendo construtivos. A longo prazo, as tentativas ameaçadoras e manipuladoras de liderança sempre acabam sendo derrotistas. A humildade na nossa busca pelo sucesso fornece o tipo mais forte de liderança sustentável e facilita a conquista do verdadeiro sucesso. Ela representa o núcleo central do caráter moral e é um surpreendente trampolim tanto para a excelência pessoal como para a competitiva.

A sexta condição do sucesso: Necessitamos de um bom caráter que nos guie e que nos mantenha no rumo apropriado. Necessitamos do tipo de caráter capaz de nos iluminar na nossa escolha de metas e dos meios para atingir estas metas e objetivos, uma integridade pessoal que inspire a confiança e a ajuda dos outros.

7

A capacidade de usufruir

Condição Número Sete: Necessitamos de uma capacidade para usufruir o processo ao longo do caminho.

As seis condições anteriores de sucesso podem dar a impressão de que exigem muito trabalho. Primeiro nos dedicamos a um esforço de autoconhecimento para atingir um claro conceito do que queremos na vida. Quais são nossas metas e objetivos para nós mesmos, para o trabalho, as amizades? O que estamos tentando conseguir exatamente com determinada atividade ou com certo projeto? Nem sempre é fácil responder a estas perguntas de forma realmente satisfatória.

Depois de termos determinado nossos alvos, precisamos criar em nós mesmos a confiança necessária para entrar em ação com a finalidade de atingir esses objetivos, uma confiança suficientemente forte para nos sustentar em períodos durante os quais enfrentaremos desafios e dificuldades ao longo do caminho. Precisamos também nos concentrar nos passos concretos e práticos necessários para percorrer a distância entre o lugar onde estamos e o lugar a que queremos chegar. O que deve ser feito agora? Qual será o passo seguinte?

À medida que avançamos, precisamos ter o cuidado de nos monitorarmos e de cultivar uma obstinada coerência na busca de nossa visão. E é de importância vital gerar e sustentar um forte comprometimento emocional com relação à importância do que estamos fazendo. Mas tudo isso não conseguirá nos proporcionar a realização completa do potencial de sucesso que temos, a não ser que, durante o tempo todo, estejamos trabalhando para construir dentro de nós mesmos os recursos de um bom caráter, os alicerces necessários para procurar os objetivos corretos das maneiras certas, bem como para construir entre nós e as outras pessoas os tipos de relacionamento e ações recíprocas que possam facilitar o verdadeiro sucesso.

Existem muitas pessoas que consideram o sucesso com sendo um destino extremamente distante a ser atingido através de um trabalho extremamente árduo. Essas pessoas se matam de trabalhar agora, fazendo todo o esforço possível, na esperança de que algum dia conseguirão o sucesso que tanto desejam e que poderão então usufruir os frutos de todo esse esforço. Mas se pensarmos no sucesso como sendo um destino, como o reconheceremos ao chegar lá? Qual será o nível de realização que nos indicará a chegada do momento de relaxar e usufruir? Mesmo se acharmos que podemos especificar isso agora, nossas estimativas provavelmente se modificarão à medida que progredirmos em direção aos nossos objetivos. Quando considerado como sendo um destino final, o sucesso pode ser tão inalcançável quanto o horizonte – por mais que avancemos, ele também avança, mantendo sempre a mesma distância com relação ao lugar em que estamos. Quanto mais conseguimos fazer, mais coisas vemos que poderiam ser feitas.

> Se você imaginar que, assim que tiver realizado todas as suas ambições, terá tempo para se dedicar ao Caminho, você irá descobrir que suas ambições jamais terão fim. *Yoshida Kenko (c. 1340)*

É melhor pensar no verdadeiro sucesso como não sendo um destino distante demais, ou como algum tipo de estado final; é melhor imaginá-lo como um processo dinâmico de viver de forma bem-sucedida. Quando atingimos metas e objetivos valiosos, apropriados para nós, precisamos renovar a nossa visão, adotar novas metas que se tornaram apropriadas para nós e alcançá-las, ao mesmo tempo que nos dedicamos à nossa própria excelência pessoal, bem como a seguras e saudáveis relações com as pessoas que nos cercam, vivenciando pequenos sucessos individuais dentro do processo mais geral da vida bem-sucedida. A única forma garantida de gozar o sucesso em nossa vida é aprendendo a usufruir o processo ao longo do caminho, em suas muitas facetas. Sonhar, planejar, se esforçar, lutar – tudo o que estamos fazendo no momento presente – pode ser motivo de prazer. Não é preciso ficar apenas suportando isso tudo enquanto esperamos por um futuro prazer que, acreditamos, um sucesso ainda muito distante nos acabará trazendo.

FILÓSOFOS DO MOMENTO PRESENTE

Um dos mais interessantes filósofos do mundo antigo foi o pensador grego conhecido como Diógenes, o Cínico. Ele não era um cínico no sentido moderno. O termo significava em grego "como um cachorro". Dizia-se que Diógenes tinha a aparência de um cachorro abandonado e, por isso, era conhecido por esse apelido.

Sabemos que Diógenes disse frases profundamente sábias, tais como "Tem mais quem se contenta com menos" e "Os cães e os filósofos fazem os maiores bens e recebem as menores recompensas". Conseqüente na sua filosofia de contentamento e de simplicidade, ele distribuiu todas as suas posses, com exceção de uma tigela para tomar água. Depois, certo dia, viu um jovem escravo tomando água com as mãos em concha e lhe deu a tigela. Esse sábio, lembrado até os dias de hoje, costumava dormir dentro de um barril emprestado.

Certo dia, Diógenes foi visitado por um homem que vivia na extremidade oposta do espectro humano: Alexandre, o Grande. Alexandre era o seu maior admirador e veio para homenageá-lo e também ouvir alguns sábios conselhos. No final da visita, Diógenes perguntou a Alexandre quais eram seus planos. Alexandre respondeu-lhe que planejava conquistar e subjugar a Grécia. Um objetivo bastante considerável. Mas Diógenes continuou pressionando. Depois de conquistar e subjugar a Grécia, o que pretendia fazer? Alexandre explicou que depois planejava conquistar e subjugar a Ásia Menor. E depois disso? Depois, Alexandre tinha a intenção de conquistar e subjugar o mundo. Diógenes, que nunca ficava facilmente impressionado e que nem se deixava dissuadir de uma linha de raciocínio, perguntou o que planejava para depois de ter conquistado e subjugado o mundo. Alexandre o Grande disse ao filósofo que, depois disso tudo, tinha planos de relaxar e de gozar a vida. Diógenes respondeu: "Por que não se poupar de todo este trabalho, relaxando e gozando a vida agora?"

Alexandre nunca entendeu o que o filósofo lhe disse. Muitas pessoas jamais conseguem compreender isso. O prazer não deve ser considerado como a condição final de um longo e árduo processo de conquista. O prazer deve ser incluído no enredo da nossa vida *agora*. No presente. E também durante todo o processo ao longo do caminho.

> Os que se esforçam, que esperam e vivem apenas no futuro, sempre olhando para a frente e antecipando com impaciência o que virá, como algo que os tornará felizes quando conseguirem, são, apesar do seu ar de grande inteligência, exatamente como aqueles asnos que podem ser vistos na Itália e que aceleram o passo quando têm atrelada à cabeça uma vara com um pouco de feno na ponta; o alimento desejado está sempre diante deles e eles tentam alcançá-lo. Essas pessoas vivem num constante estado de ilusão quanto à sua própria existência; elas continuam vivendo apenas *interinamente*, até morrer.
>
> *Arthur Schopenhauer*

Há pouco tempo, senti muito prazer com a leitura de um pequeno livro, simples mas muito eficaz, chamado *Peace Is Every Step*, de Thich Nhat Hanh. Muitas vezes, eu o lia caminhando pelo campus e pelos corredores em Notre Dame. Lá estava eu, um rapaz sulista de formação batista, nascido na Carolina do Norte, lecionando numa grande universidade católica do norte do país, sendo freqüentemente visto caminhando pelas calçadas imerso nos escritos de um monge budista do Vietnã. Para muitas pessoas, isso pode parecer um excesso de ecumenismo, mas eu tento encontrar a sabedoria em todos os lugares possíveis.

Thich Nhat Hanh me ensinou algo a respeito de desfrutar a riqueza do momento presente. Ele me lembrou a importância da atenção mental e emocional à totalidade da minha experiência. Ele me lembrou da necessidade de aproveitar o máximo possível o único momento no qual atualmente vivo, o momento que está ocorrendo *agora*. Ele também fez com que eu me lembrasse do grande matemático, cientista e pensador religioso francês do século XVII, Blaise Pascal, que observou na sua obra *Pensées:*

Nunca mantemos o presente. Lembramos do passado; antecipamos o futuro, como se achássemos que ele está vindo lentamente demais e como se tentássemos acelerá-lo, ou lembramos do passado para permanecermos na sua rápida fuga. Somos tão insensatos, que ficamos vagando em tempos que não nos pertencem, e não pensamos no único tempo que realmente é nosso...

Cada um de nós deveria examinar seus pensamentos: constataremos então que eles estão inteiramente preocupados com o passado ou com o futuro. Quase nunca pensamos no presente e, quando o fazemos, é apenas para ver que luz ele lança sobre nossos planos para o futuro. O presente nunca é a nossa meta. O passado e o presente são nossos meios; apenas o futuro é a nossa meta. E, assim, nunca vivemos realmente, mas apenas esperamos viver, e como estamos sempre planejando como seremos felizes, é inevitável que nunca o sejamos.

Esta é a relação de tempo na qual freqüentemente ficamos presos, como numa armadilha. No entanto, podemos nos libertar dessa arapuca. Podemos aprender a dar atenção ao presente, aproveitando completamente a sua atualidade e usufruindo tudo o que ele contém. Podemos ser felizes agora.

> Pois as alegrias presentes são mais para a carne e para o sangue do que uma monótona perspectiva de um bem distante. *John Dryden*

Thich Nhat Hanh se dirige especificamente às pessoas que estão sempre com pressa. Ele nos aconselha a fazer uma pausa para sentir os pés nos sapatos, para sentir o tecido de nossa roupa em contato com a pele, para sentir o ar no rosto. Ele nos aconselha a ouvir os sons que nos cercam, a ver os muitos panoramas, as cores e as formas, e a sorver os aromas. Eu me beneficiei desse conselho assim que o li e o compartilhei com minha família na primeira oportunidade que tive. Meus dois filhos riram muito. Meu filho revirou os olhos, repetindo a frase dos "pés dentro dos sapatos" e ambos disseram: "Tudo bem, papai, tudo bem!"

Obviamente eu não tinha me lembrado que é desnecessário aconselhar as crianças a viverem o momento presente. Elas não precisam de ajuda, nem de conselhos, nem de técnicas para apreciar os aspectos imediatos do seu ambiente. Elas fazem isso naturalmente. Você se lembra de como eram as coisas quando tinha seis, oito ou mesmo dez anos? Havia uma expansão aparentemente interminável a cada dia. Uma tarde quente e ensolarada dava a impressão de que perduraria eternamente. Todas as muitas atividades do dia – correr, pular, brincar, andar de bicicleta – davam a impressão de estarem ocorrendo dentro dos horizontes ilimitados de um tempo que não atrapalhava de forma alguma. E a qualquer momento, uma conscientização reveladora das menores coisas podia surgir e captar toda a atenção consciente. Uma folha de relva. Uma formação de nuvens. Um pequeno inseto na calçada. A poeira do ar num raio de sol.

> Se você se deixar absorver completamente, se você se entregar completamente aos momentos que passam, você viverá mais intensamente esses momentos. *Anne Morrow Lindbergh*

Durante muitos anos, sonhei em captar de novo esse glorioso estado de consciência. Uma imagem tem voltado muitas vezes à minha mente, sempre com muita intensidade. Estou com seis ou oito anos. É um lindo dia de verão. O céu azul-profundo está enfeitado por algumas nuvens esparsas, brancas como algodão. O calor do sol faz cócegas na minha pele. Estou de *shorts* e de camiseta, deitado no gramado na frente de casa. Ouço o pio de passarinhos distantes e o zumbido ocasional de alguns insetos. Olho para as folhas das árvores próximas, mas, na maior parte do tempo, fico apenas fitando o azul interminável acima da minha cabeça, captando gloriosamente cada sensação que aparece no meu caminho. Estou inteiramente satisfeito.

Esta é uma excelente maneira de se gozar uns momentos livres em contato com a natureza num dia bonito. Nada de preocupações, nada de planos, nada de pensamentos sobre o futuro ou o passado – apenas um mergulho doce e rico no fluxo do momento presente. Com que freqüência nós, os adultos, simplesmente nos deitamos no gramado e absorvemos tudo isso desta maneira? Os vizinhos chamariam a polícia. Esta é uma coisa que simplesmente não se faz. Não no lugar onde eu vivo. E aposto que também não se faz no lugar onde você mora. Passeie por qualquer rua residencial num dia bonito e ensolarado. Você não verá os gramados lotados de dentistas indolentes, de advogados escarrapachados em suas cadeiras, de representantes de vendas em comunicação com a natureza.

Mas há duas semanas fiz isso. Depois de muitos anos querendo e achando que isso não seria algo que um adulto digno faria. Eu estava num grande gramado, situado a um quarteirão da minha casa, jogando *Frisbee* com o meu filho, Matthew. Num determinado momento, sentindo um certo embaraço, eu disse: "Matt, vamos simplesmente nos deitar na grama e olhar para o céu." Ele não perguntou por que nem deu a impressão de achar a sugestão estranha. Para ele, isso aparentemente era a coisa mais natural do mundo a ser feita.

> No auge do verão, saí da estrada e entrei no campo, onde me sentei na grama ao lado do trigo amarelado e dos verdes arbustos com espinhos. O sol queimava no céu, o trigo crescia abundantemente, a grama alta, a terra emprestando seu vigor às árvores e às folhas, o céu azul... O vigor e o crescimento, o calor e a luz, a riqueza e a beleza disso tudo penetraram em mim; um êxtase da alma acompanhado pela delicada excitação dos sentidos: a alma se ergueu com o corpo. Embevecido com a totalidade do momento, orei ali, com toda essa expansão da mente; sem palavras, sem definições, o desejo de vida física impossível de ser expresso, de alma-vida, igual e além das imaginações mais elevadas do meu coração.
>
> *Richard Jeffries*

Lá estávamos nós, lado a lado, sozinhos num campo aberto, olhando para o céu azul. Em questão de segundos, eu estava me sentindo místico, transcendental, formando uma coisa só com a natureza e com o meu filho. Estávamos tendo uma experiência sutil, cósmica, quase religiosa. Era algo enebriante e irresistível. E aí, numa voz pausada e reflexiva, meu filho perguntou:

"Papai, quanto eu chegaria mais perto do céu se soltasse agora um grande pum?"

As crianças costumam ser bem mais despreocupadas com relação ao misticismo delas. Para elas, as coisas metafísicas e as mundanas formam uma unidade. Naquele instante, reconheci que tinha muito a aprender, com meus filhos e também com minha própria infância. E com um mestre de estados mentais como Thich Nhat Hanh. Seu livro caiu como uma semente em solo fértil. O estado mental que eu tanto queria captar de novo estava finalmente começando a crescer dentro de mim.

No dia que terminei a leitura do livro, eu me vi esperando numa fila enorme num supermercado. Normalmente, sou um homem que está sempre com pressa e nunca consegui superar o ódio de ter de ficar numa fila comprida. É uma perda enorme de tempo. Quando não tenho material de leitura comigo, fico tipicamente num estado de ansiedade constante, frustrado e pouco à vontade, olhando para os lados, verificando o relógio a cada par de minutos, e inquieto. Mentalmente, fico repassando tudo o que deveria estar fazendo e percebendo tudo o que todos fazem para aumentar ainda mais o meu tempo de espera diante da caixa registradora. Bem, nesse dia, tendo acabado de ler os ensinamentos de um mestre da atenção, eu estava dando atenção a tudo o que me cercava. Eu estava apreciando as cores, as formas e todos os tipos de sons. Ergui ligeiramente o braço direito para examinar o corte da minha jaqueta enquanto sentia o tecido suave em contato com a pele. Voltei os olhos para o ambiente que me cercava e percebi que as pessoas me estavam observando com um pouco de estranheza. De repente, eu me conscientizei de que estava com um sorriso enorme no rosto enquanto usufruía os prazeres do momento presente. De fato, um homem sorridente não é algo que se veja com muita freqüência na fila do caixa de um supermercado.

Depois, *uma semana mais tarde,* eu estava em outro supermercado com meu filho, enfrentando uma outra longa fila. Não era tão longa quanto a da semana anterior, mas havia umas quatro ou cinco pessoas na nossa frente. Nenhuma das pessoas que estavam diante de nós conseguia encontrar as moedas que tinham certeza que estavam em algum bolso; outra pessoa queria pagar em cheque usando como identidade o que deveria ser uma carteira de motorista da Nova Zelândia; a moça do caixa, uma novata na profissão, parecia ter cinco polegares em cada mão. Repentinamente, ouvi aquelas palavras que mais assustam qualquer pessoa que está com pressa: *"Verificação de preço!"* Eu concentrava ora numa perna, ora em outra o peso de meu corpo, olhando para o relógio a cada vinte segundos e murmurando coisas como "É inacreditável!" Quando ouvi a requisição de uma verificação de preço, resmunguei alto "Ah, não! Mais esta!" Matt puxou-me pela mão e disse: "Papai, lembre dos pés dentro dos sapatos."

Os pés nos meus sapatos. Eu não estava sentindo os pés nos meus sapatos, nem o tecido no meu braço, nem o ar no meu rosto, nem coisa alguma além da enorme sensação de frustração. Como somos inconstantes. Uma semana antes, eu recebera a Bênção Batista Zen do momento presente depois da leitura de um livro que me iluminara, e alguns dias depois eu já voltara à minha velha personalidade impaciente, não usufruindo *coisa nenhuma* do momento presente, ansioso por poder voltar ao trabalho. Ouvi o que meu filho me dizia e, de repente, compreendi como quase todos nós estamos habituados a viver com pressa. De fato, para as crianças, é a coisa mais natural do mundo viver no presente. Elas não precisam se esforçar para conseguir isso. Mas nós, os adultos, estamos sempre correndo para o futuro. Nós aceleramos nossos biorritmos interiores, preparamos nossos metrônomos interiores para funcionarem num compasso mais acelerado. Por que temos tanta pressa? Por que nos colocamos numa situação de tanta tensão? Gandhi disse certa vez que "há mais coisas na vida além de acelerar a velocidade". No entanto, quase todos nós que temos metas e ambições corremos feito loucos, acelerando mais a velocidade com a tensão que impomos a nós mesmos, num ciclo de agitação muito difícil de ser rompido.

PARA LIDAR COM A TENSÃO

Décadas atrás, os profetas sociais previram que nos tempos atuais estaríamos todos levando uma vida de lazer. Todos trabalharíamos menos horas por dia, ou menos dias por semana, ou as duas coisas. O ritmo do trabalho seria humano, e sua recompensa seria grande. As máquinas se incumbiriam de uma grande parte dos trabalhos inconvenientes e monótonos, e todos nós estaríamos vivendo numa época dourada voltada para a recreação. Várias universidades até chegaram a criar departamentos de estudos de lazer e de administração da recreação para que pudéssemos dispor de uma ajuda especializada para determinar o que faríamos com todo nosso tempo livre.

Mas nada disso aconteceu, não é mesmo? Não conseguimos nos libertar do trabalho, a não ser durante os ciclos periódicos de recessão, causadora de desemprego. Não testemunhamos a aurora de uma época dourada de lazer e de cultura. Em vez disso, aumentamos – e muito – a velocidade. Computadores, equipamentos de *fax* e telefones celulares nos lançaram num ritmo frenético de atividades sem precedentes. O ritmo ficou assustador. E, em muitos contextos empresariais, as pessoas afirmam que as pressões se tornaram intoleráveis.

Algumas pessoas trabalham bem sob pressão. Durante algum tempo. Algumas pessoas parecem receber novas doses de energia quando estão em situações de tensão. Até certo ponto. Quase todas as pessoas necessitam de tempo para pensar, de tempo para repousar e de um ritmo que lhes permita gozar o trabalho que estão fazendo. Não precisamos de uma pressão desnecessária.

A respeito da tensão, tenho uma história interessante para contar. Há muitas décadas, quando o conceituado físico Richard Feynman assumiu seu primeiro cargo como professor na Universidade Cornell, ele tinha acabado de trabalhar no projeto da bomba atômica em Los Alamos. Ao chegar a Cornell, ele estava intelectualmente exausto, e achou que estavam lhe oferecendo um salário alto demais para aquilo com que seria capaz de contribuir (era o principesco salário de quatro mil dólares por ano!). Durante certo período, ele ficou tão ocupado preparando suas aulas que não dispunha de muito tempo para pesquisas nem para projetos originais. Ele se sentia esgotado, não estava tendo novas idéias, e por todos esses motivos, achava cada vez mais que não merecia o salário. Depois, começou a receber ofertas de outras universidades, que lhe prometiam salários ainda maiores. Em vez de se sentir bem, isto apenas contribuía para aumentar cada vez mais seu nível de tensão. Certo dia, chegou uma carta do famoso Instituto de Estudos Avançados de Princeton, oferecendo a Feynman uma posição perfeita, melhor ainda do que a ocupada por Einstein. Enquanto fazia a barba naquela manhã, Feynman ficou refletindo sobre a fabulosa oferta e o que lhe parecia ser um evidente absurdo fez com que começasse a rir. De repente, percebeu que todas aquelas pessoas estavam esperando que ele fosse tão bom que literalmente seria impossível atender a todas as perspectivas e que ele, conseqüentemente, não tinha obrigação nenhuma de ser o que esperavam dele. E quando este pensamento libertador lhe passou pela cabeça, percebeu que o mesmo também era válido com relação a todas as outras universidades que queriam contratá-lo, incluindo até mesmo Cornell. Ele disse:

> Eu sou quem eu sou, e se eles esperam que eu seja bom e estão me oferecendo muito dinheiro por isso, é um problema deles.

Com esta única constatação, ele de repente se libertou de toda a tensão que estava se acumulando no seu interior como resultado dos seus êxitos anteriores, da sua atual necessidade de repouso e das expectativas cada vez maiores das pessoas. E quanto mais a tensão aumentava, menores eram as suas possibilidades de ser criativo. E quanto mais tempo se passasse sem nenhum resultado criativo, tanto maior seria a tensão e o ciclo iria piorando cada vez mais. Até que aconteceu aquele momento de libertação enquanto se barbeava. Feynman decidiu ser apenas ele mesmo. Ele não tinha nenhuma responsabilidade pelas expectativas exageradas dos outros. Ele não tinha nenhuma obrigação de superar os seus sucessos anteriores. Ele era o que era. E tinha todo o direito de ser apenas isso.

Livre de todas as pressões artificiais, Feynman imediatamente recuperou uma atitude mais lúcida com relação à vida, reconhecendo que fora justamente essa atitude lúdica que lhe permitira fazer todas as suas grandes realizações anteriores. Uma semana depois ele estava no refeitório da universidade quando alguém jogou uma bandeja para o ar. Ele a viu rodopiar no ar, atento principalmente para o movimento giratório do medalhão da Cornell na parte central dessa bandeja. Começou então a brincar com idéias referentes a esse movimento giratório e, a partir desse fato comum e engraçado, ele chegou às idéias que, mais tarde, lhe renderam um Prêmio Nobel.

Faça o seu dever e deixe o resto para o céu.   *Pierre Corneille*

A tensão mata. A ansiedade perturba. O passado e o futuro podem nos escravizar. O mesmo pode ser causado pelas expectativas das outras pessoas e pelas nossas crenças referentes a essa expectativa dos outros. Precisamos nos libertar para sermos nós mesmos, para apreciar a nós mesmos e a tudo o que estivermos fazendo no momento. Só então é que podemos nos tornar tudo o que somos capazes de ser. Só então é que podemos usufruir inteiramente o processo ao longo do caminho. A atenção, a liberdade e os aspectos lúdicos são coisas de extrema importância na nossa busca do sucesso. Os animais brincam. Crianças pequenas brincam. E todos nós também precisamos brincar. As brincadeiras permitem a criatividade. O prazer permite a obtenção das coisas. E a obtenção delas aumenta o prazer. Se não sentimos todas estas coisas regularmente, precisamos fazer algumas mudanças no tipo, no ritmo e no ciclo da nossa vida.

Nossa determinação de metas é que faz muita diferença. Será que estamos trabalhando com expectativas vagas, mas pouco razoáveis e exigentes demais? Ou será que temos objetivos específicos, suficientemente desafiadores para serem interessantes, mas também razoáveis o suficiente para serem atingidos sem níveis pouco saudáveis de tensão e de ansiedade? Qual é a nossa atitude com relação às metas e quais são as nossas perspectivas de atingir os resultados desejados? E imbuídos de que espírito estamos trabalhando com vistas a eles? Que tipo de atmosfera generalizada há no nosso ambiente de trabalho? Estamos contribuindo para transformar esse ambiente num lugar onde o prazer e a realização podem se desenvolver lado a lado? Estas são as premissas necessárias para um verdadeiro sucesso.

As possibilidades emocionais e de atitude para qualquer situação de trabalho podem ser esquematizadas de forma bastante simples:

O ESQUEMA DO TRABALHO

Uma situação que exige demais no que respeita às suas aptidões e capacidades resulta em:

ANSIEDADE

Uma situação que não exige o suficiente no que respeita às suas aptidões e capacidades resulta em:

MONOTONIA

Uma situação que seja apropriada às suas aptidões e capacidades resulta em:

DESAFIO

O ideal na determinação de todas as metas é o estabelecimento de desafios produtivos para o indivíduo. Desafios capazes de nos desenvolver, mas sem nos deixar deformados. Desafios que podem nos proporcionar prazer. Nunca devemos pensar no prazer como algo limitado àqueles momentos em que simplesmente ficamos deitados na grama olhando para o céu. Precisamos desses momentos, é claro. Mas também precisamos curtir todas as nossas atividades de trabalho, os processos pelos quais tentamos solucionar os desafios que impomos a nós mesmos, ou desafios que nos foram lançados por outras pessoas.

A vida não nos proporciona prazer maior do que o da superação das dificuldades, de passar de uma etapa de sucesso para outra, de alimentar novos desejos e de tê-los satisfeitos. Quem trabalha num empreendimento grande ou louvável terá sua fadiga amainada inicialmente pela esperança, e depois recompensada pela alegria e pelo prazer... Enfrentar dificuldades e superá-las é a mais elevada felicidade humana.

Samuel Johnson

Se estivermos ocupando cargos de liderança, precisamos nos lembrar desse ESQUEMA DE TRABALHO em qualquer situação profissional, e criar o tipo de cultura, de clima ou atmosfera no qual os indivíduos sejam encarregados de desafios que os deixem realizados e lhes dêem prazer, desafios que os incentivem e que permitam que cresçam em termos de excelência pessoal e de felicidade. Só dessa forma é possível conseguir no grupo ou na empresa a excelência capaz de se manter a longo prazo. Nosso progresso em direção ao futuro deve assegurar o prazer no momento presente.

O SEGREDO DO PRAZER

Gosto de animação. Do tipo positivo. Como ocorre com quase todas as pessoas. De quando em quando, passo por períodos nos quais novos desenvolvimentos animadores parecem cruzar meu caminho de duas em duas horas ou, pelo menos, a cada dia. Novas idéias, novas pessoas e novas oportunidades surgem na minha vida num ritmo que chega a ser estonteante. "Como tudo isso deve ser excitante", comentam meus amigos. "Quanto prazer isso deve lhe proporcionar", pensam eles. E estão certos. São coisas excitantes e que dão prazer. É como surfar na crista de uma onda enorme ou descer numa jangada por um rio que corre veloz. Quando tudo está acontecendo num ritmo que mereceria uma trilha sonora da MTV, é muito fácil deixar se envolver por tudo e vivenciar um tipo de felicidade natural a que alguns psicólogos chamam de "estar em fluxo" ou "ter uma experiência de fluxo". É algo que não nos custa nenhum esforço, que nos excita. É algo maravilhoso.

No entanto, se o nosso prazer depender da excitação proporcionada por acontecimentos externos, ele está fadado a ser sempre apenas de curta duração. Durante mais de dois mil anos, os filósofos têm observado que uma das poucas coisas constantes na vida é a mudança. As coisas podem estar aparecendo hoje, mas isso não representa garantia alguma para amanhã. Uma coisa é usufruir a excitação; outra coisa, bem diferente, é precisar dela. Será que posso aproveitar um dia em que nada de especial, de incomum, de inesperado ou de loucamente excitante ocorrer? Se não puder, certamente terei muitos dias ruins. Nós precisamos aproveitar os momentos de animação. Podemos até amá-los. Mas não devemos necessitar nem depender deles.

Às vezes, o mundo nos dá formas de prazer. Em outras ocasiões, precisamos dar prazer ao mundo. Não há nenhuma garantia de que nosso trabalho sempre nos dará prazer. Nem nossas famílias, nem nossos amigos. Em última análise, só nós mesmos somos responsáveis por sentir ou não prazer na vida que vivemos. O prazer deve surgir de dentro de nós. Esta é uma das mais importantes descobertas que podemos fazer.

1. O equilíbrio fundamental

Às vezes, o que necessitamos na nossa vida é um pouco de serenidade filosófica. Certa dose de tranqüilidade. A capacidade de não nos excitarmos demais com as coisas boas ou ruins que possam surgir ao longo do caminho que percorremos. Freqüentemente, refere-se a isto como sendo equilíbrio. Precisamos de "amortecedores psíquicos de choques" que nos permitam ultrapassar os buracos e as lombadas da estrada da vida sem sofrermos abalos desnecessários. Uma contestação que ajuda a fornecer isto é o reconhecimento típico da meia-idade que eu às vezes formulo para mim mesmo em termos um pouco fortes:

Nada é tão bom nem tão ruim quanto parece.

O filósofo cauteloso que existe dentro de mim quer ser mais cuidadoso e mais exato do que o moralista francês do século XVII La Rochefoucauld, que, pelo que eu saiba, foi o primeiro a formular esse tipo de sentimento, mas que disse apenas que "dificilmente alguma coisa neste mundo é tão boa ou tão ruim quanto parece". Mas acho que, assim que criamos espaço para exceções,

218

a regra deixa de ser válida. Porque tudo o que estiver me animando no momento, independentemente do fato de ser uma coisa boa ou uma coisa ruim, eu certamente verei como sendo uma exceção à regra, desde que as exceções sejam permitidas. Psicologicamente, é mais seguro partir da verdade absoluta de que, pelo menos nos limites deste nosso globo terrestre, nada é, em si, tão bom nem tão ruim quanto parece. Deste modo, teremos menos probabilidade de reações exageradas.

Algumas coisas podem continuar sendo maravilhosas, da mesma forma como outras podem continuar sendo horríveis. Mas é uma verdade genérica que, quando nos deparamos com algo maravilhoso ou horrível, ficamos tão excitados emocionalmente, que o vemos como sendo muito melhor ou muito pior do que realmente é. E quando vemos coisas na nossa vida como terrivelmente ruins, é extremamente difícil ter prazer com qualquer outra coisa. E quando as vemos como sendo maravilhosamente boas, é possível que fiquemos tão tontos que não consigamos apreciar o lado bom de outras coisas que também deveríamos estar curtindo. Um novo emprego, uma grande promoção, um novo amor, até mesmo a perspectiva de uma nova e positiva mudança de vida podem por vezes brilhar tão intensamente aos nossos olhos, que outras coisas boas que nos cercam ficam mergulhadas na penumbra. Ao nos permitirmos uma sobrecarga emocional e certa fixação numa única coisa, podemos facilmente passar a ignorar os amigos, a negligenciar a família e a não perceber as diversas e pequenas glórias à nossa volta. A supervalorização de algo extremamente bom que apareceu no nosso horizonte pode resultar numa concentração pouco saudável e num desequilíbrio emocional que não leva ao prazer completo da vida neste mundo. Além disto, se estas coisas boas que prendem a nossa atenção estão apenas passando rapidamente, como ocorre com a maior parte das coisas, quanto mais as supervalorizarmos, tanto mais difícil será a sua perda posteriormente. E também será menos provável que consigamos curtir a vida sem elas. Temos a maior liberdade para usufruir as coisas quando mantemos certo nível de tranqüilidade no coração. Isso é perfeitamente compatível com ser, exteriormente, uma pessoa cheia de animação e de entusiasmo, de energia para apreciar as coisas. Mas, bem no fundo, precisamos de algum tipo de âncora, de uma certa dose de serenidade filosófica para nos dar uma estabilidade emocional e uma continuidade para os outros aspectos de nossa jornada.

2. Dois tipos de prazer

Ao longo dos séculos, muitos poetas, trovadores e filósofos afirmaram que o segredo da vida está em desfrutar a passagem do tempo. A sucessão dos momentos. A hora. O dia. E tudo o que ocorrer nesses períodos. Acredito que atualmente muitas pessoas tenderiam a concordar com essa perspectiva. Mas não são muitas as que esperam compreender que, basicamente, há dois tipos diferentes de prazer à nossa disposição neste mundo.

Em primeiro lugar, há o fenômeno do *prazer intrínseco*. Quando tomo uma bebida gelada num dia de calor muito forte, ou quando tomo um banho quente no final de um dia de trabalho intenso no inverno, posso entregar-me a uma apreciação das qualidades imediatas da minha experiência. Isto é um prazer intrínseco. O frescor. O sabor. A sensação. O prazer de uma coisa por ela mesma. Curtir uma experiência pelos seus próprios méritos. A sensação de um beijo. As glórias de uma pêra madura. Sempre que se menciona a idéia do prazer, acho que é isso que chega mais facilmente à mente das pessoas. O prazer intrínseco. É uma capacidade essencial para uma vida humana completa.

Mas há também um segundo tipo de prazer, que se abre para uma esfera mais ampla de experiência, e acredito que isto seja ainda mais importante para se viver uma vida completamente humana. Passei a me referir a isso como sendo o *prazer extrínseco*. Trata-se de curtir uma pessoa, um lugar, um momento, uma coisa, um evento ou uma experiência tal como estas coisas se ligam dentro de um contexto mais amplo de significados ou de valores. Há uma grande diferença entre uma sensação agradável e uma sensação agradável desfrutada na companhia de alguém que você ama. Há uma grande diferença entre um dia bonito e um dia bonito passado na companhia de um bom amigo. Só prazer que se associa a uma experiência, ou que depende de associações com um contexto maior fora das características intrínsecas da própria experiência – a este prazer chamo de extrínseco.

Estou convencido de que, quanto mais uma experiência estiver ligada a um arcabouço positivo ou a um contexto mais amplo de crenças positivas, de atitudes e de emoções, tanto mais provável será que nos beneficiemos desta experiência. Se a experiência foi intrinsecamente agradável, então, quanto mais a associarmos a um conjunto maior de crenças, de valores, de metas e de experiências, tanto maior será o nosso prazer. Pelo simples fato de estar associada a um conjunto mais amplo, uma experiência neutra pode se tornar fonte de prazer. E uma experiência negativa pode, pelo menos, tornar-se menos desagradável. Ela pode até ser transformada numa lição positiva, ou ser considerada como uma boa oportunidade para o desenvolvimento e o aprendizado, por mais desconfortável que ela possa ser em si.

Precisamos experimentar os dois tipos de prazer na nossa vida. O intrínseco nos liga aos aspectos imediatos da nossa experiência; o extrínseco nos liga aos significados e valores mais amplos de nossa existência. O som da risada de uma menina é agradável. O som da risada da minha filha é maravilhoso. A visão de um garoto dormindo ao lado do seu cachorro é agradável. Mas quando o garoto é meu filho e quando o cachorro é o nosso bicho de estimação, a imagem passa a ser cara a nós.

Algumas das pessoas mais profundamente espirituais no nosso mundo conseguem associar todas as suas experiências a um conjunto mais amplo de valores. Todos precisamos de uma Grande Imagem para a nossa vida, de um contexto capaz de ampliar as coisas boas, e de tornar mais superáveis as dificuldades que surgirem no nosso caminho. Precisamos nos ligar a algo que seja maior do que nós mesmos. Todos necessitamos dos recursos emocionais e de atitudes que nos permitam dar prazer ao nosso mundo e à maneira como vivenciamos este mundo. E, à medida que formos criando com outras pessoas estruturas significativas de família, de amizade e de trabalho, daremos a elas e também a nós um conjunto mais amplo para aumentar o prazer possível para a nossa vida.

3. O cultivo da nossa capacidade de sentir prazer

Como podemos cultivar mais completamente uma capacidade de curtir o processo ao longo do caminho que percorremos durante esta vida? Há muitas formas. Em primeiro lugar, lembre-se de sentir os pés nos sapatos. Preste atenção no momento. Perceba e curta os prazeres intrínsecos que o cercam. Não permita que este mundo maravilhoso seja desperdiçado em momento nenhum. Em segundo lugar, associe a maior quantidade possível de acontecimentos da sua vida a arcabouços de significados mais amplos. Através da família, das amizades, da comunidade e do trabalho. Faça isso nos seus pensamentos e no seu espírito.

> As grandes coisas essenciais para se ter felicidade nesta vida são ter algo para fazer, algo para amar e algo para esperar. *Joseph Addison*

Em terceiro lugar, estabeleça metas de valor e trabalhe para alcançar esses objetivos. As primeiras seis condições de sucesso realmente podem nos ajudar a colocar em prática a sétima condição. Num recente e excelente livro a respeito da melhor experiência humana possível, intitulado *Flow*, o psicólogo Mihaly Csikszentmihalyi sugere que, estruturando nossa experiência com vistas à conquista de objetivos razoáveis, mas razoavelmente desafiadores, e prestando atenção ao resultado que conseguimos à medida que nos aproximamos dessas metas, podemos fornecer as condições mais confiáveis para o melhor prazer possível da nossa experiência. Portanto, não estou recomendando: "Esforce-se bastante para atingir o sucesso. E, oh, sim, lembre-se de ter um pouco de prazer também." Trabalhar de forma apropriada com vistas a metas é a melhor maneira de você curtir a si mesmo, e o fato de você estar fazendo isso libera seu potencial mais intenso e profundo para um trabalho bem-sucedido com vistas às suas metas. É exatamente assim que nós, seres humanos, funcionamos psicologicamente. À medida que nossos esforços rumo ao sucesso conferem complexidade à nossa vida, complexidade em termos de capacidade, de conquistas, de interesse e de relacionamentos, nós nos colocamos numa posição cada vez melhor para usufruir nossa vida. Melhoramos nossa capacidade de prazer. E também de sucesso.

Comemore pequenas vitórias ao longo do caminho. À medida que objetivos preliminares menos importantes forem sendo atingidos, constate esse fato e usufrua o momento reconhecendo o seu empenho. Orgulhe-se de si mesmo. Perceba o progresso feito. Curta o que foi feito. E quanto maior for a meta alcançada, tanto maior deve ser a comemoração. Inclua a família. Os amigos. Compre um osso especial para o cachorro. Demonstre o quanto você aprecia o fato.

Quando você precisa se esforçar um bocado na tentativa de descobrir sozinho que novas metas e objetivos deve buscar e quando consegue passar por esta etapa, sendo-lhe possível pelo menos esboçar novas metas, considere isto como sendo uma conquista que merece ser comemorada. Um novo conjunto de metas pode funcionar como a sua própria versão pessoal da Declaração de Independência. Ou pode fazer parte da sua nova Constituição pessoal. De qualquer forma, uma bem-sucedida determinação de metas às vezes pode merecer uma comemoração tal como a conquista de uma meta bem-sucedida.

Além disso, participe da celebração das pequenas vitórias dos outros: uma boa venda efetuada, um prêmio ganho, um artigo aceito para publicação, uma promoção, uma contribuição particularmente benéfica para uma reunião difícil. Reconhecer e elogiar as vitórias das outras pessoas dá muitos resultados. Isto dá a você mais oportunidades para usufruir os prazeres da comemoração. É possível que você passe por um período de estiagem, durante o qual não terá motivos de comemoração, a não ser participando da comemoração dos outros. E as outras pessoas cujas vitórias você elogiar irão apreciar sua atenção, seus comentários e seus bons augúrios. Como reação a isso, elas tenderão a ter atitudes recíprocas, juntando-se a você nas suas pequenas comemorações. Elas podem até mesmo perceber coisas em sua vida que você nunca julgou merecedoras de comemoração. E por muito tempo, elas guardarão boas lembranças a seu respeito. Elas se sentirão admiradas. E isto sempre é muito importante.

> Atualmente, percebo uma grande omissão na minha *Psicologia*: o mais profundo princípio da natureza humana é a *vontade de ser admirado*.
> *William James*

A primeira carta de aceitação que recebi de uma escola de pós-graduação, quando estava no último ano da faculdade, foi uma ocasião memorável. Meu professor predileto quis que eu lesse a carta para ele pelo telefone e pediu que o visitasse depois na sua sala. Quando cheguei lá, ele tinha se dado ao trabalho de ir buscar uma garrafa de refrigerante para comemorarmos. Com muita algazarra, usando duas velhas canecas de café, tomamos essa bebida enquanto ele fazia um brinde. Foi um gesto extremamente importante da parte dele, e ainda me lembro de tudo isso com muito afeto e gratidão, apesar de já terem se passado uns 20 anos.

Comemore com os outros. Eles irão se lembrar disso. Novos laços de união se firmarão entre vocês. Novas formas de comunhão se desenvolverão. A competição freqüentemente faz com que as pessoas se afastem umas das outras. A comemoração geralmente surte o efeito contrário.

Certa capacidade de prazer também pode ser cultivada através dos conhecidos métodos do relaxamento, da concentração e da visualização. Há muitos livros e manuais excelentes oferecendo eficientes técnicas físicas e mentais para o relaxamento e para a meditação. Pode ser de grande ajuda aprender a dominar alguns desses exercícios e aplicá-los sempre que houver necessidade. O emprego de técnicas orientais de respiração, de postura e de concentração durante apenas alguns poucos minutos diários pode aumentar consideravelmente sua capacidade de usufruir o restante das horas que passar acordado. E períodos de visualização mental positiva muitas vezes podem resultar em verdadeiros milagres.

Certa noite, há vários anos, eu estava sozinho no porão da minha casa, tocando minha guitarra elétrica. Este é o único lugar onde minha mulher permite que eu faça essas coisas. De repente, comecei a imaginar com grande intensidade que estava num palco enorme, tocando diante de milhares de pessoas. Tinham-se passado muitos anos desde que eu me apresentara para grandes públicos como guitarrista de *rock* e percebi que, depois de alguns minutos, paralelamente à minha visualização, meus batimentos cardíacos se aceleraram; eu me sentia um bocado nervoso, e encontrei muito mais dificuldade para posicionar meus dedos no lugar certo para tocar alguns acordes rápidos e complicados, que normalmente conseguia tocar sem muitos problemas quando estava sozinho física e mentalmente. Por mera curiosidade, fiz questão de repetir rapidamente essa visualização durante alguns dias, como uma espécie de experiência psicológica. E sempre constatei os mesmos resultados: um baixo nível de nervosismo perceptível e uma maior dificuldade na *performance*. Percebi que, se a imaginação visual consegue fazer com que algo se torne mais difícil, seria perfeitamente viável que ela funcionasse também no sentido oposto. Seria eu capaz de ficar diante de milhares de pessoas e imaginar que estou completamente só no porão da minha casa, de maneira que minhas mãos me obedeçam mais e que as notas todas passem a fluir da melhor maneira possível? Ainda não tive a oportunidade de testar essa hipótese com a minha guitarra, uma vez que deixei de ser um músico que se apresenta profissionalmente; mas depois dessas experiências no porão, comecei a usar exercícios de visualização como preparativos para aulas especiais em Notre Dame, bem como para palestras que faço em grandes organizações empresariais. E os resultados têm sido excelentes.

Usamos a mente para governar, o corpo para servir.	*Salústio*
A mente move a matéria.	*Virgílio*

Não faço a menor idéia de quais podem ser os limites da visualização. No entanto, estou convencido de que a grande maioria de nós nem sequer chegou perto de aproveitar totalmente os recursos desse poder que está à nossa disposição. Eu mesmo já fui capaz de bloquear as dores causadas pela broca de um dentista durante um sombrio inverno de South Bend, visualizando intensamente uma praia de areias brancas e de águas cor de esmeralda, num dia quente e ensolarado. Não foi nada fácil. Não foi apenas um truque da minha imaginação, mas acho que, quando me levantei da cadeira e vi a minha imagem refletida num espelho, percebi que o meu rosto estava até um pouco mais bronzeado. É claro que foi um truque da minha imaginação! A visualização também tem seus limites. Mas ninguém sabe quais são estes limites. Que outras coisas podemos fazer com esse poder que todos possuímos? Com ele, melhoramos consideravelmente o prazer que sentimos em nossa vida. Disto tenho certeza. E, ao mesmo tempo, podemos usá-lo para melhorar ainda mais as coisas que conseguimos fazer em nossas vidas. Disto eu também tenho certeza.

> Aldous Huxley disse certa vez: "O que pensamos, sentimos e somos é, em grande parte, determinado pelo estado das nossas glândulas sem dutos e de nossas vísceras", mas eu passei a acreditar que a verdade, na maior parte das vezes, é exatamente o contrário.
>
> *(Apenas um comentário)*

Tendemos a usufruir mais qualquer coisa que estejamos fazendo quando estamos mais envolvidos com ela. Desenvolvendo a capacidade de se concentrar, você estará cultivando também a capacidade de sentir prazer. Quando sua mente está se ocupando de milhares de outras coisas, uma tarefa pode ser desagradável e pode também dar a impressão de ser interminável. Quando estamos totalmente envolvidos com o que fazemos, o tempo parece parar e simultaneamente – e ironicamente – o relógio dá a impressão de se acelerar. Num dia longo, escrevendo, quando minha concentração está no seu melhor ponto, muitas horas podem se passar sem que eu perceba isso. Mas quando estou distraído e sou levado a pensar em muitas coisas diferentes, e quando estou tão dispersivo que não consigo ser produtivo, uma única hora parece ser um período interminável. Quando estamos pensando no público e não na nossa *performance*, isso pode nos bloquear ou nos desviar da excelência de que somos capazes. Quando estamos trabalhando apenas pela recompensa financeira, ou por causa do que os outros pensam, podemos conservar a excelência e o prazer apenas durante certo tempo, se é que conseguimos chegar a esse nível. As pessoas que florescem e exultam nas suas ocupações tendem a ser aquelas cujo centro de atenção é o próprio trabalho.

Na medida em que isso está na nossa capacidade, devemos nos esforçar muito para criar um ambiente agradável para nós e para os outros. Um ambiente no qual nossa criatividade possa ser libertada e onde podemos concentrar nossa atenção nas tarefas que precisamos realizar. No trabalho, uma remuneração adequada e bons benefícios libertam a mente da pessoa de preocupações desnecessárias, permitindo que sua atenção se volte para as tarefas a serem executadas. Agradáveis condições de trabalho podem fornecer um ambiente significativo e humano, no qual o espírito seja capaz de florescer. Desafios interessantes estimulam a mente. E uma cultura ética irá permitir um envolvimento total, uma forte sensação de confiança e um orgulho pelo envolvimento. Se estruturarmos um ambiente de trabalho com atenção a todas as dimensões básicas da vida humana – a intelectual, a estética, a moral e até a espiritual – forneceremos a nós mesmos, e aos demais, todas as condições para o prazer máximo e, conseqüentemente, para o sucesso máximo. Qualquer coisa inferior a isso acabará sendo derrotista. E é claro que isto acaba sendo verdadeiro também para qualquer outro relacionamento humano fora do ambiente de trabalho. Quando nossas vidas estão devidamente estruturadas, tanto nossos prazeres quanto nossos sucessos são melhorados.

A META DA FELICIDADE

Aristóteles disse que a meta de todos os homens é a felicidade. E de todas as mulheres também. Mas o que é considerado como sendo a felicidade? O que a traz para a nossa vida? No decorrer dos séculos, grandes pensadores refletiram sobre estas questões e ofereceram uma variedade de respostas.

Alguns disseram que felicidade é o prazer. Para encontrar a felicidade, deveríamos procurar o prazer. E não apenas os prazeres mais óbvios ou mais fáceis, mas também os mais refinados e raros.

Será que o hedonismo total é o modelo da felicidade humana completa? Vamos fazer uma pequena experiência. Imaginemos um homem normal e saudável, deitado numa cama dentro de um laboratório científico, ligado através de uma série de eletrodos e fios a um supercomputador da mais moderna geração. Através destes fios e eletrodos, o computador é capaz de estimular seu cérebro de maneira tal a criar o máximo possível em termos de experiências e prazeres da realidade virtual. Imagine que o computador esteja programado de maneira tal a fornecer ao nosso homem uma dose considerável e sem interrupções de experiências altamente agradáveis. Por causa da corrente elétrica ligada ao centro de prazer do seu cérebro, ele nada mais quer fazer a não ser se submeter a essas sensações pelo restante de seus dias, nunca mais levantando-se da cama nem saindo do laboratório. Ele está fisgado. É o máximo em termos de vício. E podemos imaginar uma versão ainda mais austera desse esquema, na qual o homem não apenas fique fisicamente inerte na cama, mas também fique totalmente privado de quaisquer experiências visuais e auditivas de realidade virtual, sendo alimentado apenas por sensações agradáveis que o cérebro teria sentido naturalmente se tivesse as experiências perpétuas de, digamos, boa alimentação, calor do sol, frescor da água, relações sexuais satisfatórias, flores perfumadas, sinfonias supreendentemente belas, panoramas esplendorosos e com-

226

panhias, no mínimo, agradáveis. O puro prazer elevado ao máximo possível. Mas nada mais além disto.

Será este o nosso ideal de felicidade humana? Será que a cobaia no laboratório se enquadraria no nosso conceito de pessoa completamente feliz? Espero que não. A personagem desta experiência intelectual se encontra totalmente inerte, sem nenhum contato com a vida real e com todos os seus valores. Ele está totalmente passivo. Reconhecemos que esta é apenas uma situação extrema, criada em nossa imaginação. Mas é assim que semelhante experiência mental funciona. Alguns pensadores sugerem que a felicidade é o mesmo que o prazer. Imaginamos, portanto, uma situação de prazer total, na medida do possível isolada de qualquer outra coisa. Será que temos então uma situação de felicidade? Se nossas intuições mais profundas nos levam a achar que não, então precisamos rejeitar a sugestão de que a felicidade é idêntica ao prazer.

Muitos, os mais vulgares, aparentemente concebem o bem e a felicidade como prazer, e, portanto, também gostam de uma vida de gratificações. Neste ponto, eles parecem ser completamente escravizados, pois a vida pela qual decidem é uma vida de animais no pasto.

Aristóteles

Outros já sugeriram que a felicidade é a paz pessoal, ou seja, a tranqüilidade interior da mente. Imagine a superfície de uma lagoa num dia sem vento. Esta seria a imagem perfeita do espírito do indivíduo feliz.

Esta imagem tem um sabor mais oriental. Podemos imaginar uma pessoa sentada na posição do lótus, as costas eretas, os olhos fechados, a mente sem pensar em nada. Provavelmente, em algum lugar da Califórnia. Uma ausência total de perturbações. Serenidade existencial. Será que essa é a imagem do nosso ideal de felicidade? Estou inclinado a achar que tais experiências, ou "não-experiências", podem desempenhar um importante papel numa vida de felicidade. No entanto, elas não são, em si, o estado da felicidade. E se isto estiver correto, então não podemos aceitar a sugestão de que a felicidade nada mais é do que a paz mental.

É presunção dizer que os seres humanos deveriam se satisfazer com a tranqüilidade; eles precisam de ação; e quando não a encontram, eles a criam. *George Eliot (Mary Ann Evans)*

Uma visão bem mais penetrante, na minha opinião, é a de que a felicidade seria uma participação ativa em algo que traz consigo uma sensação de realização. Este é um conceito muito mais dinâmico de felicidade. A busca do prazer e a procura da paz podem envolver uma grande dose de atividades, mas o estado final almejado em cada caso é bastante passivo: sentir prazer ou ficar em paz. O conceito da felicidade como participação em algo que traga consigo uma sensação de realização, por outro lado, é um conceito inerentemente ativo. Ele capta o dinamismo e o componente de energia da natureza humana e, no melhor dos casos, pode incorporar uma apreciação tanto do prazer como da paz interior. Uma pessoa que esteja participando de atividades significativas pode vivenciar os prazeres mais profundos, mais complexos, mais satisfatórios e mais duradouros. O que simplesmente serve como prova para a afirmação freqüentemente repetida de que o prazer deveria ser considerado como um produto colateral, não como uma meta ou objetivo. E o tipo correto de engajamento numa atividade significativa precisa incorporar a obtenção de uma dose de tranqüilidade ao longo do caminho. Alguns chegam até mesmo a dizer que a maior paz pessoal se origina da satisfação vivenciada num progresso bem-sucedido com vistas a metas e a objetivos considerados valiosos e significantes por si mesmos.

> A felicidade é um tipo de ação. *Aristóteles*

Somos seres inerentemente ativos. E, por esse motivo, nossa maior sensação de realização deve ocorrer através da atividade, do exercício físico ou mental dos nossos talentos e do aproveitamento do nosso potencial. Precisamos nos tornar mais completamente o que somos capazes de ser. E precisamos trabalhar para atingir algo que seja maior do que nós mesmos somos. Ou seja, o máximo em termos de excelência pessoal. E é apenas isso que pode nos proporcionar a verdadeira felicidade.

Não podemos nos tornar de modo mais completo o que somos capazes de ser, a não ser que vivamos nossa vida participando e florescendo ao longo de cada uma das dimensões básicas da experiência humana, tal como já foi delineado no sexto capítulo deste livro. Todos temos capacidades intelectuais, estéticas e morais que precisam ser exercitadas. Todos temos um potencial espiritual que precisa ser cultivado. Precisamos descobrir todos os nossos talentos básicos, desenvolvê-los e empregá-los de forma apropriada no mundo. Todos precisamos crescer dessa maneira. Esta é uma tarefa contínua de autodescoberta e de autodefinição. Também é um processo de obtenção de poder. Podemos chamar essa atividade de auto-realização.

> Felicidade não é virtude, nem prazer, nem isto nem aquilo, mas simplesmente desenvolvimento. Somos felizes quando estamos nos desenvolvendo.
>
> *W. B. Yeats*

Mas também precisamos trabalhar com vistas a algo maior do que nós mesmos, algo que mereça o nosso comprometimento e a nossa lealdade. E essa atividade poderia ser chamada de *auto-subordinação*. Passei a acreditar que todo ser humano tem duas profundas e fundamentais necessidades espirituais e emocionais:

1. Uma necessidade de se sentir *único*.
2. Uma necessidade de se sentir em *união* com algo maior do que o eu.

Freqüentemente, eu me refiro a essa expressão de necessidade espiritual básica como sendo *O princípio dos Dois "U"s*. Cada um de nós precisa se sentir especial, importante e diferente. Temos a necessidade de ser admirados como os indivíduos únicos que somos. Mas cada um de nós tem uma profunda necessidade de participar, de fazer parte de algo valioso que seja muito maior do que o nosso próprio eu diminuto, e do que nossos limitados interesses pessoais. Isso faz parte do profundo pano de fundo metafísico do sexo e da amizade. É por esse motivo que as pessoas se identificam com suas cidades, com seus Estados, com suas escolas. Trata-se de uma parte significativa do poder potencial para as famílias e, quando uma família não está à disposição, faz parte da atração exercida pelas gangues de rua. Esse é o elemento que está por trás do patriotismo. E é também uma das fontes fundamentais da religião, da necessidade de uma comunidade espiritual.

Somos, essencialmente, seres sociais. Temos necessidade de pertencer a uma sociedade formada por outros seres únicos que se apóiem mutuamente no trabalho, no crescimento e nos sonhos. Não podemos ser realmente felizes sem a experiência do que é único e da união. Não podemos realmente usufruir nossa vida se essas duas necessidades igualmente importantes e fundamentais não forem satisfeitas.

Acredito que, num nível profundo, todos saibamos disto. Mas muitas pessoas se enganam na maneira como pensam sobre o que seria necessário para satisfazer estas duas necessidades espirituais. Parece ser muito difundida a crença de que ser único é algo que exige esforços, ao passo que a união basicamente cuida de si mesma, surgindo automaticamente. Você já reparou alguma vez com que intensidade algumas pessoas estão preparadas para trabalhar no intuito de se sentirem únicas? Roupas bizarras, comportamento agressivo, exuberância de todo tipo – muitos de nós parecemos estar dispostos a nos submeter a esforços árduos na tentativa de sermos diferentes, de nos destacarmos dos demais e de sermos reconhecidos como espécimes únicos e singulares.

Parece que se pensa que essa qualidade única diz respeito ao que fazemos. E, ao mesmo tempo, na mente de muitas dessas mesmas pessoas, a união com algo maior do que o eu parece ser considerada principalmente uma questão de quem somos ou de onde estamos. Eu sou um Morris. Eu sou um professor da Universidade de Notre Dame. Você é um judeu, um católico irlandês ou um metodista. Você é um novaiorquino. Ou um sueco. E, a partir desta identificação, você pode derivar um sentimento de união com algo que seja maior do que você mesmo é. Quando você pensa desse modo, pode estar pensando na união como não sendo dependente de *fazer* alguma coisa, mas apenas como uma questão de *ser* alguma coisa.

Sempre que adotamos essa perspectiva, estamos encarando as coisas da maneira errada. A qualidade de algo único e singular é principalmente uma questão de quem você é. A união, por outro lado, depende em larga escala do que você faz.

Cada um de nós nasce como ser único e singular. Nenhuma outra pessoa possui exatamente a mesma massa genética acoplada com as suas experiências de vida. E isso é válido com relação a cada pessoa que já apareceu neste mundo. Como disse um humorista: "Você é absolutamente único – como todas as outras pessoas." Uma sensação de ser único e singular se origina da compreensão disto, e é aprofundada de forma incomensurável pela descoberta contínua de todos os seus talentos e gostos individuais.

A união, por outro lado, pode exigir uma dose considerável de trabalho e de esforço. Bons relacionamentos não acontecem simplesmente e nem se sustentam de forma automática durante anos e anos. É preciso que sejam mantidos vivos e cultivados. Bons casamentos, boas amizades, bons trabalhos em equipe no escritório ou na fábrica exigem trabalho para serem criados e também para serem preservados. E, como os grandes pensadores religiosos proclamaram a respeito da mais importante de todas as uniões, Deus precisa ser servido. O trabalho que fazemos em nome de uma união satisfatória às vezes pode ser árduo, mas também pode ser uma fonte dos maiores prazeres possíveis.

> Muitas pessoas têm uma idéia errada do que constitui a verdadeira felicidade. Ela não é conseguida através da autogratificação, mas sim pela fidelidade a uma meta valiosa.
>
> *Helen Keller*

Acredito que também existam duas outras necessidades espirituais humanas e universais que estão associadas e que, num certo sentido, são subordinadas às nossas necessidades de algo único e de união. Em primeiro lugar, todos precisamos nos sentir úteis. Cada um de nós tem uma profunda necessidade de sentir que tem uma tarefa a realizar neste mundo. Precisamos que precisem de nós. Este é um dos motivos pelos quais o desemprego, a ociosidade e o isolamento social podem representar a morte para o espírito.

Recentemente, assisti na televisão a um documentário a respeito de um grupo de prisioneiros que trabalhava num projeto especial para ajudar a proteger cidades e casas da região do Meio-Oeste das ameaças de inundação. Os homens pareciam exultantes no trabalho, se bem que aquilo que estavam fazendo – carregando pesados sacos de areia para a construção de barreiras – obviamente era uma atividade que exigia muito deles em termos físicos. Alguns deles possivelmente nunca tinham se sentido tão úteis e apreciados antes. Com a sua nova sensação positiva de utilidade, eles renasciam espiritualmente e espontaneamente começaram a comentar a possibilidade de empregos úteis depois de saírem da prisão.

Todos necessitamos de uma sensação de utilidade. Isto serve para enfatizar a nossa sensação fundamental de sermos únicos enquanto usamos a nossa capacidade para ajudar os demais. E isso também enfatiza a nossa sensação de união com os outros, ao vermos como nossos esforços contribuem para algum bem maior.

Também temos o que eu considero como sendo uma necessidade espiritual de compreensão. Precisamos estabelecer nossa relação neste mundo e sentir que temos algum tipo de Grande Imagem a respeito da finalidade de nossa vida. Sem uma certa sensação de compreensão, ficamos mais do que confusos. Ficamos desanimados. Uma das funções fundamentais da educação universal deveria ser a de fornecer às pessoas certa sensação de compreensão no que diz respeito aos seus papéis na natureza, nas suas famílias, nas suas comunidades maiores e dentro da grande família humana. Uma compreensão nesse sentido é fonte de inspiração. Ignorar essas coisas causa a destruição.

Eu gostaria de denominar isso de *Tese dos 4 Us da Felicidade Humana*. Estou convencido de que tanto você como eu só podemos ser totalmente felizes e desfrutar completamente o processo da vida e da busca do sucesso se dermos atenção suficiente às nossas profundas necessidades espirituais e às necessidades das pessoas que nos cercam com respeito a:

1. Uma sensação de ser *único*
2. Uma sensação de *união*
3. Uma sensação de *utilidade*
4. Uma sensação de *compreensão* [*understanding*, em inglês].

A felicidade humana não pode existir num vácuo. Os maiores prazeres dos quais cada um de nós é capaz não podem vir à tona nem ser conservados, acredito, a não ser que outros que nos cercam estejam igualmente em posição de usufruir seu quinhão de felicidade. Estou convencido de que isto é uma implicação da nossa natureza humana básica. Isto se deve à maneira como fomos criados. Os interesses pessoais mais esclarecidos devem, portanto, incluir um forte interesse pelo bem dos outros. Todos estamos envolvidos de forma inextrincável com os demais. E devemos sempre ter isto em mente quando pensamos a respeito do sucesso e quando o tentamos alcançar.

Determinando as metas corretas para nós, escolhendo os meios certos para atingir esses objetivos e levando em consideração a Grande Imagem da nossa vida, na qual podemos ver tanto nossa natureza multidimensional como as vastas relações mútuas entre nós e os demais seres humanos, fornecemos a nós mesmos tudo o que está ao nosso alcance para o mais compensador e universalmente desejado estado humano de verdadeira felicidade. O mover-se corretamente nesta direção é o verdadeiro sucesso.

A sétima e última condição para o sucesso é uma capacidade para desfrutar o processo enquanto ele está ocorrendo.

232

Epílogo
O verdadeiro sucesso
e o significado da vida

Todos temos muito a oferecer a este mundo enquanto estamos aqui, e o mundo tem muito a nos dar em troca disso. Mas nada disso acontecerá a não ser que embarquemos numa excitante viagem de sucesso. Isso deve envolver, em primeiro lugar, uma exploração interior, e depois uma aventura exterior. Uma das tentações mais fortes da vida, enquanto olhamos em torno neste grande mundo, é a de ficarmos tão fascinados pelas coisas que vemos a ponto de esquecermos de desenvolver a nós mesmos. Nossa viagem deve começar sempre no nosso interior. Também precisamos nos desenvolver em termos de autoconhecimento através da determinação e da busca de metas que sejam reflexos apropriados de nós mesmos, objetivos que ecoem o que o nosso coração nos diz que necessitamos intensamente. E quando tentamos atingir esses objetivos, devemos sempre procurar empregar nossos talentos no mundo para o bem das outras pessoas, bem como para o nosso próprio bem. Pois só dessa maneira conseguiremos atingir o nível mais elevado de que somos capazes.

ALGUNS PENSAMENTOS
SOBRE O SIGNIFICADO DA VIDA

Qual é a sua principal meta no trabalho? É fazer muito dinheiro? Se a resposta for positiva, espero que você consiga um emprego na Casa da Moeda. Pois ninguém deveria ter como objetivo principal fazer muito dinheiro.

Podemos estabelecer uma clara distinção entre as metas primárias ou centrais e as secundárias ou periféricas. Encontrar o significado da nossa vida e conseguir a felicidade que desejamos consiste, em parte, em encontrar as metas primárias corretas a serem tentadas, em identificar as metas secundárias apropriadas e nos aproximar delas, bem como em saber a diferença entre elas.

> A felicidade não é alcançada da melhor forma pelos que a procuram diretamente.
> *Bertrand Russell*

Na introdução deste livro, examinamos várias coisas que freqüentemente são confundidas com sucesso: riqueza, fama, poder e *status* social. Uma pessoa que esteja buscando o sucesso em sua vida não deveria procurar em primeiro lugar e principalmente qualquer uma destas coisas. Nenhuma destas condições deveria ser a principal meta na vida de alguém. Por um motivo muito simples. Riqueza, fama, poder e *status* social podem ser considerados como formas de *reconhecimento*, como possíveis conseqüências sociais do que somos ou do que fazemos. Mas nenhum deles deveria ser considerado como a substância principal da nossa missão. Estamos neste mundo para nos preocupar com a *contribuição* que somos capazes de dar. Quando cuidamos disto, o reconhecimento apropriado acabará acontecendo.

> A fortuna de alguém não pode ser uma meta à altura do seu ser.
> *Francis Bacon*

A Bíblia nos diz que é mais abençoado dar do que receber (Atos 20:35). Por quê? Há algo de errado em receber? Não! De forma alguma. Receber é ótimo. É maravilhoso. Mas ninguém que procura apenas receber irá receber por muito tempo ou de uma forma muito satisfatória. Ninguém que assuma o receber como sendo o seu principal objetivo terá uma experiência realmente realizadora de vida. Esta é outra das muitas grandes ironias da vida. Se sua meta principal for a de dar, você acabará continuando a receber. O que será excelente para você. E também para todos aos quais você der. Acredito que estejamos aqui para tentar dar mais à vida do que recebemos dela, uma tarefa que, se for devidamente abordada, é impossível. Quanto mais damos, tanto mais recebemos. Mas é justamente isso o que importa. E isso representa uma boa parte do significado da vida. Se você deixar de perceber isto, estará deixando de perceber muita coisa.

> Uma das mais belas compensações desta vida está no fato de que ninguém pode sinceramente tentar ajudar o outro sem também estar ajudando a si mesmo.
> *Ralph Waldo Emerson*

Não é errado querer recursos. Não é errado ter como meta o reconhecimento positivo e o respeito das outras pessoas. Mas o dinheiro, a fama, o poder e o *status* social nunca deveriam ser nosso foco principal. Nada existe de imoral nem de indecoroso num desejo equilibrado de qualquer forma de reconhecimento humano. E também não é errado procurar como meta conseguir qualquer uma destas coisas. O que seria errado, no entanto, é a fixação de qualquer forma de reconhecimento como objetivo primário em nossa vida.

Devemos concentrar nossa atenção em nos tornarmos as pessoas que somos capazes de ser, em fazer o bem que somos capazes de realizar durante nossos anos na terra. Eu considero a riqueza, a fama, o poder e o *status* social como sendo conseqüências sociais secundárias do sucesso, quando acontecem. As conseqüências sociais primárias do sucesso deveriam fornecer às pessoas serviços e produtos úteis que resultem num melhoramento de suas experiências gerais de vida. Usando outra vez as mesmas categorias primárias e secundárias, as conseqüências pessoais secundárias poderiam ser algo como uma auto-estima ampliada ou uma nobre imagem de si mesmo. E a conseqüência pessoal primária do sucesso seria a possibilidade de se viver uma vida mais rica e mais profundamente prazerosa. A conquista da excelência pessoal. Sugiro que estes rótulos das várias conseqüências possíveis do sucesso como primárias ou secundárias deveriam se espelhar na maneira como escolhemos nossas metas, bem como na forma que adotamos na busca de concretização delas. Devemos sempre ter como metas primárias objetivos muito claros quanto à criação, à contribuição e à participação na vida. As conseqüências positivas do reconhecimento que possam resultar podem ser imensamente usufruídas, mas deveriam ser apenas considerações secundárias.

Chegar a uma noção apropriada do sentido da vida envolve ter os tipos certos de metas e de objetivos, apoiados por valores apropriados e movimentando-se na direção correta dentro das coordenadas de um amplo e abrangente mapa da vida. Acredito que isso esteja intimamente associado a viver uma vida de sucesso verdadeiro, dentro da gama de oportunidades praticamente ilimitadas que podemos encontrar na vida. Encontramos o significado de nossa vida e atingimos nossos mais elevados níveis de felicidade quando almejamos o verdadeiro sucesso e quando deixamos a marca que fomos previstos para deixar.

Eu me refiro freqüentemente à busca ou à procura do sucesso. Parto da premissa de que isso é algo que todos os leitores deste livro estejam fazendo. Todos procuramos o sucesso. E não há nada de presunçoso ou de arrogante nisto. Nunca deveríamos nos sentir embaraçados ou inseguros por esse motivo. Nós fomos feitos para o sucesso. Essa é a finalidade natural da nossa existência. Procurar dominar as coisas poderia ser presunçoso, mas procurar o sucesso não é a mesma coisa que procurar dominar as coisas. Buscar uma forma estreita e egocêntrica de realização e apenas isto, não seria apropriado. Mas não há nada de egoísta em se buscar o verdadeiro sucesso.

Sempre que procuramos fazer alguma coisa, por menor ou por mais trivial que seja, estamos estabelecendo metas e caminhando em direção a elas. Mas determinar qualquer meta e tentar alcançá-la significa querer sucesso. O sucesso em si nunca pode ocupar sozinho o lugar da meta. Ele é apenas o processo positivo de se movimentar em direção a metas mais específicas e de atingi-las. Procurar o verdadeiro sucesso é apenas estabelecer e procurar atingir as metas e objetivos que, acreditamos, são os mais apropriados para nós. E antes mesmo de atingirmos um objetivo com sucesso, podemos estar nos movimentando com sucesso em sua direção, nos aproximando dele com sucesso. Neste sentido, sucesso é o progresso na direção correta.

Na medida em que queremos ter objetivos que sejam apropriados para nós e que nos ajudem a contribuir com algo na vida, podemos dizer que temos como meta o sucesso verdadeiro. Ninguém pode ter apenas o sucesso como único objetivo de vida. Isso seria algo extremamente vazio. Mas todos podem ter, e deveriam ter, o que estou chamando de *verdadeiro sucesso*, como meta formal, geral e abrangente para estruturar seus pensamentos, suas energias e suas atividades. O sucesso da realização interior, a excelência pessoal e a preocupação de nos movimentarmos pelo mundo representando uma diferença positiva pode ser a nossa meta. E deve ser. No final das contas, viver uma vida voltada para o verdadeiro sucesso é a única maneira sensata de viver. É a única forma de se ter uma existência realmente significativa e completamente satisfatória.

236

A SABEDORIA DO VERDADEIRO SUCESSO

Neste livro, examinamos o arcabouço ou esquema universal para a obtenção do sucesso em todas as facetas da nossa vida. Vale a pena fazer uma revisão dessas condições:

Os Sete Cs do Sucesso

1. Precisamos de um claro *conceito* do que queremos, de uma visão intensa, de uma meta ou de um conjunto de metas intensamente imaginadas.
2. Precisamos de uma forte *confiança* de que seremos capazes de atingir nossas metas e objetivos.
3. Precisamos de uma *concentração* naquilo que é preciso para atingir a nossa meta.
4. Precisamos de uma grande *coerência* em lutar pela nossa visão, de uma persistência determinada em pensamentos e ações.
5. Precisamos de um *comprometimento* emocional com relação à importância do que estamos fazendo e também com relação às pessoas com as quais estamos fazendo isso.
6. Precisamos de um bom *caráter* que nos guie e nos mantenha no caminho apropriado.
7. Precisamos da *capacidade* de usufruir o processo ao longo do percurso.

Esse esquema geral dos Sete Cs é um conjunto eficaz de instrumentos para realizações satisfatórias. Cada uma dessas condições é um instrumento importante e eficiente para se construir uma vida bem-sucedida. Como filósofo, estou fascinado pelas descobertas que surgiram ao longo do caminho enquanto pensava muito a respeito do sucesso. Achei que foi animador, gratificante e extremamente útil ter filosofado muito a respeito desta preocupação humana fundamental e universal. É possível que você também tenha passado por essa mesma experiência ao ler este livro. Espero que minhas reflexões, meus comentários e minhas divagações tenham ajudado você a compreender novas coisas, além de ter recuperado alguns velhos ideais que desaparecem facilmente do nosso nível consciente quando não são devidamente alimentados. Espero que você tenha se sentido estimulado a filosofar mais a respeito do que o sucesso realmente é e de como ele pode ser alcançado na sua vida, que é única. E, obviamente, meu maior e mais profundo desejo é que a totalidade do que vimos no exame que fizemos dos Sete Cs possa ajudá-lo a realizar grandes progressos ao longo de sua jornada rumo ao verdadeiro sucesso. Uma vida melhor sempre deve ser o resultado prático de toda boa filosofia.

O esquema geral deste livro, o mapa dos Sete Cs do Sucesso, num certo sentido, é uma conseqüência do meu trabalho filosófico no intuito de compreender as coisas. Mas, num sentido mais profundo, é o resultado da sabedoria de todas as épocas. Ele fornece a base para uma boa dose de filosofia adicional, bem como uma estratégia para uma vida sensata e bem-sucedida. Se a sabedoria é mais do que o conhecimento teórico, se ela de fato é mais um conhecimento do coração, uma fonte profunda para a vida, estou convencido de que ela passa a ser realmente possuída apenas quando é vivenciada, quando é colocada em funcionamento, testada e aprimorada pelas experiências do dia-a-dia. A filosofia, como "amor pela sabedoria" deve ser, no melhor dos casos, um amor pelo viver sabiamente, e um amor pela obtenção da sabedoria com referência à vida, tanto pelo ato de viver como pela prática de refletir cuidadosamente a respeito desta experiência vivida.

Portanto, os Sete Cs não devem ser apenas constatados, comentados, motivo de riso e/ou de concordância e aprovação. Eles devem ser incorporados. Devem ser usados. Devem ser vividos. E devem ser integrados à nossa vida no nível mais fundamental dos nossos hábitos. É justamente aí que poderão ser mais úteis, habitualmente. Só então é que terão todo o impacto que podem ter sobre a nossa vida. Só então essas condições poderão ajudar a despertar em nós a sabedoria, a felicidade, o sucesso compensador e a excelência pessoal que elas são capazes de nos fornecer.

Se este puder ser o resultado do esforço que fizemos filosofando juntos, então, somos verdadeiros filósofos. E conseguimos ingressar num novo caminho de excelência. O caminho do verdadeiro sucesso.

Comece, seja ousado, e se arrisque a ser sábio. *Horácio*

Agradecimentos

Muitas pessoas contribuíram para o processo que resultou nestas idéias. Eu gostaria de agradecer a Linda Laskowski, a Pat Cressy, a Don Smith e a Bill Killilea, cujos encorajamentos e convites para palestrar me colocaram no caminho. Agradecimentos também são devidos a Bill Scholl, a Jim Frahleigh, a Todd Bemenderfer, a Barry van Dyke e a todos os outros colegas de Notre Dame, que ajudaram a iniciar as conversas a partir das quais comecei a desenvolver este material. E a Ken Schanzer da NBC: Você realmente é único. A Weldon Jefferies, uma profunda gratidão pela maneira como consegue melhorar meu ambiente diário de trabalho. E uma palavra especial de agradecimento a todos os que leram um esboço anterior do livro, cujas perguntas e sugestões me ajudaram a aprimorar o produto final: Dave Boehnan, Chuck Rogers, bem como meu advogado e bom amigo Tony Edens, cuja assistência e apoio não têm limites. Agradecimentos também a Cheryl Reed pela sua habilidade em transformar as páginas manuscritas em disquetes de computador; a Kevin Coyne, por me apresentar ao seu excelente agente, Reid Boates; e a Reid por ter me ajudado a encontrar a editora ideal para este livro. E na finalização do processo todo, eu me beneficiei imensamente da inspiração e dos sábios conselhos de Jane Isay, a melhor editora que se pode imaginar. Para Jane, agradecimentos e elogios. Além disso, gostaria ainda de homenagear todas as outras pessoas bem-sucedidas, cujas vidas me mostraram a verdade e o poder dos princípios sobre os quais este livro foi construído.

Outras obras de interesse:

A ESTRATÉGIA DO GOLFINHO - A Conquista de Vitórias num Mundo Caótico
Dudley Lynch e *Paul L. Kordis*

GERENCIAMENTO ECOLÓGICO - Guia do Instituto Elmwood de Auditoria Ecológica e Negócios Sustentáveis
Ernest Callenbach e *outros*

O NOVO PARADIGMA - A Ciência à Procura da Verdadeira Luz
Walter de Sousa

PARA ONDE CAMINHA O LÍDER - Uma Nova Visão de Liderança
Walter de Sousa e *Maria R.S. Villares*

A SABEDORIA NECESSÁRIA - Como Enfrentar o Desafio de uma Nova Maturidade Cultural
Charles M. Johnston

O FATOR MAIA - Um Caminho Além da Tecnologia
José Argüelles

PERTENCENDO AO UNIVERSO - Explorações nas Fronteiras da Ciência e da Espiritualidade
Fritjof Capra, David Steindl-R. com *Thomas Matus*

O PONTO DE MUTAÇÃO
Fritjof Capra

O TAO DA FÍSICA
Fritjof Capra

À ESPREITA DO PÊNDULO CÓSMICO
Itzhak Bentov

CAOS, CRIATIVIDADE E O RETORNO DO SAGRADO - Triálogos nas Fronteiras do Ocidente
Ralph Abrams e *outros*

COINCIDÊNCIAS - Mero Acaso ou Sincronicidade?
Brian Inglis

REVELAÇÃO CÓSMICA
Ann Valentin e *Virginia Essene*

A TOTALIDADE E A ORDEM IMPLICADA
David Bohm

Peça catálogo gratuito à
EDITORA CULTRIX
Rua Dr. Mário Vicente, 374 - Fone: 272-1399
04270-000 - São Paulo, SP